Rupert von Keller
Zen und Psychoanalyse

Forschung Psychosozial

Rupert von Keller

Zen und Psychoanalyse

Zur therapeutischen Reichweite
buddhistischer Meditation

Psychosozial-Verlag

Die vorliegende Arbeit wurde 2012 an der Ludwig-Maximilians-Universität München
am Lehrstuhl für Klinische Psychologie als Dissertation eingereicht unter dem Titel
»Die Grenze von Zen und Psychoanalyse«.

Bibliografische Information der Deutschen Nationalbibliothek
Die Deutsche Nationalbibliothek verzeichnet diese Publikation
in der Deutschen Nationalbibliografie; detaillierte bibliografische Daten
sind im Internet über http://dnb.d-nb.de abrufbar.

Originalausgabe
© 2013 Psychosozial-Verlag
E-Mail: info@psychosozial-verlag.de
www.psychosozial-verlag.de
Alle Rechte vorbehalten. Kein Teil des Werkes darf in irgendeiner Form
(durch Fotografie, Mikrofilm oder andere Verfahren) ohne schriftliche Genehmigung
des Verlages reproduziert oder unter Verwendung elektronischer Systeme verarbeitet,
vervielfältigt oder verbreitet werden.
Umschlagabbildung: »Zen garden« © iStockphoto/Thinkstock.
Umschlaggestaltung & Layout: Hanspeter Ludwig, Wetzlar
www.imaginary-world.de
Satz: Andrea Deines, Berlin
ISBN 978-3-8379-2304-9

Inhalt

Danksagung 9

Geleitwort 11

Einleitung 15

1. **Die Lehre des Soto-Zen**
   im Kontext ihrer Entstehungsgeschichte 27

   1.1 Begriffliche Vorüberlegung 27
   1.2 Die Vergänglichkeit des Daseins 31
   1.3 Exkurs: Unterschiede zum Yoga 35
   1.4 Die Anhaftung des Bewusstseins 45
   1.5 Die Lehre vom Leid des Daseins 48
   1.6 Die Lehre vom Nicht-Ich 52
   1.7 Der Mahayana-Buddhismus 55
   1.8 Die Einheit der Wirklichkeit 61
   1.9 Die Meditationspraxis der Wandschau 68
   1.10 Ursprünge von Soto und Rinzai 74
   1.11 Zazen bei Dogen 76
   1.12 Zusammenfassung 86

2. Implizite Behandlungsmethoden in der Psychoanalyse — 89

2.1 Explizite und implizite Behandlungsmethoden
der Psychoanalyse — 92

2.2 Kognitive und neuronale Grundlagen
des impliziten Gedächtnisses — 95

2.3 Entwicklungspsychologische Grundlagen
des impliziten Gedächtnisses — 101

2.4 Die Freud'sche Urverdrängung aus heutiger Sicht — 107

2.5 Nichterfahrungsmäßige Aspekte
des therapeutischen Dialogs — 109

2.6 Die implizite Beziehungsregulation
in der therapeutischen Dyade — 115

2.7 Das implizite Unbewusste
im Licht der semiotischen Progression — 119

2.7.1 Die vier symbolischen Modi — 122
2.7.2 Die Symbolisierung der innerpsychischen Realität — 124
2.7.3 Die Metapher als Brücke zum nichterfahrungsmäßigen Unbewussten — 126

2.8 Zusammenfassung — 129

3. Strukturspezifische Wirkungen der psychodynamischen Intervention — 137

3.1 Erkenntnistheoretische Grundlagen
des Strukturbegriffs nach Kernberg — 140
3.1.1 Das Wahrnehmungsmodell des radikalen Konstruktivismus — 142
3.1.2 Erkenntnistheoretische Aspekte
des systemtheoretischen Konstruktivismus — 146

3.2 Die Charakterisierung des Unbewussten
nach Matte-Blanco — 151

3.3 Die Abgrenzung des Selbst
und die psychotische Identitätsdiffusion — 157
3.3.1 Das objektbeziehungstheoretische Modell der Strukturgenese — 160
3.3.2 Kritik des Modells im Licht der Säuglingsforschung — 169

3.4	Die Borderline-Persönlichkeitsstruktur	173
3.5	Die neurotische Persönlichkeitsstruktur	183
3.6	Die Hermeneutik der Psychoanalyse	188
3.7	Zusammenfassung	201

4. Resümee   203

Literatur   211

Danksagung

Die vorliegende Arbeit wurde 2012 als Dissertation mit dem Titel »Die Grenze von Zen und Psychoanalyse« an der Ludwig-Maximilians-Universität München eingereicht. Meinen besonderen Dank möchte ich meinem Doktorvater Herrn Professor Dr. Wolfgang Mertens aussprechen. Er hat mir in den Jahren seiner Betreuung einen einzigartigen Zugang zur Psychoanalyse eröffnet. Professor Mertens hat diese Dissertation mit viel Verständnis und Entgegenkommen über große räumliche Distanzen hinweg begleitet. Oftmals hat er dabei seine Zeit auch an Wochenenden, Feiertagen und noch zu später Stunde damit verbracht, mich mit wertvollen Ratschlägen und kritischen Hinweisen bei der Ausarbeitung des Manuskripts zu unterstützen. Unsere Zusammenarbeit erlebte ich als eine bereichernde Erfahrung, die mich über diese Zeit hinweg begleiten wird.

Mein Dank gilt Herrn Privatdozent Dr. Manfred Harth für die Übernahme der Zweitbetreuung. Unsere Diskurse waren mir eine wichtige Vorbereitung auf die Disputation dieser Arbeit. Voller Hilfsbereitschaft hat er sich auf dieses interdisziplinäre Thema eingelassen, als Herr Professor Dr. Johannes Laube aus Krankheitsgründen die zweitgutachterliche Betreuung meiner Promotion abgeben musste. Leider verstarb Professor Laube im Sommer 2012. Unsere Gespräche waren meine Orientierung und Anleitung bei der Beschreibung der Soto-Schule und werden mir immer in Erinnerung bleiben.

Für die Durchsicht des Manuskripts danke ich Karin Andert, sie hat keine Mühe gescheut, um den Leser vor meinen sprachlichen und orthografischen Fehltritten zu bewahren. Für die Durchsicht des ersten Kapitels und ihren sprachlichen Feinsinn danke ich meiner Schwester Dagmar von Keller. Mit der gewissenhaften Lektorierung des Manuskripts hat Daniela Bach einen wichtigen Beitrag zur Veröffentlichung dieser Arbeit geleistet. Rei Ryu Phillippe Coupey danke ich für seine Unterweisung im Zazen.

Geleitwort

Zen-Buddhismus und Psychoanalyse stellen elaborierte geistige Bewegungen dar, die jeweils auf ihre Weise Bewusstseinsentwicklungen verkörpern, die das Welt- und Menschenbild in ihrer jeweiligen Kultur nicht nur intensiv beeinflusst, sondern wie im Fall der Psychoanalyse auch entscheidend verändert haben.

Rupert von Keller wendet sich nicht als erster Autor dem Dialog dieser beiden Geistesbewegungen zu. Bereits der Analytische Psychologe Carl Gustav Jung und der Neopsychoanalytiker Erich Fromm haben sich ausgiebig damit beschäftigt. Fromms zusammen mit dem Zen-Lehrer Suzuki in den 1950er Jahren verfasste Schrift bildete viele Jahre einen Meilenstein dieses Diskurses. Schien das Interesse daran eine Zeit lang wieder zu versiegen, so entwickelte sich ab den 1980er Jahren doch eine rege Publikationstätigkeit zu der Thematik der Ähnlichkeiten und Unterschiede zwischen buddhistischer Meditationspraxis und dem psychoanalytischen Zugang zu unbewussten Prozessen. Stellvertretend für viele Veröffentlichungen sei hier nur die 2009 erschienene Arbeit von Weischede und Zwiebel, einem Zen-Lehrer und einem Psychoanalytiker, genannt.

Rupert von Keller geht in der vorliegenden Abhandlung einer Fragestellung nach, die von früheren Autoren aber noch nicht ausreichend reflektiert wurde. Beide Denkströmungen, buddhistische Meditation und Psychoanalyse, versuchen eine Transzendierung unserer alltäglichen Bewusstseinstätigkeit zu erreichen, unterscheiden sich aber in grundlegenden Dimensionen. Aufgrund des seit einigen Jahren immer stärker verbreiteten »spiritual turn« haben insbesondere buddhistische Achtsamkeitsübungen einen großen Zulauf erfahren. Spirituelle Übungen zielen seit jeher auf die Erarbeitung einer Haltung, ›richtig‹ zu leben. Aber auch die Psychoanalyse verfolgt die Absicht, Selbstheilungskräfte im Analysanden anzustoßen, die ihn auf dem Weg zu einer Philosophie eines ›gelungenen Lebens‹ voranbringen. Worin liegen nun die Unterschiede zwischen den beiden

Verfahren? Kann buddhistische Meditation lebensbeeinträchtigende Symptome lindern, Selbsttäuschungen aufheben oder den inneren Entscheidungsspielraum vergrößern und das, was als süchtiges Verhalten und Getriebensein erlebt wird, überwinden? Im besten Fall gelingt dies in einer länger dauernden psychoanalytischen Therapie. Kann dies auch eine – sich möglicherweise ebenfalls über Jahre erstreckende – Zen-Meditation leisten?

Zur Beantwortung dieser Frage wendet sich der Autor dem folgenden Themenkreis zu: Mit welchen Methoden erreichen bestimmte buddhistische Achtsamkeitsübungen eine Transzendierung der bewussten Ich-Tätigkeit und mit welchen Methoden bekommt ein Analysand Zugang zu Abkömmlingen seiner unbewussten Fantasien? Welche Transformationsleistungen sind erforderlich, um lebensgeschichtlich Verdrängtes, aber auch bislang nicht Gedachtes, aber gedächtnismäßig dennoch Wirksames wieder oder erstmalig symbolisieren zu können?

Generell gesprochen geht es dabei um die Frage, inwieweit unsere Bewusstseinstätigkeit in Kontakt mit unbewussten Prozessen kommen kann. Dies ist eine Frage, die sowohl von der Psychologie, die im 20. Jahrhundert lange Zeit von einem positivistisch naturwissenschaftlichen Ideal geleitet war, gar nicht erst gestellt wurde, weil sie jenseits der experimentellen Erforschbarkeit lag, die aber auch nicht ausreichend von der Psychoanalyse thematisiert wurde, weil sie eher an der umgekehrten Richtung, der Beeinflussung bewusster Vorstellungs- und Denktätigkeit durch das Unbewusste interessiert war.

Aus klinischer Sicht möchte von Keller vor allem die Frage beantworten, ob buddhistische Achtsamkeitsübungen auch für solche Menschen indiziert sind, die keine allzu gravierenden psychischen Störungen aufweisen (laut epidemiologischen Befunden, wie z. B. der Mannheimer Kohortenstudie von Schepank et al., ist dies ca. die Hälfte der deutschen Bevölkerung, die als psychisch gesund gelten kann). Dies wirft neben der Indikationsfrage die Thematik auf, inwieweit der »Heilungsweg« psychoanalytischer Therapieverfahren durch den »Heilweg« der Zen-Meditation ersetzt werden kann, zumindest bei denjenigen Menschen, die nicht allzu psychisch gestört sind.

Der Autor möchte nun aufgrund einer noch genaueren konzeptuellen Beschreibung der beiden Verfahren untersuchen, ob einer klinischen Einschätzung zugestimmt werden kann, die hinsichtlich der Indikation deutliche Unterschiede zwischen beiden Verfahren sieht. Nach einer ausführlichen und differenzierten Darstellung der Lehre des Soto-Zen und ihrer verschiedenen Meditationspraktiken setzt er sich mit den Möglichkeiten der zeitgenössischen Psychoanalyse auseinander, vorsprachliche Erfahrungsmuster im Rahmen »impliziter Behandlungsmethoden« zu symbolisieren.

Seiner Einschätzung, dass der Zen-Buddhismus – legt man die Modellvorstellung der semiotischen Progression i. S. v. Deserno zugrunde – eine gegenläufige Entwicklung zur Erlangung eines reflexiven, sprachlich expliziten und deklarativen Bewusstseins anstrebt und dass die Grenzen der Meditation bei solchen Personen angenommen werden müssen, die als ›strukturschwach‹ gelten, ist zuzustimmen. Strukturschwache Personen, die sich heutzutage vermehrt im Klientel antreffen lassen, erleben große Schwierigkeiten im Bereich der Affektmentalisierung und Versprachlichung unsymbolisierter affektiver und körperlicher Spannungszustände.

Beabsichtigt die Zen-Meditation die sprachlich-symbolische Verfasstheit alles Vorstellens und Denkens zu transzendieren, was angesichts der sprachlichen Sozialisierung des Menschen ein Rückgängigmachen des Symbolischen darstellt, so ist in der westlichen philosophischen Position, auf der die Psychoanalyse aufbaut, Erkenntnis an zunehmende Symbolisierung gebunden. Aus diesem Grund wird ja in der zeitgenössischen Psychoanalyse neben der Dekonstruktion unbewusster neurotischer Fantasien solch ein großer Wert auf die Struktur aufbauende Arbeit der Affektmentalisierung und Symbolisierung gelegt. Das Erreichenwollen von Ich-Losigkeit bei strukturschwachen Personen in unserem Kulturkreis würde deshalb zu einer Auflösung der Unterscheidung zwischen Selbst und Nicht-Selbst, wie man sie aus klinischer Sicht bei Borderline-Persönlichkeiten und Psychotikern antrifft, führen und wäre somit kontraindiziert.

Bei psychisch gestörten Menschen können deshalb die Struktur aufbauenden Verfahren der Psychoanalyse nicht durch die Methoden der Strukturtranszendenz in der Zen-Meditation ersetzt werden. Letztere können sogar zu einer Verschlechterung des psychischen Zustands entsprechend disponierter Personen führen.

Aufgrund der sorgfältigen Unterscheidung von subsymbolischer und symbolischer Geistestätigkeit sowie des Vorgangs der semiotischen Progression anhand entwicklungspsychologischer Überlegungen und Modelle gelingt es dem Autor, seine Fragestellung vor allem in Hinblick auf die Indikation sehr präzise zu klären. Allen Lesern, die an dem Dialog von Zen-Buddhismus und Psychoanalyse und ihren jeweiligen Möglichkeiten, eine ›Kultur des gelungenen Lebens‹ zu erreichen, interessiert sind, kann dieses Buch sehr empfohlen werden.

Prof. Dr. Wolfgang Mertens
Februar 2013

Einleitung

Der Dialog von Zen-Buddhismus und Psychoanalyse geht auf eine langjährige Tradition zurück. Erich Fromm veröffentlichte 1960 zusammen mit Daisetz Teitaro Suzuki und Richard de Martino das Buch *Zen Buddhism and Psychoanalysis*. Darin ist eine Auswahl der Vorträge zusammengestellt, die auf der gleichnamigen Konferenz im Jahr 1957 an der Universität von Cuernavaca, Mexiko, gehalten wurden. Fromm beschreibt im Vorwort seines Buches die Reaktion der fünfzig Psychiater und Psychoanalytiker auf die Vorträge und Workshops der einwöchigen Konferenz als »not just ›interested‹ but deeply concerned« (1960, vii). Der Zen-Lehrer und Autor Suzuki hatte sich im Zuge seiner Zusammenarbeit mit Psychoanalytikern und Psychiatern explizit mit den Themen des Unbewussten und des Selbst im Bezug auf die klinische Praxis der Konferenzteilnehmer auseinandergesetzt.

Der sich durch die hervorgerufene Resonanz zu »geflügelten Worten« entwickelnde Titel des Buches machte die Beziehung von Zen-Buddhismus und Psychoanalyse erstmals zum Gegenstand öffentlicher Diskussionen, die sich in der Folgezeit sowohl zwischen fachkundigen Lesern, als auch zwischen interessierten Laien entwickelten. Der Dialog von Zen-Buddhismus und Psychoanalyse etablierte sich in den letzten Jahrzehnten zu einem beide Disziplinen bereichernden Themenfeld, das bis heute in der Fachliteratur wie auch im populärwissenschaftlichen Sektor bei Autoren und Lesern auf eine große Resonanz trifft.[1]

Suzuki beschrieb in seinem Vortrag den Zen-Praktizierenden als einfachen Menschen, der in Kontakt mit seinem Unbewussten steht:

---

1 Ein Überblick über die Entwicklung des Dialogs zwischen Zen-Buddhismus und Psychoanalyse bis in die heutige Zeit findet sich bei: Weischede/Zwiebel 2009, S. 44–59.

»Superficially, he is a natural man, coming right out of nature with no complicated ideologies of modern civilized man. But how rich his inward life is! Because it is in direct communion with the great unconscious« (1960, S. 17).

Suzuki nutzte den Terminus »the great unconscious« in diesem Zusammenhang, um einen Dialog zwischen den beiden Disziplinen zu eröffnen. Die Beschreibung der im Zen-Buddhismus angestrebten Bewusstseinsveränderung als Erkennen des Unbewussten war das geeignete Mittel, um eine Brücke zwischen Zen-Buddhismus und Psychoanalyse zu schlagen.

Der Gebrauch der Terminologie des Unbewussten kann in diesem Zusammenhang jedoch auch zu Missverständnissen führen: Wenn Zen-Buddhismus und Psychoanalyse Methoden zur Annäherung an das Unbewusste sind, stellt sich die Frage, ob sie miteinander nicht nur dialogfähig, bestenfalls sogar unter gewissen Umständen kompatibel, sondern gar als äquivalent gelten könnten. Gegebenenfalls würde dies die Frage aufwerfen, ob zen-buddhistische Meditation als eine Alternative zur psychoanalytischen Therapie angesehen werden kann. Die hier angestrebte Definition der Grenze von Zen-Buddhismus und Psychoanalyse dient der Beantwortung der hieraus hervorgehenden Forschungsfrage: Kann die Methode der Zen-Meditation als adäquater Ersatz für eine psychoanalytische Therapie gelten?

Die zen-buddhistische Meditation kann zu einer Erweiterung des Bewusstseins um Bereiche führen, die im alltäglichen Wachbewusstsein normalerweise nicht zugänglich sind. In diesem Sinne ist es möglich, Zen-Meditation als Methode zur Ergründung des Unbewussten zu beschreiben. Diese Beschreibung könnte jedoch bei einem nicht in beiden Methoden kundigen Leser zu dem Missverständnis führen, dass die Psychoanalyse und der Zen-Buddhismus beide denselben Untersuchungsgegenstand haben und aus diesem Grund als äquivalente Methoden der Kulturkreise Ost und West gelten können.

Wie diese Arbeit zeigen wird, ist dies nicht der Fall. Die von der Psychoanalyse angestrebte Wirkung auf das Bewusstsein hat zwar dieselbe Qualität, wie die im Zen-Buddhismus intendierte Veränderung des Bewusstseins, jedoch nur in dem Sinne, dass beide Methoden Unbewusstes bewusst werden lassen. Dies bedeutet jedoch nicht, dass Zen und Psychoanalyse dieselben unbewussten Gegebenheiten der bewussten Wahrnehmung zugänglich machen: Die Zen-Meditation zielt auf eine Form der Wahrnehmung ab, die von den Kategorien des begrifflichen Denkens und von der Identifikation mit dem personalen Ich nicht beeinflusst wird. Die Erschließung von diesen normalerweise unbewussten Bereichen der Wahrnehmung und die Bewusstwerdung verdrängter Inhalte des Unbewussten in der Psychoanalyse können, obwohl sie beide der Auflösung von psychischem Leid dienen, nicht als äquivalente Vorgänge betrachtet werden.

Das Missverständnis der Äquivalenz oder gar der Austauschbarkeit von Zen und Psychoanalyse kann zwar aus einer Gleichsetzung oder Vermischung der Terminologie beider Methoden entstehen, dieses Problem ist dabei jedoch keineswegs rein literaturwissenschaftlicher Natur. Dem in der heutigen westlichen Gesellschaft unter psychischen Problemen leidenden Menschen stellt sich durchaus die Frage, ob er sich für eine Psychotherapie entscheidet, oder ob er versucht, seine Psyche durch die Kultivierung seines Geistes mittels der Methode der Zen-Meditation zu befrieden. Diese Alternative stellt sich nicht nur im Zuge einer vorübergehenden Modeerscheinung oder aufgrund eines kurzfristigen Booms, den die Praxis der Zen-Meditation und buddhistische Meditationsmethoden im Allgemeinen in unserer heutigen Gesellschaft erfahren. Die Verbreitung der buddhistischen Meditation und Weltanschauung ist eine soziokulturelle Entwicklung unserer Zeit, die sich in westlichen Gesellschaften bereits seit vielen Jahren vollzieht. Der Religionswissenschaftler und Zen-Buddhismusforscher Heinrich Dumoulin schrieb hierzu im Jahr 1995:

> »Hektik und Angst, die Folgeerscheinungen der radikalen Technisierung und Automatisierung im Westen, verursachen eine Hinwendung zur Meditation und zu den östlichen Meditationswegen, von denen man sich Beruhigung des Geistes und psychische Stabilisierung verspricht. Das Bedürfnis nach Meditation meldet sich vielerorts mit zunehmender Dringlichkeit um so mehr, als infolge der fortschreitenden Säkularisierung und eines kritisch bohrenden Rationalismus der Innerlichkeit zugewandte religiöse Übungen mehr und mehr verdrängt werden. Viele suchen und finden bei den aus Asien eingeführten Yoga-artigen Praktiken neue Möglichkeiten« (S. 75).

Der Zen-Buddhismus zielt auf die Linderung, ja sogar auf die Auflösung des mit dem menschlichen Dasein zwangsläufig verbundenen Leidens ab. Auch die Psychoanalyse ist eine Methode, die der Linderung und im besten Fall der Auflösung von psychischem Leid dienen will. Auf welcher Grundlage soll ein unter psychischem Leidensdruck stehender Mensch der heutigen Zeit die Entscheidung treffen, welche der beiden Methoden für ihn geeignet ist? Eine fundierte Entscheidung ist für denjenigen, der sich mit dieser Fragestellung erstmalig auseinander setzt, schwer zu treffen. Die Informationsflut bezüglich des Themas fernöstlicher Spiritualität ist nur mit Mühe zu überblicken. Gleichzeitig herrscht eine Informationsarmut hinsichtlich wissenschaftlich fundierter Darstellungen, die konzeptionelle Grundsätze der fernöstlichen Spiritualität erläutern und sie – mit der Intention ihrer Abgrenzung – den Formen der psychoanalytischen Therapie gegenüberstellen.

Der Bedarf nach einer Abgrenzung beider Methoden betrifft jedoch nicht nur den unter psychischem Leidensdruck stehenden Menschen, sondern auch die behandelnden Therapeutinnen und Therapeuten. Kann Zen-Meditation als alternatives Verfahren zur Psychoanalyse betrachtet und unter bestimmten Umständen sogar empfohlen werden, oder sollte einem unter psychischem Leidensdruck stehenden Menschen von einer alternativ zur therapeutischen Behandlung ausgeübten Praxis der Zen-Meditation abgeraten werden?

Der Psychoanalytiker und theravada-buddhistische Meditationslehrer Jack Engler berichtet in diesem Zusammenhang von fortgeschrittenen Meditationsschülern, die nicht in der Lage waren, die während der Meditation verwirklichte Einsicht auf symptombelastete Bereiche ihres Erlebens und Verhaltens zu übertragen. Er leitet aus diesen Erfahrungen die These ab, dass Meditation allein nicht zur Behandlung psychischer Störungen geeignet ist:

> »That's hard to accept and not what those of us who were drawn to these traditions and their promise of total liberation may want to hear. But specific problems such as early abuse, addiction, conflicts in love or sexuality, depression, problematic personality traits and certainly mental illness require specific attention, and probably ongoing personal, professional and communal support to resolve. Problems in love and work, and issues around trust and intimacy in relationships in particular, can't be resolved simply by watching the moment-to-moment flow of thoughts, feelings and sensations in the mind. Thirty years of watching students try this approach bear that out« (Engler 2003, S. 44f.).

Jack Engler vertritt vor dem Hintergrund seiner langjährigen Erfahrung mit Patienten und Meditationsschülern die These, dass es der Voraussetzung eines stabilen und integrierten Selbstkonzeptes bedarf, um den buddhistischen Weg der Ich-Losigkeit zu beschreiben:

> »›You have to be somebody before you can be nobody.‹ I wrote this nearly twenty years ago in an attempt to summarize my first effort at integrating two perspectives that appeared irreconcilable at the time: Buddhist teaching about no-self and newer psychodynamic thinking about the importance of self-development in object relations theory and self psychology« (ebd., S. 35).

Engler betont in diesem Zusammenhang, dass die durch Meditation angestrebte Transzendenz der Persönlichkeitsstruktur nicht mit einer Befreiung von der Verantwortung für eine konsistente Persönlichkeitsentwicklung verwechselt werden darf, ferner benennt er einerseits die Gefahr des Missbrauchs von

Methoden der Meditation zur Stabilisierung von psychodynamischer Abwehr, wie der Ausgrenzung von ungewollten Affekten und Triebimpulsen, der narzisstischen Selbstüberhöhung oder der Idealisierung von Lehren in der Selbstobjekt-Übertragung. Auf der anderen Seite weist Engler darauf hin, dass psychodynamische Verdrängung und Defizite der Ich-Funktionen den Fortschritt in der Meditation massiv behindern können. Zusammenfassend kommt Engler zu dem Schluss, dass buddhistische und psychodynamische Psychologie nicht als äquivalente Konzepte bezeichnet werden können:

> »There is a certain complementary to Buddhist and psychodynamic psychologies, each investigating a range of functioning the other does not. Buddhism assumes a relatively intact ego and structured sense of self and does not investigate the type and range of functioning, particularly the selfdisorders and narcisstic defencies, that we address in Western clinical practice. Psychodynamic psychology equates optimal with the attainment of psychological selfhood and has no concept of the type and range of functioning and well-being that accompany the realization of the self's constructed nature« (ebd., S. 49).

In ihren beiden Vorträgen im Rahmen der Lindauer Psychotherapiewochen (2011) bestätigt die Psychoanalytikerin Luise Reddemann die Ausführungen Englers. Sie beschreibt dabei in erster Linie die Gefahr der Stabilisierung psychodynamischer Abwehrprozesse durch meditative Techniken der Achtsamkeit und benennt psychische Stabilität in Selbstregulation und Selbstwert als wichtige Voraussetzungen für die Praxis buddhistischer Meditation:

> »Schließlich dürfte es zumindest für westliche Meditierende wichtig sein, dass man erst ein stabiles Ich-Bewusstsein entwickelt haben sollte, ehe man buddhistisches Nicht-Ich-Bewusstsein zu erreichen versucht« (Reddemann 2011a, S. 17).

Reddeman, deren Forschungsschwerpunkt im Bereich der Psychotraumatologie liegt, implementiert seit Mitte der 90er Jahre vor dem Hintergrund ihrer Erfahrung in tibetischen Traditionen buddhistischer Meditation, Achtsamkeitsübungen in der stationären Therapie von persönlichkeitsgestörten und traumatisierten Patienten. Reddeman kommt nach langjähriger klinischer Praxis mit tibetischen Achtsamkeitsübungen (Vipassana) zu dem Schluss, dass die klinische Anwendung traditioneller Achtsamkeitsübungen bei persönlichkeitsgestörten Patienten zu starken Widerständen, Depressionen und dissoziativen Zuständen führen kann, sofern diese Techniken nicht dem spezifischen Störungsbild entsprechend modifiziert und den Patienten auf diese Weise »Schritt für Schritt« vermittelt werden:

»Ich möchte nicht versäumen, darauf hinzuweisen, dass es immer auch Patientinnen und Patienten gibt, die von Anfang an zu einer traditionellen Vipassanapraxis fähig sind. Nach meiner Erfahrung sind es jedoch wenige« (Reddemann 2011b, S. 117).

Entsprechend der Positionen von Reddemann und Engler, die auf spezifische Probleme der Achtsamkeitsübung bei Patienten mit psychischen Störungen hinweisen, stellt sich bezüglich der vorliegenden Thematik die Frage, ob die positive Wirkung von buddhistischen Achtsamkeitsübungen auf subklinische Bereiche begrenzt bleibt. Der Psychoanalytiker und Zen-Praktizierende Ralf Zwiebel unterzieht die literarische Entwicklung des Dialogs von Zen und Psychoanalyse einer kritischen Reflexion und weist in diesem Zusammenhang auf zwei unterschiedliche Ebenen des menschlichen Leidens hin:

»So käme es darauf an, das Leiden des Menschen potentiell auf beiden Ebenen betrachten zu können. Daher würde ich dafür plädieren, auf dem ›analytischen Weg‹ für das existentielle Leid an einem nicht-greifbaren ›Ich-Selbst‹ aufmerksam und auf dem ›meditativen Weg‹ für das metapsychologische beschreibbare Leiden offen zu bleiben« (2009, S. 1025).

In ihrem Werk *Neurose und Erleuchtung* (2009) unterscheiden der Zen-Lehrer Gerald Weischede und Ralf Zwiebel Zen als »Heilsweg« von dem »Heilungsweg« der Psychoanalyse und heben dabei gleichzeitig die anwendungsbezogene Verschränkung beider Methoden hervor:

»Zen setzt an dem Leiden an, das durch die Lebenstatsachen (wie Geburt, Getrenntheit, Körperlichkeit, Vergänglichkeit und Tod) alle Menschen zu bewältigen haben. Dieses Leiden kann, so hatten wir herausgearbeitet, in seiner ganzen Tiefe nur angenommen und akzeptiert werden. [...] Die Psychoanalyse setzt an dem Leiden an, das durch individuelles Schicksal in Form von Mitgebrachtem, Erworbenem und Erfahrenem das Erleben und Bewältigen dieser Lebenstatsachen erschwert und behindert« (S. 254f.).

Die klinisch fundierten Positionen von Engler, Reddemann, Zwiebel und Weischede weisen bezüglich der Forschungsfrage, ob die Methode der Zen-Meditation als ein geeigneter Ersatz für eine psychoanalytische Therapie angesehen werden kann, darauf hin, dass im Falle des Vorliegens psychischer Störungsbilder der »Heilungsweg« psychoanalytischer Therapieverfahren nicht durch den »Heilsweg« der Zen-Meditation ersetzt werden kann. Die von Zwiebel und Weischede vorgenommene Abgrenzung von Zen und Psychoanalyse, die davon ausgeht, dass die Methode der Zen-Meditation auf eine Art des Leidens abzielt, die alle Menschen zu bewältigen haben, wohingegen die Psychoanalyse an individuellem Leid ansetzt, das sich aus Erfahrenem, Mitgebrachtem und Erworbenen ergibt und die Bewältigung des Lebens erschwert, wird der theoretische Ausgangspunkt der im Rahmen dieser Arbeit vorzulegenden Untersuchung sein.

Zwiebel und Weischede formulierten diese Abgrenzung von Zen und Psychoanalyse vor dem Hintergrund ihrer langjährigen Erfahrung in der Praxis beider Methoden. Ihre Definition dieser Grenze soll in Form einer konzeptuellen Analyse weiterführend untersucht und wenn möglich spezifiziert werden. Die Frage, ob Zen-Meditation als ein geeigneter Ersatz für eine psychoanalytische Behandlung bezeichnet werden kann, wird dabei aus der Perspektive der Selbstbeschreibung beider Methoden gestellt werden. Ziel dieses Vorgehens ist es zu untersuchen, ob die Selbstbeschreibung von Zen und Psychoanalyse mit den klinisch fundierten Positionen von Zwiebel und Weischede, Engler und Reddemann konform geht, oder ob die Selbstbeschreibung beider Methoden ihrer sich aus der Praxis der klinischen Erfahrung ergebenden Abgrenzung widerspricht.

Die Methode der konzeptuellen Analyse ist hinsichtlich der Forschungsfrage als das einzige Instrument anzusehen, dass die Möglichkeit eröffnet, Zen-Buddhismus und Psychoanalyse aus der Perspektive ihres Selbstverständnisses herauszulösen und einander direkt gegenüberzustellen. Die ihnen zugrunde liegenden theoretischen Fundamente, ihre Zielsetzungen und die Methoden der Verwirklichung dieser Ziele können durch die konzeptuelle Analyse mittels der beiden Systemen inhärenten, selbst formulierten Begrifflichkeiten betrachtet und voneinander unterschieden werden.

In dieser Arbeit werden deshalb zunächst die bezüglich der Fragestellung relevanten Elemente der zen-buddhistischen Lehre in ihrer eigenen Terminologie benannt und erläutert. Der Zen-Buddhismus stellt sich dabei als Konzeption mit einer eigenen Art und Weise des Sprachgebrauchs dar: Der Zen-Buddhismus beschreibt die Inhalte seiner Lehre mithilfe von Begrifflichkeiten, die mit einer spezifischen, vom regulären Sprachgebrauch abweichenden Bedeutung belegt sind. Die Sprache, in der die zen-buddhistische Lehre verfasst ist, kann nicht ohne weiteres in die reguläre Alltagssprache übertragen oder mit dieser gleichgesetzt werden. Deshalb kann ausgesagt werden, dass die Begrifflichkeiten des Zen-Buddhismus und die Beziehungen dieser Begrifflichkeiten zueinander einen eigenständigen Sprachraum aufspannen.

Entsprechendes kann auch von der Psychoanalyse gesagt werden. Auch die Psychoanalyse belegt Begriffe mit spezifischen, vom regulären Sprachgebrauch abweichenden Bedeutungen und beansprucht auf diese Weise einen eigenständigen Sprachraum für sich. Wie am Beispiel der bereits angesprochen Problematik des Gebrauchs der Terminologie des Unbewussten in beiden Disziplinen gezeigt wurde, sind der psychoanalytische und der zen-buddhistische Sprachraum nicht kongruent. Dies hat zur Folge, dass die beiden Sprachräume nicht ohne weiteres ineinander überführt werden können. Zen-Buddhismus und Psychoanalyse können daher nicht ohne Übersetzungsarbeit direkt gegenübergestellt und voneinander abgegrenzt werden. Aus diesem Grund werden die zentralen Aspekte beider Methoden unter Zuhilfenahme sprachphilosophischer, sprachpsychologischer und erkenntnistheoretischer Konzepte diskutiert werden.

Im ersten Kapitel dieser Arbeit werden die hinsichtlich der Thematik relevanten Aspekte der Lehre des Zen-Buddhismus zunächst in ihrer eigenen Terminologie dargestellt. Auf dem theoretischen Fundament dieser Erörterung aufbauend werden sodann zwei hinsichtlich der vorliegenden Thematik zentrale Grundlagen der zen-buddhistischen Meditationspraxis benannt: 1. Die Zen-Meditation soll zu einer von den Kategorien der Sprache und den Unterscheidungen des begrifflichen Denkens unbeeinflussten Form der Wahrnehmung des gegenwärtigen Moments führen. 2. Die Zen-Meditation zielt mittels der Loslösung von der Identifikation mit dem personalen Ich auf die Loslösung von der Unterscheidung zwischen Selbst und Umwelt ab.

In zweiten und dritten Kapitel der Arbeit wird die Psychoanalyse jeweils einem dieser zwei zentralen Aspekte der zen-buddhistischen Lehre gegenübergestellt. Im zweiten Kapitel wird die von der Zen-Meditation intendierte, von begrifflichen Differenzierungen und sprachlichen Kategorien unabhängige Wahrnehmung des gegenwärtigen Moments der Konzeption des impliziten, nichterfahrungsmäßigen Unbewussten in der heutigen Psychoanalyse, formuliert nach einem Modell von Wolfgang Mertens, gegenübergestellt. Im dritten Kapitel werden die sich aus dieser Gegenüberstellung ergebenden Momente der Abgrenzung unter Gesichtspunkten des expliziten psychodynamischen Unbewussten und der darauf abzielenden Interventionstechniken weiterführend diskutiert und dem zen-buddhistischen Prinzip der Ich-Losigkeit gegenübergestellt. Dies wird unter vorwiegender Bezugnahme auf die Darstellung des Strukturbegriffs in der objektbeziehungstheoretischen Konzeption von Kernberg und vor dem Hintergrund der Skizzierung der Hermeneutik der Psychoanalyse erfolgen.

Ein Bestandteil der im zweiten Kapitel dieser Arbeit diskutierten, von Mertens vorgelegten Konzeption des nichterfahrungsmäßigen Unbewussten ist das Modell der semiotischen Progression nach Heinrich Deserno. Unter Bezugnahme auf dieses Modell wird die psychoanalytische Intervention bei impliziten Störungsbildern als Methode beschrieben werden, die Defizite der Affekt- und Impulskontrolle durch die Versprachlichung und die darauf aufbauende Reflexion von affektiven Impulsen behandelt. Unter Bezugnahme auf kognitionspsychologische, neuroanatomische und entwicklungspsychologische Grundlagen der Konzeption des nichterfahrungsmäßigen, impliziten Unbewussten wird herausgearbeitet werden, dass die implizite Behandlungsmethode der Psychoanalyse auf Defizite der Fähigkeit zur Differenzierung und Symbolisierung innerpsychischer Vorgänge abzielt und durch die Etablierung von sprachlich verankerten Unterscheidungen eine Verbesserung der Reflexions- und Regulationsfähigkeit von Affekten und Triebimpulsen bewirkt. Die Psychoanalyse wird demnach als eine Methode beschrieben, die die Fähigkeit zur sprachbasierten Differenzierung innerpsychischer Vorgänge unterstützt und darauf ausgerichtet ist, diesen höheren Grad der Differenzierung dauerhaft in der psychischen Struktur zu etablieren. Die Verwendung der Metapher im therapeutischen Dialog wird hierbei unter semiotischen Gesichtspunkten als ein therapeutisches Mittel von zentralem Stellenwert beschrieben werden. Die implizite Behandlungsmethode der Psychoanalyse wird diesen Ausführungen entsprechend, als eine sprachbasierte Unterscheidungen fördernde Interventionstechnik der sprachliche Unterscheidungen transzendierenden Methode der Zen-Meditation gegenübergestellt werden.

Die durch die implizite Behandlungsmethode erzielte Förderung sprachbasierter Differenzierungen des innerpsychischen Impulsgeschehens kann im gelungenen Fall der Behandlung dauerhaft in der psychischen Struktur etabliert werden. Die mittels der impliziten Behandlungsmethode der Psychoanalyse bewirkte Strukturveränderung wird im zweiten Kapitel dieser Arbeit als zentraler Moment der Abgrenzung von der im ersten Kapitel erörterten, strukturtranszendierenden Wirkung der Zen-Meditation definiert.

Im dritten Kapitel wird diese im Hinblick auf das implizite Unbewusste erarbeitete These vor dem Hintergrund expliziter Aspekte des psychodynamischen Unbewussten und ihrer therapeutischen Behandlung weiterführend diskutiert werden. Ausgehend vom der im zweiten Kapitel abgeleiteten Bedeutung des Begriffs der psychischen Struktur wird im dritten Kapitel der strukturelle Aspekt psychoanalytischer Therapieverfahren unter dem vorwiegenden Bezug auf das Strukturmodell von Kernberg im Blickpunkt der Betrachtung stehen.

Der Ausgangspunkt der Beschreibung des psychischen Strukturbegriffs im dritten Kapitel basiert dabei auf der im zweiten Kapitel dargestellten Fähigkeit zur Differenzierung innerpsychischer Prozesse: Unter dem Gesichtspunkt impliziter nichterfahrungsmäßiger Aspekte des Unbewussten zeigt sich diese Fähigkeit als ein im frühkindlichen Entwicklungsstadium beginnender, vorsprachlicher Lernvorgang. Im dritten Kapitel wird die Fähigkeit, psychische Prozesse voneinander zu differenzieren, ebenso wie die Fähigkeit, die eigene Identität von der Umwelt zu unterscheiden, als grundlegende Basis psychischer Strukturbildung dargestellt werden.

Die Fähigkeit, die eigene Identität von der Umwelt abzugrenzen, wird dabei zunächst unter erkenntnistheoretischen Gesichtspunkten diskutiert werden. Dies wird zum einen vor dem Hintergrund erkenntnistheoretischer Aspekte des systemtheoretischen Konstruktivismus, dessen Grundgedanken Bestandteil des Strukturmodells von Kernberg sind, und zum anderen vor dem Hintergrund der bi-logischen Konzeption des Unbewussten von Matte-Blanco erfolgen. Das Konzept der Bi-Logik stellt, ebenso wie die erkenntnistheoretische Konzeption des systemtheoretischen Konstruktivismus, den Vorgang des sich selbst von der Umwelt Unterscheidens als die grundlegendste Voraussetzung für die Orientierungsleistung des Menschen in seiner Umgebung dar. Im Falle der Störung der Fähigkeit, sich selbst von der Umwelt zu unterscheiden, kommt es nach dem Konzept der Bi-Logik von Matte-Blanco zur Ausprägung der psychotischen Symptomatik, die im Modell von Kernberg das niedrigste Niveau der psychischen Struktur und damit den schwersten Grad psychischer Störung markiert.

Das zen-buddhistische Prinzip der Ich-Losigkeit wird sodann vor dem Hintergrund erkenntnistheoretischer Grundlagen des systemtheoretischen Konstruktivismus, der bi-logischen Konzeption von Matte-Blanco und der Kernberg'schen Formulierung des psychotischen Strukturniveaus diskutiert werden. Ausgehend hiervon werden psychoanalytische Interventionen auf den von Kernberg formulierten Strukturniveaus besprochen und vorwiegend im Hinblick auf das explizite, psychodynamische Unbewusste diskutiert werden. Auf das psychotische Strukturniveau folgen in der Konzeption von Kernberg das Borderline- und das neurotische Strukturniveau. Diese können vom normalen Strukturniveau als symptombelastete Formationen der psychischen Strukturbildung unterschieden werden. Auf jedem der drei symptombelasteten Strukturniveaus kann die Wirkung der psychoanalytischen Intervention unterschiedlich beschrieben werden: Sie wirkt auf dem psychotischen Niveau strukturstabilisierend, auf dem Borderline-Niveau, das durch die Abwehr der Spaltung gekennzeichnet ist, Ambivalenzen integrierend und auf dem neurotischen Niveau, das auf der Ausgrenzung und Verdrängung spezifischer affektiver, triebbedingter oder biografischer Bestandteile des Selbstbildes basiert, in einer diese spezifischen Elemente integrierenden Art und Weise auf die psychische Struktur des Patienten ein.

Nach dem Modell von Kernberg können psychoanalytische Therapieverfahren demnach in Übereinstimmung mit den aus der im zweiten Kapitel dargestellten impliziten Behandlungspraxis der Psychoanalyse als auf unterschiedliche Störungsbilder ausgerichtete Formen der Intervention beschrieben werden, die in der Psyche des Patienten spezifische Strukturveränderungen bewirken. Von dieser störungsspezifischen, strukturmodifizierenden Wirkung psychoanalytischer Therapieverfahren kann die strukturtranszendierende Wirkung der Methode der Zen-Meditation unterschieden werden. An die Betrachtung der strukturspezifischen Wirkungen analytischer Intervention anschließend werden die den expliziten, auf die Offenlegung von neurotischen Konflikten abzielenden, Interventionstechniken zugrundeliegenden Modalitäten des analytischen Erkenntnisprozesses vor dem Hintergrund der Skizzierung einer psychoanalytischen Konzeption der Hermeneutik dargestellt und den Prinzipien der Zen-Meditation gegenübergestellt werden.

Ausgehend von diesen Überlegungen zu grundlegenden behandlungstheoretischen Parametern analytischer Therapieverfahren und der strukturspezifischen Differenzierung ihrer Wirkung wird in einem abschließenden Resümee die Forschungsfrage beantwortet werden: Im Falle des Vorliegens einer spezifischen Störung kann die unspezifische, die psychische Struktur transzendierende Methode der Zen-Meditation die auf das vorliegende Störungsbild abgestimmte, spezifische Strukturmodifikation der psychoanalytischen Intervention nicht ersetzen. Die von Zwiebel und Weischede formulierte Abgrenzung von Zen und Psychoanalyse ergibt sich bereits aus dem Selbstverständnis beider Methoden, auch die klinisch fundierten Positionen von Reddemann und Engler spiegeln sich in der Selbstbeschreibung der Wirkabsicht von Zen und Psychoanalyse wider. Die sich in der klinischen Praxis zeigende Begrenzung der positiven Wirkung der Zen-Meditation, die ohne therapeutische Begleitung auf den subklinischen Bereich beschränkt bleibt, kann im Zuge einer konzeptuellen Analyse beider Methoden bereits aus ihrer Selbstbeschreibung abgeleitet werden.

1. Die Lehre des Soto-Zen im Kontext ihrer Entstehungsgeschichte

Zen als Methode der Befreiung vom Leid gründet in einer bestimmten Form der Weltanschauung. Diese Form der Weltanschauung wird ungeachtet der großen Vielzahl fernöstlicher Weltanschauungen oftmals als »*die östliche Weltanschauung*« bezeichnet. Die östliche Weltsicht steht dabei der westlichen, vom Christentum geprägten, personellen Weltsicht in ihrer apersonalen Form gegenüber (vgl. Dumoulin 1982, S. 130–132).

Diese Tatsache weist auf ein sich in beiden Kulturhemisphären unterscheidendes Verständnis des Begriffs »Person« hin und deutet damit auf eine der nachfolgenden Diskussion zugrundeliegende Problematik. Bestimmte Begriffe und Terminologien werden im buddhistischen Kontext grundlegend anders verwendet, als sie im Allgemeinen unserem westlichen und im Besonderen dem psychoanalytischen Sprachverständnis gemäß gebraucht werden. Diese Arbeit erhebt jedoch den Anspruch, die vorgelegte interdisziplinäre Forschungsfrage zu erörtern, ohne sich dabei auf bestimmte Vorkenntnisse seitens des Lesers in der Lehre des Zen-Buddhismus zu stützen. Um der interdisziplinären Gestalt der Thematik und der Verschiedenheit der fernöstlichen Denkweise gegenüber der westlichen gerecht zu werden, sollen der Erläuterung der zen-buddhistischen Lehre daher nun einige begriffliche Vorüberlegungen vorangestellt werden.

1.1 Begriffliche Vorüberlegung

Diese begriffliche Vorüberlegung soll in erster Linie dazu dienen, das Augenmerk des Lesers bei der Erläuterung der hinsichtlich der Forschungsfrage relevanten Aspekte des Zen-Buddhismus auf den Fokus der nachfolgenden Untersuchung zu lenken. Da der Zen-Buddhismus als Methode der Befreiung von persönlichem Leid untersucht werden soll, ist die apersonale Form der Weltanschauung in der folgenden Darstellung der zen-buddhistischen Lehre von besonderer Bedeutung. Zen vermittelt diese Weltsicht in Lehre und Praxis: Der Zen-Buddhismus begründet sich in seiner theoretischen Konzeption auf der Voraussetzung eines apersonalen Weltbildes und ist in seiner praktischen Umsetzung darauf ausgerichtet, seinen Anhängern dieses Weltbild in seiner konkreten Erfahrbarkeit zugänglich zu machen.

In diesem Zusammenhang zeigt sich der die vorliegende Thematik erschwerende Gesichtspunkt, dass der Zen-Buddhismus, der als Erfahrungsreligion zu beschreiben ist, in der Ablösung von seiner Praxis nur bis zu einem gewissen Grad dargestellt und erfasst werden kann. Um der Problematik, einen nicht beschreibbaren Gegenstand beschreiben zu wollen, zu begegnen, wird auf die Lyrik und Metaphorik von vergangenen Generationen buddhistischer Lehrer und auf die Legenden, die sich um sie ranken, zurückgegriffen. Ihre unermüdlichen Bemühungen um die Vermittlung der buddhistischen Lehre manifestierten sich in großartiger Kreativität und Wortgewandtheit und brachten in der 2.500-jährigen Geschichte des Zen-Buddhismus eine Bibliotheken füllende Vielfalt von Schriften hervor. Die im Folgenden zitierten Textbeispiele zeichnen sich teils durch ihren auffallend bilderreichen Sprachgebrauch, teils durch ihre Einfachheit und zuweilen durch ihre drastisch anmutende Dramatik aus.

Die von buddhistischen Lehrern unternommenen Versuche, eine begrifflich nicht fixierbare Erfahrung in Worte zu fassen, dienten dem Zweck, die Lehre des Buddhismus jenen, die sich um ihr Verständnis bemühten, zugänglich zu machen. Obwohl die apersonale Weltsicht letzten Endes als die im Buddhismus angestrebte Form der Welt- und Selbsterfahrung nicht verstanden, sondern nur in der praktischen Verwirklichung erlebt werden kann, entzieht sich das apersonale Weltbild nicht vollkommen dem Versuch seiner geistigen Erschließung. Das östlich, apersonale Weltbild bringt jedoch für den Betrachter der westlichen Kulturhemisphäre, dessen Denken von der vom Christentum geprägten personellen Weltsicht bestimmt wird, eine durch die Andersartigkeit dieses Weltbilds bedingte Ungewohntheit mit sich.

Die apersonale Weltsicht des Zen-Buddhismus wird an dieser Stelle aus zweierlei Gründen schon vor der einführenden Beschreibung des Zen erwähnt. Sie kann zum einen als ein zentraler Moment des Zen-Buddhismus betrachtet werden, der sowohl einen historischen Ausgangspunkt in der Lehre, wie auch einen Fokus in der ausgeübten Praxis darstellt. Zum anderen ist das apersonale Welt- und Selbstverständnis derjenige Aspekt der zen-buddhistischen Lehre, auf dem der Fokus der nachfolgenden Diskussion liegen wird. Die Befreiung von individuellem Leid erfolgt in der Zen-Meditation durch die Auflösung der

Identifikation mit dem personellen Ich. Da in der Meditation das personelle Ich-Verständnis zum Stillstand kommt, also kein subjektives Erleben der Person stattfindet, wird in diesem Bewusstseinszustand auch kein vom Erleben einer individuellen Persönlichkeit motiviertes Leiden mehr empfunden.

An der Bedeutung des Begriffs des »Personalen« zeigt sich bereits ein fundamentaler Unterschied zwischen westlicher und östlicher Weltanschauung. In der buddhistischen und in der westlichen Weltanschauung wird die »Person« als Summe der individuellen Merkmale von Körper und Geist in einer konkreten Gestalt verstanden. Im Unterschied zum westlichen Verständnis des »Personalen« betont der Buddhismus jedoch die Tatsache, dass die »Person« wie alles Seiende der Veränderung unterworfen ist und keinen ihre Endlichkeit überdauernden Wesenskern besitzt (vgl. Notz 1998, S. 363).

Das Nichtvorhandensein eines von der Veränderung der individuellen Merkmale von Körper und Geist unabhängigen Wesenskerns verweist auf eine bedeutende Kernaussage des Zen-Buddhismus: Die »Person« ist nicht mehr als das Zusammenspiel der fünf »Persönlichkeitskomponenten« Körper, Empfindung, Wahrnehmung, Geistesregung und Bewusstsein. Obwohl die fünf Komponenten existieren, existiert nichts, das über sie hinausgeht. Das Ganze ist demnach nicht mehr als die Summe seiner Teile, oder anders gesagt, die »Person an sich« existiert nicht.

»Ein treffendes Gleichnis für die empirische Person gibt die Nonne Vajiara. Was man Lebewesen (*satta*) nennt, so erklärt sie, ist eine Anhäufung von Komponenten – ebenso wie eine bestimmte Kombination von Teilen als »Wagen« bezeichnet wird. Weder gibt es einen Wagen *an sich*, noch existiert ein Lebewesen *an sich*« (Schuhmann 2000, S. 46).

Der Buddhismus lehrt, dass die »personale Existenz« des Menschen eine Illusion ist, die es zu durchschauen gilt. Durch die Übung der Meditation soll der Übende in die Lage versetzt werden, seine »personale Existenz« zu durchdringen, um hinter dem Schleier seiner »Persönlichkeit« das wahre Wesen seiner Existenz zu erkennen. Dabei wird das »personale Selbst« in einem Vorgang bewusster Wahrnehmung überschritten bzw. transzendiert. In diesem Sinne überschreitet Zen die Grenzen der »personalen Existenz« und führt zu einem Verständnis des eigenen Seins, das als »apersonal« bezeichnet werden kann.

Diese Auffassung der »Person« entspricht, obwohl die Existenz der »Persönlichkeit an sich« geleugnet wird, nicht der nihilistischen Weltanschauung. Der Buddhismus leugnet nicht die Existenz der Erscheinungen. Das Erscheinen der fünf Gruppen, das real ist, führt zur Illusion der »Person«, die nicht real

1. Die Lehre des Soto-Zen im Kontext ihrer Entstehungsgeschichte

ist. Die »Person« ist eine Fiktion, die durch die Identifikation des Geistes mit den fünf Merkmalen der »Persönlichkeit« entsteht. Kommt die Identifikation des Geistes mit den Merkmalen zum Stillstand, so kommt zwingend auch die Wahrnehmung von »persönlichem Leid« zum Stillstand.

Die Untersuchung der Lehre des Zen-Buddhismus bezüglich seiner Anschauung und Antwort auf das Leid des Menschen wird nun anhand der Lehre der Soto-Zen-Schule betrachtet und anschließend diskutiert. Die Soto-Schule vereint in Japan mit ca. sieben Millionen Mitgliedern und 14.000 Tempeln etwa 70% der japanischen Zen-Buddhisten unter sich. Die zweitgrößte Zen-Bewegung die Rinzai-Schule zählt mit 8.000 Tempeln etwa zwei Millionen japanische Anhänger und ist in 15 Untergruppen aufgeteilt. Als dominante Strömungen des japanischen Zen-Buddhismus prägen diese beiden Schulen neben neueren Reformbewegungen wie Sanbo Kyodan auch vornehmlich den Zen-Buddhismus in Amerika und Europa (vgl. Laube 1987, S. 122; Brück 2004, S. 111f.). Obwohl an einigen Stellen der Diskussion dieser Thematik auf bestimmte Analogien bezüglich der erarbeiteten Ergebnisse zur Rinzai-Schule hingewiesen wird, konzentriert sich diese Arbeit auf die Untersuchung der Fragestellung anhand der Lehre der Soto-Schule.

Der Erörterung der Forschungsfrage wird die geschichtliche Betrachtung der Entwicklung der Soto-Schule vorangestellt. Dieser Einblick in die historische Entwicklung des Soto-Zen soll dem Leser als Heranführung an das Thema Zen-Buddhismus im Allgemeinen dienen und die für die nachfolgende Diskussion der Forschungsfrage bedeutsamen Begriffe der zen-buddhistischen Terminologie einführen und erläutern. Zudem werden die Begriffe Soto und Rinzai definiert und entsprechend ihrer Einordnung in den geschichtlichen Kontext einander gegenübergestellt.

Zu diesem Zweck wird die Entwicklungsgeschichte der Soto-Zen-Schule überblickshaft anhand ausgewählter Bestandteile der Gründungslegende des Zen-Buddhismus skizziert. Der Anspruch einer umfassenden religionsgeschichtlichen Betrachtung dieser Entwicklung wird in diesem Zusammenhang ebenso wenig erhoben, wie der einer systematisch-religionswissenschaftlichen Diskussion der Unterschiede zwischen Soto- und Rinzai-Zen. In der überblickshaften Darstellung der historischen Zusammenhänge liegt der Fokus der Betrachtung auf der Entstehung jener Charakteristika der Soto-Schule, die für die anschließende Diskussion der Forschungsfrage Relevanz besitzen.

Diese hinsichtlich der Thematik vorrangig relevanten Aspekte der zen-buddhistischen Lehre sollen an dieser Stelle aufgezählt werden: Die Zen-Meditation wird in diesem Kapitel als Antwort auf das *Leid* und die *Vergänglichkeit* des Daseins dargestellt. Die Auflösung des Leidens wird im Zen-Buddhismus durch

Auflösung der *Anhaftung* am personalen Ich bewirkt und in der Methode der Meditation verwirklicht. Die Auflösung der Anhaftung wird in der *Lehre vom Nicht-Ich* erläutert und im Buddhismus als fundamentale Befreiung und als Erfahrung der Erleuchtung beschrieben. Die Erleuchtung führt in die Einsicht der ungetrennten *Einheit der Wirklichkeit*. Die zu dieser Erfahrung führende Methode der Meditation wird im Zen-Buddhismus ausgehend von der Lehre des historischen Buddha Shakyamuni praktiziert. Seit der Überführung des Buddhismus nach China durch Bodhidharma wird die Praxis der Meditation im Zen-Buddhismus meist in Form der *Wandschau* betrieben: Das Gesicht der Meditierenden ist bei der Übung zur Wand gewendet. Die sich auf Bodhidharmas Praxis der Wandschau zurückführende Schule des Soto-Zen wurde von Dogen in Japan eingeführt, wobei die Praxis der sitzenden Meditation – *Zazen* – den Mittelpunkt der spirituellen Praxis der Soto-Schule verkörpert. Die Bedeutung der für die Untersuchung der Forschungsfrage grundlegenden Begriffe des Zen-Buddhismus: Vergänglichkeit, Leid, Anhaftung, Nicht-Ich, Einheit der Wirklichkeit, Wandschau und Zazen sowie die Beziehung dieser Begriffe zueinander werden in den nun folgenden Abschnitten dieses Kapitels erläutert.

1.2 Die Vergänglichkeit des Daseins

Die Geschichte der buddhistischen Weltreligion beginnt mit der Auseinandersetzung ihres Stifters Shakyamuni mit der Vergänglichkeit und dem Leid des Daseins. Shakyamuni wurde mit dem weltlichen Nahmen Siddhatta Gotama[2] im Jahr 563[3] vor unserer Zeitrechnung als Sohn des Suddhodana, des Raja der Sakyia-Republik, in Lumbini geboren. Suddhodana regiere die Provinz als Angehöriger der höchsten Kaste, der Kaste des Krieger- oder Dienstadels, unter der Oberhoheit des Königs von Kosala. Die Sakyia-Republik lag im heutigen Grenzgebiet zwischen Indien und Nepal. Siddhattas Vater und seine Mutter waren beide Angehörige des Stammes der Sakyas, weshalb Siddhatta heute auch Shakyamuni, »Der Weise aus dem Stamm der Sakyas« (Conze 1984, S. 26) genannt wird.

Siddhattas Mutter Maya reiste der Tradition folgend kurz vor der Geburt zu ihren Eltern, um ihr Kind im eigenen Elternhaus zur Welt zu bringen. Die Anstrengung der Reise und die Erschütterung des Karrens auf den unwegsamen

---
2 »Der Name Gotama (Gotamo) wurde dem Buddha beigelegt nach der Bezeichnung, die sich die Sakyer nach der Sitte indischer Adelsfamilien von einem altvedischen Sängergeschlechte entlehnt hatten« (Steinke/Chün 1986, S. 5).
3 Zu Datierung und Quellenlage siehe: Schumann 1982, S. 22–26, sowie Brück 2007, S. 65–74.

Straßen lösten jedoch ihre Wehen frühzeitig aus. Die damals bereits 40-jährige Frau gebar den Prinzen Siddhatta unter dem schützenden Schatten eines Sala Baumes (Shorea Robusta), nahe dem Dorf Lumbini. Dies bezeugt eine sechseinhalb Meter hohe Steinsäule, die in der Nähe des Dorfes entdeckt wurde. Sie wurde vom Kaiser Asoka[4] 245 v. Chr. errichtet und trägt folgende Inschrift:

> »Zwanzig Jahre nach seiner Krönung kam König Devanampiya Piyadasi (= Asoka) hierher und bezeigte seine Verehrung, weil der Buddha, der Weise aus dem Sakya-Geschlecht, hier geboren worden ist. Er ließ ein Steinrelief (?) anfertigen und eine Steinsäule errichten, um anzuzeigen, daß hier der Erhabene geboren wurde. Das Dorf Lumbini befreite er von Steuern und (setzte) seine Naturalabgaben (von dem üblichen Viertel) auf ein Achtel (herab)« (zit. n. Schumann 1982, S. 20).

Da Siddhattas Mutter sieben Tage nach der Geburt verstarb, wurde Siddhatta von Pajapti der jüngeren Schwester Mayas und zweiten Frau Suddhodanas aufgezogen. Als erster Sohn des Rajas wuchs Siddhatta wohl behütet in einem Haushalt, der von zahlreichen Dienern unterhalten wurde, auf. Bereits in seiner Ausbildungszeit löste die Begegnung mit Alter, Krankheit und Tod intensive Zweifel bei dem jungen Prinzen aus. Neben seinen grüblerischen Tendenzen fiel Siddhatta durch mäßiges Interesse und dementsprechend mittelmäßigen Leistungen in den Kriegskünsten auf. Im Alter von 16 trat er in eine arrangierte Ehe mit seiner Kusine Bhaddakaccana ein, die, obwohl beide Eheleute einander zugetan waren, über 13 Jahre kinderlos blieb. Bis zu seinem Auszug in die Hauslosigkeit unterstützte Siddhatta seinen Vater bei der Ausübung politischer Aufgaben und der Verwaltung des Familienbesitzes.

Vermutlich hatte Siddhatta schon längere Zeit darauf gedrängt, den Weg des Wanderasketen wählen zu dürfen, doch konnten ihm seine Eltern erst nach der Geburt eines männlichen Erben und Enkelsohnes ihre widerwillige Zustimmung erteilen. So trug es sich zu, dass Siddhatta nach der Geburt seines Sohnes die gelbe Robe der Asketen[5] anlegte, Haupthaar und Bart schor und in die Hauslosigkeit hinauszog. Nachdem er sich seines Schmucks und der edlen Bekleidung entledigt hatte, konnten nur noch seine vom schweren Goldbehang geweiteten Ohrläppchen seine herrschaftliche Herkunft bezeugen.

---

4 »Das Fehlen eindeutiger Fakten ist für die erste Periode besonders bezeichnend. Ein Datum – und nur eines – steht wirklich fest, und das ist die Regierungszeit von Kaiser Asoka (274–236 v. Chr.), dessen Protektion den Buddhismus von einer kleinen Asketensekte in eine gesamtindische Religion umformte« (Conze 1984, S. 15).

5 Weiterführend zum Brauchtum des Wandermedikantentums und der anti-vedischen Samana-Strömung: Schumann 1982, S. 49–59.

»Als ich noch Bodhisattva (ein zur Buddhaschaft bestimmtes Wesen)[6] war, kam mir der Gedanke: ›Eng ist das Leben in der Häuslichkeit, dieser Stätte der Unreinheit, die Samanaschaft ist der freie Himmelsraum. Nicht leicht ist es für einen Haushaber, den vollendeten, völlig reinen, vollkommenen Wandel der Heiligkeit zu führen. Wie, wenn ich mir nun Haar und Bart scheren, die gelben (Samana-)Gewänder anlegen und aus dem häuslichen Leben in die Hauslosigkeit ziehen würde?‹
Und ich, der ich jung war, ein Knabe mit schwarzem Haar, der ich in glücklicher Jugend lebte, im ersten Mannesalter, schor mir, obwohl Vater und (Pflege-)Mutter damit nicht einverstanden waren, sondern Tränen im Gesicht hatten und weinten, Haar und Bart, legte die gelben Gewänder an und zog aus dem Haus in die Hauslosigkeit hinaus« (Majjhimanikaya, 26 I, S. 163 = 36 I, S. 240, in: Schumann 1982, S. 61).

Zwischen dem Auszug des Siddhatta in die Hauslosigkeit bis zum Erlebnis seiner Erleuchtung sollten sechs Jahre der intensiven Heilssuche und der Wanderschaft vergehen. Nachdem Gotama, wie Siddhatta in der Zeit seiner Heilssuche und Askese vorwiegend bezeichnet wird (vgl. Steinke/Chün 1986, S. 20), bei zwei Meistern deren Kunst der inneren Versenkung studiert und gemeistert hatte, unterzog er sich mit dem Ergebnis dieser Bemühungen unzufrieden einer intensiven Selbstkasteiung. Diese Phase des strengen Asketentums war von einem beinahe übermenschlichen Maß der Härte und Selbstaufgabe bestimmt. Nach der Durchführung mehrerer teilweise sehr schmerzhafter Formen der Askese, ging Gotama letztlich zu einer extremen Form der Hungeraskese über:

»Durch die spärliche Nahrung wurde ich sehr mager. Wollte ich meine Bauchdecke berühren, kam ich an die Rückenwirbel; wollte ich meine Rückenwirbel berühren, kam ich an die Bauchdecke. So eng lag mir durch die spärliche Nahrung die Bauchdecke an den Rückenwirbeln« (Mahasihanadasutta, 12, in: Müller/Naumann 1991, S. 36).

Die Kunst des Hungerns wurde von Gotama so meisterhaft beherrscht und praktiziert, dass sich ihm aus Bewunderung seiner skelettösen Figur fünf andere Asketen (Kondanna, Bhaddiya, Vappa, Mahanama und Assaji) als seine Jünger anschlossen. Als die Kraft seiner Selbstdisziplin Gotama an den Rand des Todes

---

6 Bodhisattva: Im Theravada und Mahayana-Buddhismus unterschiedlich gebrauchter Terminus. In der Lehre des Mahayana bezeichnet der Begriff ein Wesen, das die vollkommene Erleuchtung besitzt (vgl. Dumoulin 1985, S. 35–39). Auf den Bodhisattvabegriff des Mahayana-Buddhismus wird an späterer Stelle eingegangen.

brachte, erkannte er, dass er auf diesem Weg die Erleuchtung nicht finden würde. Er beschloss nach sechs Jahren des Asketentums, wieder ausreichend Nahrung zu sich zu nehmen. Als die fünf Asketen sahen, dass Gotama wieder genügend Speise zu sich nahm, verließen sie ihren Meister, da er ihnen vom rechten Weg abgekommen zu sein schien.

Gotama entschied sich, von einer Erinnerung aus seiner Jugendzeit inspiriert, auf seiner Suche nach Erlösung einen neuen Weg einzuschlagen: Er gedachte dabei eines schönen Tages, an dem sein Vater eigenhändig den Acker bestellt hatte. Währenddessen hatte er sich im Schatten eines Baumes niedergelassen und war dort nach einiger Zeit in einen Zustand tief in sich ruhender Gelassenheit gelangt. Diese einst erlebte wunschlose und heitere Art der Versenkung wollte er nun pflegen (vgl. Schumann 1982, S. 70). Das Praktizieren einer nach nichts verlangenden Form der Versenkung war die geistige Entsprechung zu Gotamas Abkehr von der körperlichen Kasteiung und Askese. Die Übung der Askese war stets auf ein Ziel, die Überwindung aller körperlichen Bedürfnisse gerichtet. Die von Gotama nun angestrebte Form der Übung sollte dagegen sein Erwachen in der Loslösung von allen Absichten und Zielen verwirklichen.

Der Prozess der inneren Loslösung von allen Zielen sollte sich in der Übung von absichtslosem Gewahrsein manifestieren. Diese Form des Gewahrseins würde nicht mehr auf das Erlangen eines bestimmten inneren Zustands gerichtet sein, sondern sollte nurmehr von der wachsamen Beobachtung des eigenen Seins im jeweils lebendigen Augenblick bestimmt werden. Da sich Gotamas Weg bisher in der Abwendung von Begierde, Genuss und Fröhlichkeit in qualvollen Formen der Askese vollzogen hatte und das absichtslose Gewahrsein, das Gotama an jenem Tag unter dem Baum erlebt hatte, von fröhlichen Glücksempfindungen begleitet worden war, zweifelte er zunächst an der Inspiration seiner Erinnerung. Schließlich entschied er sich jedoch für diese Form der Übung, denn er erkannte das dort erlebte Glücksgefühl als frei, da es »fern ist von Begierden und unheilsamen Dingen« (Mahasaccakasutta, 36, in: Müller/Naumann 1991, S. 42).

Nachdem sein vom Hunger geschwächter Körper wieder zu Kräften gekommen war, ging Gotama an den Nairanjana-Fluß und ließ sich unter einem Nagapushpa-Baum[7] nieder. An diesem Ort sollte die sechsjährige Heilssuche Gotamas schließlich ihre Erfüllung finden. Dieser letzter Schritt seiner Suche wurde von der festen Absicht bestimmt, die Befreiung vom Leid des Daseins, nach der es ihn seit seiner Begegnung mit Krankheit, Alter und Tod in der Jugendzeit verlangt hatte, in der Vertiefung in den eigenen Geist zu erreichen. Fest entschlossen entschied sich Gotama, dass er sich solange nicht von seinem

---

7 Auch Bodhi-Baum genannter Pappelfeigenbaum: Ficus religiosa

Sitz erheben würde, bis er die Erleuchtung erlangt habe, oder sein Sitzen durch das Eintreten des Todes beendet werde:

>»Mag mein Körper hier auf diesem Platz vertrocknen, mögen mir Haut, Knochen und Fleisch hinschwinden – bevor ich nicht die in vielen Weltaltern schwer zu erlangende Erleuchtung erreicht habe, werde ich mich nicht von diesem Sitz regen« (Waldschmidt 1982, in: Klimkeit 1990, S. 84f.).

1.3 Exkurs: Unterschiede zum Yoga

Die von der altindischen Yogatradition beeinflusste Legende schildert verschiedene Stufen der Versenkung, die zur Erleuchtung Gotamas führten, die genaue Methode der Meditation ist jedoch nicht bekannt (vgl. Dumoulin 1995, S. 125). Schumann beschreibt vier Stufen der Versenkung gemäß dem buddhistischen Kanon (Majjhimanikaya, 36 I, S. 247):

>»*Stufe 1:* Aufhören sinnlicher Lust und unheilsamer Regungen; Vorhandensein von Nachdenken und Erwägen; aus der Loslösung resultierende Wohlbefindensfreude.
>
>*Stufe 2:* Aufhören von Nachdenken und Erwägen; Entstehen von Geistesruhe und Konzentration; aus der Meditation resultierende Wohlbefindensfreude.
>
>*Stufe 3:* Aufhören der Freude zugunsten von der Freiheit von Affekten; gleichmütiges und achtsames Verweilen in körperlichem Wohlbefinden.
>
>*Stufe 4:* Aufhören von Wohlbefindens- und Leidensgefühlen; Entstehen freud- und leidfreien Gleichmuts in Achtsamkeit und Reinheit« (Schumann 1982, S. 71).

In den vier Versenkungsstufen zeigen sich jene yogischen Wurzeln des Buddhismus, die als yogisches Element den Zen-Buddhismus bis heute prägen (vgl. Dumoulin 1985, S. 21–30). Auf einige Unterschiede zwischen Buddhismus und Yoga, wie auch auf das yogische Element im Buddhismus soll hier im Folgenden kurz eingegangen werden. Das wachsende Interesse der westlichen Gesellschaft für asiatische Meditation und Spiritualität gilt nicht allein der buddhistischen Meditation oder gar ausschließlich dem Zen-Buddhismus. Die fernöstliche Meditation erfreut sich in einer Vielzahl von Systemen und Schulen im Westen einer wachsenden Beliebtheit. Allen voran genießt der Yoga seit vielen Jahren den stärksten Zustrom an praktizierenden Schülern. »Dies ist keine Trendgeschichte. Vier Millionen Leute in Deutschland machen Joga [...], vermutlich weil es perfekt in unsere Zeit und unsere Gesellschaft passt« (Die Zeit, 26. 10. 2006, S. 82). Aus der großen und stetig wachsenden Zahl von Menschen, die in unserer westlichen Gesellschaft Yoga praktizieren, und aus der augenscheinlichen Ähnlichkeit, sowie der historisch bedingten Verbundenheit des Yoga mit der buddhistischen Tradition ergibt sich bisweilen die Problematik der Vermischung beider Systeme:

> »Yoga und Zen werden als asiatische Meditationsweisen heute gern zusammen genannt, und alles Lob, aber auch aller Tadel, den ein Beurteiler je nach seinem Standpunkt und seiner Erfahrung einer der beiden Meditationsweisen zuerkennt, wird oft unterschiedslos beiden zusammen, nämlich der asiatischen Meditation überhaupt, zugesprochen« (Dumoulin 1976, S. 25).

Der Problematik, dass beide Systeme miteinander vermischt werden, wird im folgenden Exkurs insoweit Rechnung getragen, dass mittels einer überblickhaften Besprechung von Gemeinsamkeiten und Unterschieden beider Heilswege zumindest die Möglichkeit einer oberflächlichen Differenzierung zwischen beiden Systemen eröffnet werden kann. Bezüglich der Frage, wie der Zen-Buddhismus als Strömung von wachsendem Einfluss von der Psychoanalyse abgegrenzt werden kann, scheint es zunächst angezeigt, den Zen-Buddhismus vom Yoga abzugrenzen und in diesem Zusammenhang auf dessen yogische Wurzeln einzugehen. Die Aussage Heinrich Dumoulins aus dem Jahr 1976 weist auf eine bis heute bestehende Problematik hin. Yoga und Zen werden oftmals in einem Atemzug genannt und bisweilen unterschiedslos als »asiatische Meditation« betrachtet. Wenn überhaupt, werden beide Systeme meist nur anhand der äußeren Form ihrer Übungspraxis voneinander unterschieden. Die Unterschiede in der Lehre von Zen und Yoga sind in der westlichen Gesellschaft dabei oftmals unbeachtet geblieben.

Um diese Unterschiede benennen zu können, gilt es zunächst, die Verbindung von Buddhismus und Yoga zu betrachten. Der Begriff »Yoga« bezeichnet jedoch kein einheitlich definiertes System.[8] In der westlichen Gesellschaft erreichte der Hatha-Yoga allen anderen Yogaformen voran die größte Beliebtheit (vgl. Die Zeit, 26. 10. 2006, S. 82). Aufgrund dieser Vorrangstellung oder als Folge der Unkenntnis anderer Yogaformen wird der Hatha-Yoga in der westlichen Kulturhemisphäre oftmals mit dem Yoga an sich gleichgesetzt. Neben dem Hatha-Yoga existieren andere Formen des Yoga, deren Untersuchung in diesem Zusammenhang von Interesse wäre. Angesichts des begrenzten Rahmens dieser Arbeit scheint es jedoch

---

8 »Zur Problematik von Yoga Definitionen« (Fuchs 1990, S. 16f.).

angezeigt, die Diskussion auf den im Westen vorrangig praktizierten Hatha-Yoga und seine geistigen Hintergründe zu begrenzen. Bezug genommen wird an dieser Stelle auf den vom Sutra des Patanjali geprägten Hatha-Yoga:

> »Das System der indischen Philosophie, eines der sogenannten sechs orthodoxen Systeme (*darsana*), das in besonderer Weise den Namen Yoga trägt, hat seine Schriftgrundlage im *Yoga-Sutra* des Patanjali und kann als repräsentativ für den indischen Yoga angesprochen werden« (Dumoulin 1976, S. 26).

Der auf dem Patanjali-Sutra beruhende Yoga wird auch als Raja-Yoga bezeichnet und bildet in erster Linie die geistige Grundlage für den in der westlichen Gesellschaft vorrangig praktizierten Hatha-Yoga[9]. Dieser soll jedoch gemäß der Hathayogapradipika[10] nur geübt werden, da er der Verwirklichung des Raja-Yogas dient. Ohne die Übung des Raja-Yogas ist das Üben der Positionen (Asanas) vergeblich. Das Gelingen des Raja-Yoga wird als die Frucht der Anstrengungen des Hatha-Yoga erachtet. (vgl. Kap. 1/2,10, Kap. 3/126, Kap.4/79 in: Walter 1997, S. 1, 2 u. 37).

> »Ohne Hathayoga gelingt der Rajayoga nicht, ohne Rajayoga gelingt der Hathayoga nicht, daher soll man bis zum Ende Beide [sic!] üben.« (Hathayogapradipika, Kap. 2/76 zitiert nach: Walter 1997, S. 21)

Das in seiner endgültigen Fassung dem ersten Jahrhundert nach Christi zugeordnete Sutra basiert auf dem Hintergrund der Samkhya-Philosophie.[11] Die Legende vom Leben Gotamas verweist auf die historische Verknüpfung von Buddhismus und der geistigen Tradition des Samkhya-Yoga:

> »Es dürfte feststehen, daß der Stifter der buddhistischen Religion selbst Yoga geübt und erfahren hat. Gemäß den alten Lebensbeschreibungen führten zwei Yoga-Lehrer, die vermutlich dem Samkhya angehörten, ihn nach seinem Aufbruch aus dem Vaterhaus ins asketische Leben ein« (Dumoulin 1976, S. 27).

---

9 »hatha (-yoga); (Yoga der) Kraft« (Fuchs 1990, S. 306). Im Hatha wird die körperimmanente Lebenskraft (Prana) zum Werkzeug der Transzendenz über die Personale Identität (vgl. Feuerstein 2002, S. 518). Auf weitere bedeutsame Hintergründe des Hatha-Yoga wird an späterer Stelle kurz eingegangen.
10 Hathayogapradipika: Die Leuchte des Hatha-Yoga: »This is undoubtedly the classic manual on Hatha-Yoga« (Feuerstein 2002, S. 563).
11 »Doch braucht das Yoga-System Patanjalis trotz der Abhängigkeit vom Samkhya im letzten nicht mit diesem zusammenzufallen« (Dumoulin 1985, S. 29).

Der Weg des Yoga bestand als spirituelle Tradition bereits viele Jahrhunderte[12] vor der Zeit Gotamas. Als dieser mit seiner Heilssuche begann, war es der geistige Pfad des Yoga, den er zunächst einschlug (vgl. Enomiya 1966, S. 151). Ausgehend von der Tradition des mit dem Asketentum eng verbundenen Yoga schuf Gotama kraft seiner Erfahrung und Kreativität eine eigene Methode der geistigen Verwirklichung. Obwohl sich Gotamas Weg zur Erleuchtung als eigenständiges Glaubenssystem emanzipierte, enthält er doch (und vielleicht gerade deshalb) in vielem das yogische Element.

Der Yoga war als etablierte Tradition nicht nur der Ausgangspunkt für die Suche Gotamas gewesen, er stellte als traditioneller Erleuchtungsweg auch einen Reibungspunkt dar, gegen den sich der Buddhismus seinerzeit abgrenzte. In diesem Sinne zeigt die Legende eine zweiseitige Verknüpfung von Buddhismus und Yoga, die sowohl im Ausgangspunkt von Gotamas Suche, als auch in der Abgrenzung gegenüber dem Yoga gesehen werden kann. Der Niederschlag yogischer Einflüsse hat als yogisches Element im Buddhismus Gestalt angenommen. Bevor wichtige Unterscheidungsmerkmale beider Systeme aufgezeigt werden, soll nun auf das yogische Element im Buddhismus anhand einiger Beispiele kurz eingegangen werden.

Als augenscheinlichste Parallele zeigt sich die in beiden Systemen bevorzugte Meditationshaltung, der Lotussitz, der sich sowohl im Yoga als auch im Buddhismus wiederfindet und in zahlreichen Kunstwerken beider Traditionen zum Ausdruck kommt. Ebenso finden sich Gemeinsamkeiten in der Ausgestaltung der Lehre, die im Buddhismus wie auch im Yoga-Sutra des Patanjali in acht Hauptabschnitte gegliedert ist. Der Weg des Buddhisten vollzieht sich im Beschreiten des achtfachen Pfades (s. weiter unten). Die Praxis des Yoga findet im achtgliedrigen Weg, dem Astanga, ihre Ausgestaltung (vgl. Deshpande/Bäumer 1976, S. 193). An dieser Stelle soll jedoch angemerkt werden, dass die Kultivierung des Körpers, die im später entstandenen Hatha-Yoga mittels variierender gymnastischer, bisweilen akrobatisch anmutender Körperpositionen (Asanas) betrieben wird, im Sutra des Patanjali nur durch eines der acht Glieder des Astanga verkörpert wird.[13] Obwohl sich die Glieder beider Pfade in ihrer

---

12 Ursprünge lassen sich im 3. bis 2. vorchristlichen Jahrtausend vermuten (vgl. Hauer 1958, S. 19).
13 Die Hathayogapradipika unterscheidet 84 Positionen (vgl. Kunjunni Raja 1972, Kap.1, Vers 39), die Ursprünge des körperbezogenen Hatha-Yoga sieht Fuchs im Ende des ersten Jahrtausends n.Chr. (vgl. Fuchs 1990, S. 13). Hinweise auf frühere Quellen, wie z. B. die angeblich dem Vinyasa-Yoga zugrundeliegende Yoga-Korunta, konnten bis heute nicht bestätigt werden. Sjoman nennt als ersten dokumentierten Hinweis variierender Stellungen, die dem auf der Lehre von Krishnamacharia beruhenden Vinyasa-Yoga entsprechen, den

konkreten Ausgestaltung unterscheiden, können doch in der Ausgestaltung der Wegteile vielfältige Parallelen gefunden werden, die über ihre die Gemeinsamkeit der Achtgliedrigkeit hinausgehen.[14]

Als eine weitere, diesem Zusammenhang relevante Gemeinsamkeit beider Systeme soll die Anerkennung der Lehrautorität im Zen-Buddhismus genannt werden. Auch in diesem Bereich zeigen sich die yogischen Wurzeln des Buddhismus. Die Voraussetzungen zur Anerkennung der Lehrautorität im Zen-Buddhismus wie auch die zentrale Bedeutung, die der direkten Anleitung und Unterweisung des Schülers durch einen anerkannten Lehrer zukommt, entstammt dem yogischen Heilsweg.

»Auch die Gewohnheit, daß niemand als zuverlässig in der Leitung der Zen-Meditation anerkannt wird, der nicht selbst die Erleuchtung erlangt und von einem Zenmeister die Bestätigung bekommen hat, ist von den indischen Gurus übernommen. Sie besteht auch heute noch in Indien ebenso wie in Japan« (Enomiya 1966, S. 160f.).

In der Wahrung der Authentizität der Weitergabe der Lehre des historischen Buddha vollzieht der Zen-Buddhismus seine Geschichte in Form der direkten Tradierung der Erleuchtungserfahrung vom Lehrer zum Schüler in einer geschlossenen Traditionslinie, die sich in ihrem Ursprung auf die Erleuchtungserfahrung des historischen Buddha beruft. Im Nachvollzug der bisweilen legendenhaften Entwicklungsgeschichte des Zen-Buddhismus kann demnach von einer Weitergabe der Erfahrung der Erleuchtung gesprochen werden, die jenseits jeder schriftlichen Form der Überlieferung stattgefunden hat. Hierin zeigt sich die zen-buddhistische Bedeutung der Bezeichnung Erfahrungsreligion. Der Zen-Buddhismus beruft sich nicht in erster Linie auf eine schriftlich tradierte Form der Lehre, sondern auf die Erfahrung eines Geisteszustands, die über die Jahrhunderte hinweg in der direkten Begegnung zwischen Lehrer und Schüler stattgefunden hat. Auf diese Weise tradiert, ist die ursprüngliche Erfahrung des Stifters bis zum heutigen Tag lebendig geblieben. In der Betonung

---

Sritattvanidhi (Sjoman 1996). Dieser um 1800 n. Chr. verfasste Text beruft sich auf 50 bis 100 Jahre der Übungstradition von variierenden Yoga-Positionen und beschreibt 122 verschiedene Asanas. Die Schüler von Krishnamacharia Pattabhi Jois (1915–2009) und B.K.S. Iyengar entwickelten die heute weltweit etablierten Hatha-Yoga-Stile des Ashtanga- und Iyengar-Yoga. Der Aussage von Pattabhi Jois zufolge wurde das einzige Exemplar der Yoga-Korunta von Ameisen gefressen.

14 Vergleichend zu den acht Gliedern der buddhistischen und der yogischen Lehre: Enomiya 1966, S. 151–158.

dieser über die Jahrhunderte weitergegebenen Erfahrung haben sich viele Generationen von Zen-Meistern gegen das Schriftgelehrtentum gewendet. Die Vernichtung schriftlicher Zeugnisse von Lehrreden und die Verbrennung von Lehrbüchern sind in der Geschichte des Zen-Buddhismus kein Einzelfall geblieben. Diese bisweilen schwer nachvollziehbaren Akte der Zerstörung spiegeln einen grundlegenden Charakterzug des Zen wieder. Sie betonen auf radikale Art und Weise die zentrale Stellung der direkten Weitergabe der Erleuchtungserfahrung vom Lehrer zum Schüler, die in den *fünf Berichten von der Leuchte* bezeugt wird:

> »In der umfangreichen chinesischen Zen-Literatur der Sung-Zeit (960–1279) finden sich fünf Chroniken, die die Bedeutung der Erleuchtungserfahrung Shakyamuni's für den Zen-Buddhismus dartun. Diese sogenannten ›Fünf Berichte von der Leuchte‹ (jap. *Goto roku*, chin. *Wu-teng lu*) rücken den für das Zen wesentlichen Überlieferungscharakter der Erleuchtung in helles Licht. Die ›Leuchte‹, die von Geschlecht zu Geschlecht weitergegeben wird, bedeutet die Erleuchtungserfahrung oder, stärker artikuliert, den Geist Shakyamuni's. Die Chroniken bezwecken, die gerade Überlieferungslinie von Shakyamuni bis zur jeweiligen Gegenwart herzustellen« (Dumoulin 1985, S. 16).

Die Erfahrung der Erleuchtung bezeichnet im Buddhismus die Erfahrung des wahren Selbst. Auch im vom Sutra des Patanjali geprägten Yoga ist die Erfahrung der Befreiung des wahren Selbst das angestrebte Ziel. Diese Befreiung vollzieht sich im Raja-Yoga im Verlöschen der Begierde und im Loslassen aller Bindungen. Sie wird als Ausweg aus der Vergänglichkeit und aus dem Leid des Daseins gesehen und in beiden Systemen vorrangig durch die Übung der Meditation verwirklicht.[15] In diesem Zusammenhang zeigt sich jedoch ein wichtiges Unterscheidungsmerkmal von Zen-Buddhismus und Yoga: die unterschiedliche Bedeutung der Befreiung des wahren Selbst. Obwohl die wahre Natur des Selbst im Yoga wie auch im Zen jenseits der personellen Existenz erkannt werden kann, wird im Yoga-System Patanjalis ebenso wie in dem ihm zugrundeliegenden Samkhya das Selbst von der Materie unterschieden:

> »According to the Samkhya, reality as a whole has two divisions. One compromising *prakrti* or the objektive world and the other consisting of its subjektive counterpart, i. e., the self or purusha« (Chattopadhyaya 1982, S. 9).

---

15 Weiterführend zu Gemeinsamkeiten der Versenkungsmethode in Zen und Yoga siehe: Dumoulin 1985, S. 23–28.

Durch die Übung des Yoga soll der Geist aus der Illusion seiner personellen Existenz gelöst und von seiner Verstrickung mit der Materie befreit werden. Das angestrebte Ziel der geistigen Entwicklung im Yoga ist die vollständige Ablösung des Geistes von allen Naturprozessen und der Materie:

> »Die Abstraktionsmethoden Patanjalis dienen einem Ziel der Samkhya-Philosophie: der ›Isolierung‹ (kaivala) des unsterblichen und absoluten Geistes (purusha) von allen Elementen der Mannigfaltigkeit, die aus der Bewegung der Materie (prakriti) hervorgehen« (Kuhn 1965, S. 29).

Ausgehend von den Abstraktionsmethoden Patanjalis impliziert der Yoga ein dualistisches Geist-Materie-Prinzip. »The philosophy of Patanjali is essentially Dualistic« (Srisa Chandra Vasu 1910, S. 1). Der Dualismus des yogischen Heilsweges steht der Erfahrung der Einheit von Absolutem und Relativem im Zen diametral gegenüber. Im Gegensatz zu diesem stellt im Yoga die von ihrer Beziehung zu physischen und psychischen Naturprozessen befreite geistige Monade in sich selbst einen grenzenlosen Kosmos des Erlebens dar:

> »Die so erlangte Befreiung stellt sich als ein Zustand totaler Isolierung *(kaivalya)* dar. Alle Verbindung des Selbst mit der Natur hat aufgehört, keine Beziehung besteht mehr zu physischen und psychischen Naturprozessen. So existieren in der Isolierung zahllose *purusha*, gleichsam wie von der Welt und voneinander abgetrennte Monaden, frei und autonom in sich selbst« (Dumoulin 1976, S. 29).

Nicht nur in der höchsten Form des Bewusstseins unterscheiden sich beide Heilswege wesentlich voneinander, auch in der Methode dieses zu verwirklichen, zeigt sich ein grundlegendes Unterscheidungsmerkmal. Dieses erschließt sich bei näherer Betrachtung der Wortbedeutung des Terminus »Yoga«. Der Terminus »Yoga« wird als »Verbindung« bzw. »Versammlung« oder als »Anjochung«, oder »Anspannungen« interpretiert (vgl. Dumoulin 1976, S. 26). Die Wortwurzel »yuj« steht für »anschirren«, »jochen«, »binden«, »unterjochen« (vgl. Stiehl 2004, S. 450). »Yui« bezeichnete ursprünglich den Vorgang des »Anschirrens« von Zugtieren vor einen Kampfwagen und wurde später auch für die alltäglichere Handlung des »Ins Joch Spannens« verwendet. Die Sanskrittexte der Upanisaden setzten die menschlichen Sinne den Zugtieren gleich und formulieren die Notwendigkeit, sie zu zügeln und sie unter Kontrolle zu bringen. Der Wortsinn des Terminus »Yoga« kann demnach als Beherrschung und Vereinigung interpretiert werden und offenbart damit einen sehr bezeichnenden Wesenszug des yogischen Heilsweges (vgl. Fuchs 1990, S. 11f.).

Der Weg des Yoga beinhaltet die Versammlung und Kontrolle der Sinne und des perzeptiv-begrifflich denkenden Selbst, welches durch die yogische Übung gleichsam »ins Joch gespannt« werden soll. Die Versammlung und Kontrolle des begrifflich denkenden Selbst, welches als das »meinende Selbst« (Citta) bezeichnet wird, wird im Patanjali-Sutra deshalb angeraten, da dieses, sich selbst überlassen, von diversen »hinderlichen Faktoren« wie Unbeständigkeit, Abgelenktheit und Fehleinschätzung zerstreut werden kann:

>»Ist *Citta* [das meinende Selbst] zerstreut, so entsteht leidvolle Enge, eine pessimistische Ausrichtung des Geistes, körperliche Unkontrolliertheit und der Verlust der Kontrolle über den Atem (und damit über die Psyche)« (I. 31 in: Sriram 2006, S. 61).

Der Yoga verfolgt daher mittels gelenkter Anstrengung die Intention der Kultivierung des Geistes (vgl. Dumoulin 1985, S. 21). Durch Anjochung, Bündelung und Versammlung soll dieser von seiner Verstrickung mit der Materie und der personalen Existenz befreit und zu seiner wahren Natur zurückgeführt werden. Die Übungen des yogischen Weges, die geistige Versenkung, die bewusste Steuerung des Atems in der Übung des Pranajama und die Kultivierung des Körpers durch das Üben der Asanas sind allesamt durch das zielgerichte Streben nach der Befreiung des wahren Selbst gekennzeichnet.

>»Der Wert der gymnastisch-akrobatischen Übungen liegt außer in ihrer hygienischen und verzaubernden Wirkung darin, daß sie es dem Adepten ermöglichen, seinem Leibe höchste Geschicklichkeit und Ausdauer für eine Reihe klassischer Sitzhaltungen zu geben, die der eigentlichen Atemregelung und Sammlung auf innere Vorgänge dienen« (Zimmer 1973, S. 128).

Das Zwingen oder die Anjochung des Geistes wird in manchen neueren Interpretationen des Patanjali-Weges eher als ein zur Ruhe kommen lassen der Geistesaktivität verstanden (vgl. Deshpande 1976, S. 10–12). Doch auch in diesem Fall bleibt der intentionale Charakter der yogischen Übung erhalten. Sie ist stets auf den Zweck der Kultivierung des Geistes, auf das Erkennen seiner wahren Natur zum Ziel seiner Befreiung von der Verstrickung mit der Materie gerichtet. Im Sutra des Patanjali steht geschrieben:

>»Erst aus der Erkenntnis über die Unterschiedlichkeit von *Purusa* [dem inneren Selbst] und *Citta* [dem meinenden Selbst] entsteht Meisterschaft über sämtliche Gefühle und vollkommene Weisheit« (3.49, zit. n. Sriram 2006, S. 208).

1.3 Exkurs: Unterschiede zum Yoga

Aus der Erkenntnis des inneren Selbst entsteht die Fähigkeit zur Zügelung bzw. zur »Anjochung« des meinenden Selbst und auf diesem Weg die Meisterschaft über sämtliche Gefühle:

> »Der *Purusa* [das innere Selbst] hat aufgrund seiner Unveränderlichkeit eine gleichbleibende Erkenntnismöglichkeit über die Bewegungen im *Citta* [im meinenden Selbst] und ist folglich Herr über diese Bewegungen« (4.18, zit. n. Sriram 2006, S. 241).

Durch den intentionalen Charakter, der jeder yogischen Übung innewohnt, unterscheidet sich der Yoga von der im Zen angestrebten Geisteshaltung der Nichtintentionalität und zeigt sich somit als ein weiteres grundlegendes Unterscheidungsmerkmal der beiden Systeme. Die Nichtintentionalität kommt im Buddhismus als die angestrebte Geisteshaltung in der Meditation und im Alltag sowie in der Einstellung gegenüber der Askese zum Ausdruck. Der buddhistische Lebensweg vollzieht sich, wie später noch erläutert werden soll, in der Vermeidung einer extremen Lebensführung und schließt damit, anders als der Yoga, extreme Übungen der Askese aus. Auch in der Meditation wird im Buddhismus eine nichtintentionale Geisteshaltung angestrebt. Zen-buddhistische Meditation geschieht daher, anders als im Yoga, nicht in der Bemühung um eine Kultivierung des Geisteszustandes, sondern vollzieht sich in der absichtslosen Betrachtung der eigenen Geistesaktivität und damit jenseits jeder Form der zielgerichteten Anstrengung und Bemühung. In der *Niederschrift der smaragdenen Felswand* des Meisters Bi-Yän-Lu, einer für den Zen-Buddhismus grundlegenden Schrift, steht folgender Ausspruch:

> »Der höchste Weg ist gar nicht schwer,
> Nur abhold wählerischer Wahl.
> Doch wo man weder haßt noch liebt,
> Ist Klarheit, offen, wolkenlos«
> (zit. n. Gundert 1960, S. 63).

Durch die überblickshafte Betrachtung einiger Parallelen und Unterschiede zwischen Buddhismus und Yoga konnte gezeigt werden, dass der Zen-Buddhismus in wesentlichen Teilen seiner Lehre vom dem auf dem Patanjali-Sutra beruhenden Yoga differenziert werden kann. Obwohl das Patanjali-Sutra als repräsentativ für den indischen Yoga gesehen werden kann (vgl. Dumoulin 1976, S. 26), kann es dennoch nicht als einziger relevanter Hintergrund der Yogapraxis gelten. Neben dem Patanjali-Sutra beruht ein Teil der heute im Westen ausgeübten Yogapraxis auf der Grundlage des Tantrismus und der advaitischen Vedanta Philosophie. Im Vedanta gilt die Praxis des Yoga als »Mittel der Öffnung für die advaitische Erfahrung« (Brück 1986, S. 63). Die advaitische Erfahrung ist eine nicht-dualistische Erfahrung. Im hinduistischen Vedanta wird die Befreiung vom Leid des Daseins ebenso wie im Buddhismus im Erlebnis der Alleinheit gesucht:

> »Yoga ist Mittel zur Kontrolle des Willens und der divergierenden Sinnenwelt überhaupt. Durch Yoga stellt sich der Mensch in den Rhythmus des Lebens und die Harmonie des Seins, die von der Großen Einheit kündet. Yoga und Advaita stehen somit in engster Beziehung« (ebd.).

Ebenso wie im Vedanta wird im hinduistischen und im buddhistischen Tantra die Wirklichkeit als in sich ungetrennte Einheit erlebt. Die Lehre des Tantra kann neben dem Sutra des Patanjali und dem advaitischen Vedanta als wichtigster geistiger Hintergrund der Yogapraxis genannt werden, wobei die hinduistischen gegenüber den buddhistischen Tantras für die Tradition des Yoga die größere Relevanz besitzen (vgl. Feuerstein 2002, S. 453–457). Das Erlebnis der Alleinheit gilt im Tantra ebenso wie im hinduistischen Vedanta und im Buddhismus als die Befreiung vom Leid des Daseins:

> »Der Weg zur Vollendung wird durch die Erkenntnis der Ganzheit, die Mensch und Universum verbindet, bestimmt. Es kommt hinzu, daß durch das Erkennen dieser Einheit die Grenzen unseres Ichs erweitert und wir von einer einengenden Haltung der Welt gegenüber befreit werden« (Mookerjee/Khanna 1978, S. 24).

Da im Tantrismus wie auch im advaitischen Vedanta die Befreiung vom Leid des Daseins in der Transzendenz der personellen Existenz und ihrer Auflösung in der Alleinheit gesehen wird, stellt sich in diesem Zusammenhang die Frage, inwieweit die Ergebnisse der folgenden Diskussion auf jene nichtdualistischen Hintergründe des Yoga übertragbar sind. Eine Untersuchung dieser Fragestellung würde jedoch den Rahmen dieser Arbeit übersteigen, da sie eine strukturelle Gegenüberstellung des advaitischen Vedanta, des hinduistischen Tantra und der zen-buddhistischen Lehre voraussetzen würde. Abschließend soll jedoch in diesem Zusammenhang hervorgehoben werden, dass eine Übertragbarkeit der Ergebnisse dieser Diskussion auf die nichtdualistischen Hintergründe des Yoga aufgrund der hier aufgezeigten Gemeinsamkeiten der drei Systeme möglich erscheint, jedoch müsste diese Möglichkeit in Form einer weiterführenden Fragestellung systematisch untersucht werden. Die Gültigkeit der hier vorgelegten Untersuchung für den vom Patanjali-Sutra geprägten Yoga kann angesichts der in diesem Diskurs dargelegten Unterschiede zum Zen-Buddhismus nicht vorausgesetzt werden.

1.4 Die Anhaftung des Bewusstseins

Die Erfahrung der Erleuchtung wird im Zen-Buddhismus auf die Erleuchtungserfahrung des historischen Buddha zurückgeführt und als Auflösung aller Anhaftungen des Bewusstseins beschrieben. Die Auflösung der Anhaftungen wird in der Legende der Erleuchtungserfahrung Gotamas in der Begegnung mit dem Dämon Mara[16] dargestellt. Dieser erschien dem unter dem Bodhi-Baum meditierenden Gotama, um ihn mittels dreier Versuchungen am Eintreten in das Nirvana[17] zu hindern. Die Versuchungen Maras spiegeln dabei verschiedene Formen der *Anhaftung* wieder, denen Gotama jedoch mit unbewegtem Geist widerstand. Der Begriff der Anhaftung bezeichnet den Vorgang einer auf der Identifikation mit dem Ich beruhenden Fokussierung des Geistes auf einen bestimmten Gegenstand der Wahrnehmung. Die Anhaftung des Bewusstseins schließt jedoch jene unfokussierte Offenheit des Geistes aus, die das Eintreten der Erleuchtung zulässt.

In der ersten Versuchung wollte Mara Gotama Angst einjagen, indem er ihm ein angreifendes Heer, Stürme, Fluten und Finsternis gegenüberstellte. Die angreifenden Wurfgeschosse und nahenden Katastrophen wurden jedoch von der Ausstrahlung des Boddhisattvas[18] in Blumen, Girlanden und andere heilvolle Dinge verwandelt. Diese Transformation der Dunkelheit und der Gefahr kann sinnbildlich für die Transformation negativer Gedanken und Emotionen, die während der Meditation im Geist auftauchen, gesehen werden.

---

16 Mara: Todesfürst, der alle Lebewesen im Samsara gefangen hält. Das »Samsara«, wörtlich aus dem Sanskrit als »Wanderung« zu übersetzen, bezeichnet den Kreislauf der Wiedergeburten und des Leidens (vgl. Erhard/Fischer-Schreiber 1993, S. 187). Zur Gestalt und Legende Maras siehe: Oldenberg 1983, S. 58–69.

17 »Aus dem Sanskrit stammend bedeutet Nirvana ›Erlöschen‹ zum Beispiel einer Flamme [...] Parinirvana betont das ›vollkommene Erlöschen‹ und wird meist auf den leiblichen Tod als Tor zur vollkommenen Erleuchtung/Erlösung in einem realen unbeschreiblichen Jenseits bezogen (v.a. im Hinayana-Buddhismus), während einige mahayana-buddhistischen Schulen die Einheit von Diesseits und Jenseits durch die Gleichung Samsara = Nirvana ausdrücken« (Laube 1998c, S. 878).

18 Der Begriff Boddhisattva bezeichnet in der Legende vom historischen Buddha ein Wesen, das zur Buddhaschaft bestimmt ist (vgl. Schumann 1982, S. 61), in der jüngeren Literatur des Mahayana-Buddhismus wird der Begriff mit einer weitreichenderen Bedeutung versehen und mit dem bereits vollzogenen Erlangen der Erleuchtung assoziiert.

»Damit ist sicherlich ein wesentliches Anliegen buddhistischer Psychologie zum Ausdruck gebracht, nämlich dies, daß die Gestaltungen dunkler Triebe in positive und heilvolle Mächte zu transformieren und damit für das eigene Streben nutzbar zu machen sind« (Klimkeit 1990, S. 86).

Der zweite Versuch Maras, den Boddhisattva vom Erlangen der Erleuchtung abzuhalten, vollzog sich in einem Redekampf, in dem Mara Gotama in Selbstzweifel stürzen wollte. Mara führte an, dass Gotama aufgrund seines Karmans zur Gefangenschaft im ewigen Kreislauf der Wiedergeburt verurteilt sei. Der Begriff »Karman« steht für die Tat, nach der Lehre vom Karman ist die Tat die Macht, die der Seele den Pfad der Wanderung von Wiedergeburt zu Wiedergeburt vorschreibt. Der Redekampf zwischen Gotama und Mara spiegelt somit die dem Zen-Buddhismus vorangehende Auffassung des indischen Buddhismus wider, dass nur jene, die sich im Kreislauf unzähliger Wiedergeburten durch ihr Karman bewährt haben, in diesem Leben zur Erlösung gelangen können. Die Lehre vom Karman erfuhr in manchen Strömungen des Zen-Buddhismus eine tendenzielle Umdeutung, bei der sich die Bedeutung der Tat weniger aus dem Glauben an die Reinkarnation und mehr aus der Möglichkeit eines spontanen Erwachens im Diesseits erschließt (vgl. Brück 2004, S.17–21).[19]

Der Vorwurf Maras an Gotama, dass er aufgrund seines Karmans nicht ins Nirvana gelangen könne, sondern im Samsara verbleiben müsse, konnte den Boddhisattva jedoch nicht in die Irre führen. Dieser rief als Zeugin seines heilvoll gereiften Karmans die Erdgöttin, indem er mit den Fingern der rechten Hand die Erde berührte. Der Erdanrufung folgend erschien diese nach sechsfachem Erbeben der Erde und bezeugte Gotama sein karmische Eignung zur Erleuchtung. Die Erdberührungshaltung Gotamas ist in der buddhistischen Kunst in Form eines mit der rechten Hand die Erde berührenden Buddhas in vielfacher Form dargestellt worden (vgl. Brück 2007, S. 94).

Als letzten Versuch, den Boddhisattva in die Irre zu leiten, führte Mara seine schönen Töchter ins Feld. Diese versuchten vergeblich, die Begierde Gotamas mit ihren Verführungskünsten zu wecken. Die Standhaftigkeit Gotamas symbolisiert dabei die Fähigkeit eines Boddhisattvas, allen weltlichen Genüssen zu entsagen. Diese werden per se nicht als schlecht erachtet, führen jedoch, wie an späterer Stelle erörtert wird, zu der Anhaftung des Bewusstseins an ein Objekt der Wahrnehmung. Sie verhindern daher jene ungebundene Offenheit

---

[19] Weiterführend zur Karman-Lehre: Oldenberg 1983, S. 46–58; Schumann 1963, S.31–39; Grimm 1988, S. 153–227.

des Geistes, die als Voraussetzung für sein Erwachen gesehen werden kann. Über die Reaktion Gotamas auf die Verführung durch die Schönheiten Maras berichtet die Legende:

> »Er war unbeweglich wie der Berg Meru, überragend wie das Randgebirge der Erde. Die Sinne waren bezähmt, der Geist war gebändigt wie bei einem zahmen Elefanten« (Waldschmidt 1991, S. 161).

Im Verlauf einer sich über die Dauer von drei Nachtwachen[20] erstreckenden Meditation gelangte der Boddhisattva, nachdem er einen sechsjährigen Weg der Suche zurückgelegt hatte, zur Erfahrung der Erleuchtung:

> »Derart gelangte der Bodhisattva in der letzten Wache der Nacht, zu der Zeit, als die Morgenröte sich zeigte und die Nacht dem Schlafe am günstigsten war, zur allerhöchsten vollkommenen Erleuchtung« (ebd., S. 172).

Die Erfahrung der Erleuchtung entzieht sich jedoch der begrifflichen Erfassbarkeit und dem sprachlichen Bereich. Sie kann mit Worten nicht beschrieben, sondern lediglich »umkreist« werden. An dieser Tatsache zeigt sich die wohl grundlegendste Schwierigkeit dieser Untersuchung: Der Zen-Buddhismus ist eine Erfahrungsreligion, die sich im Unterschied zur Verheißungsreligion des Christentums nicht auf die Tradierung ihrer Inhalte durch das geschriebene und gesprochene Wort, sondern auf ihre Manifestation in der konkreten Erfahrung beruft. Das Wort wird aus Gründen, die später noch eingehend betrachtet werden sollen, als ungeeignet betrachtet, diese Erfahrung zu erfassen und wiederzugeben. Die Erfahrung des Erwachens kann nicht beschrieben werden. Das Wort kann nur als unzureichender Hinweis dienen. Als Versuch, das Unfassbare zu fassen, ist jede Bemühung der Artikulation schon vorab zum Scheitern verurteilt: »Der Erwachte hat seine Botschaft kraft seiner Erleuchtung verkündet, aber er hat diese nie in Worten beschrieben oder gedeutet« (Dumoulin 1995, S. 126).

Obwohl die Erfahrung der Erleuchtung als zentraler Gegenstand des Zen-Buddhismus außerhalb jeder Sprachlichkeit liegt, sind unzählige Bücher und Schriftstücke über den Zen-Buddhismus verfasst worden. Sie spiegeln die Bemühungen vieler Autoren wider, auf das Unausprechliche zu verweisen, ihm mit dem geschriebenen Wort so nahe zu kommen, wie es eben nur möglich ist.

---

20 Drei Nachtwachen entsprechen einem Zeitraum von neun Stunden (vgl. Schumann 1982, S. 73).

Die Mittel, die hierfür gewählt wurden, sind vielseitig und kreativ. In später zitierten Textbeispielen werden scheinbar sinnlose Paradoxien, romantisch anklingende Metaphorik und glasklare Logik in ihrem Scheitern am Beschreiben des Unbeschreibbaren einen Eindruck von jenen Inhalten vermitteln, die in letzter Konsequenz nur in ihrem direkten Erleben erfasst werden können.

Obwohl die Erfahrung selbst in ihrer Unaussprechlichkeit jeder Beschreibung trotzt, zeigt die Legende den Weg, der zu dieser Erfahrung zu führen vermag: Sie verweist auf die unauflösbare Beziehung von Erleuchtung und dem Stillstand der Anhaftungen des Bewusstseins. Die Verwirklichung des nicht-anhaftenden Geisteszustands geschieht in der Meditation, wobei diese als Akt des Erlebens die Gesamtheit der Erfahrung des Erwachens vollständig und ganzheitlich in sich vereint: »Die Heraushebung der Meditation bedeutet keine Eingrenzung, weil die Meditation das Ganze des Buddhismus, auch seine Lehre umfaßt« (Dumoulin 1995, S. 126).

1.5 Die Lehre vom Leid des Daseins

Siddhatta Gotama, der kraft der von ihm erlangten Einsicht auch Shakyamuni, »Der Weise aus dem Stamm der Sakyas« (Conze 1984, S. 26), genannt wird, hat trotz der Unaussprechbarkeit der Erfahrung seiner Erleuchtung aus dieser eine Lehre abgeleitet. Die Lehre Shakyamunis ist die buddhistische Antwort auf das Leid des Daseins. Die Legende schildert die Begegnung Shakyamunis mit dem Gott Brahma Sahampati, der den Erhabenen aufsuchte, nachdem dieser in der Zufriedenheit seiner Erfahrung verweilend sieben Tage unter dem Bodhi-Baum zugebracht hatte. Brahma überredete ihn, seine Lehre zu verkünden:

> »*Brahma:* Zugrunde geht die Welt, wenn sich der vollkommen Erleuchtete nicht zur Verkündigung der Lehre entschließt. Möge der Erhabene deshalb die Lehre darlegen! Es gibt Wesen, deren Augen kaum mit Staub bedeckt sind; wenn sie die Lehre nicht hören, sind sie verloren. Wenn sie aber die Lehre vernehmen, werden sie (zur Erlösung) gelangen« (Schumann 1982, S. 80f.).

Shakya, dessen Mitleid durch die Rede Brahmas geweckt wurde, tätigt den Ausruf: »Geöffnet seien allen, die hören, die Tore zur Todlosigkeit!« (ebd., S. 82), und entschließt sich, mit dem Verkünden seiner Lehre zu beginnen. Nach kurzem Nachsinnen, an welche Schüler er seine Unterweisung zuerst richten sollte, entschloss er sich, die fünf Asketen aufzusuchen, die ihm einst in der Zeit seiner Selbstkasteiung beigewohnt hatten. Im Wildpark von Benares kam es zur Begegnung zwischen Shakya und seinen ersten Schülern: Als diese den Erhabenen von Weitem herannahen sahen, beschlossen sie, sich abweisend zu verhalten und ihrem einstigen Vorbild aufgrund seines Abfallens von der Askese die Ehre des Grußes zu verwehren. Sobald sie den Erhabenen jedoch von Nahem erblickten, nahmen sie die Würde der Erscheinung des Erlösten wahr und begrüßten ihn freundschaftlich und mit zuvorkommendem Respekt. Shakya, erfreut von der Herzlichkeit des Empfangs, gab sich ihnen als Buddha[21] zu erkennen.

Der Name »Buddha« bezeichnet im eigentlichen Wortsinn nicht ausschließlich die historische Person Shakyamunis, sondern steht gemäß der *Drei-Leiber-Theorie* des Mahayana-Buddhismus für die drei Seinsformen »Buddhas«:
1. Die historische Seinsform »Buddhas«, Shakyamuni.
2. Der metahistorische »Buddha«, dem als individuellem Bodhisattva aufgrund seiner verdienstvollen Bemühungen das Geschenk der Erleuchtung zuteil wurde. Er dient den Menschen als Gegenstand der Anbetung und der Meditation.
3. Der Dharma-Leib[22] »Buddhas« bezeichnet die in sich ungetrennte Einheit aller Existenzen, »die höchste Seinsform des Buddha; die Form der Nichtform, der metahistorische, transpersonale, absolute Dharma, die Soheit[23] schlechthin (skt.: tathata)« (Laube 1998a, S. 143).

Auf die Selbstoffenbarung Shakyamunis als Buddha reagierten die fünf Asketen mit Zweifel: Wie kann ihr einstiges Vorbild die höchste Wahrheit erkannt haben, wo er doch von der Disziplin der Askese abgefallen war, um den Sinnesfreuden zu frönen? Shakyamuni antwortete ihnen mit der Lehre vom mittleren Weg. Diese besagt, dass der Weg zur Erkenntnis von der Vermeidung der Extreme bestimmt ist. Will man ihn beschreiten, muss man sowohl die Hingabe an Genuss und Sinnesfreude, wie auch die selbstquälerische Disziplin der Askese vermeiden:

---

21 Weiterführend zur Terminologie: Laube 1998a, S. 142–144; Schumann 2000, S. 216–250; Keown 2003, S. 39–42; Erhard/Fischer-Schreiber 1995, S. 51–57.
22 Der Dharma, das Gesetz oder die Lehre, wörtliche Übersetzung aus dem Sanskrit: »das, was hält« (Dumoulin 2003, S. 12) steht für »das Universalgesetz der menschlichen Existenz« (ebd.).
23 Soheit: Das wahre Wesen aller Existenzen, ihre so im jeweiligen Moment gegebene Alleinheit: »Denn die Leerheit kann auch ›Soheit‹ genannt werden, wenn man alles so nimmt, ›wie es ist‹, ohne etwas hinzuzufügen bzw. wegzunehmen. Wenn dies geschieht, ergibt sich, dass die mannigfaltige Welt nur Einbildung ist, da es letztendlich nur eine einzige Soheit gibt. In letzter Konsequenz heißt das, dass das Absolute und das Relative im Mahayana identisch sind« (Hutter 2001, S. 57).

1. Die Lehre des Soto-Zen im Kontext ihrer Entstehungsgeschichte

»Zwei Extreme gibt es, ihr Mönche, von denen sich der in die Heimatlosigkeit Gezogene fernhalten muß. Erstens: sich hinzugeben an die Sinneslüste. Das ist niedrig, gemein, gewöhnlich, unedel, zwecklos, macht Zucht, Demut, Leidenschaftslosigkeit, Erlöschen, höhere Einsicht, Erleuchtung und Nirvana zunichte. Das zweite Extrem ist: Selbstkasteiung zu betreiben. Das ist leidvoll, zwecklos, voll Pein in der Gegenwart und bewirkt Qualen in künftigen Geburten« (Waldschmidt 1991, S. 197).

Durch die Verkündigung der Lehre vom mittleren Weg grenzte Shakyamuni seine Lehre von extremen Bemühungen der Askese ab. Der Weg Shakyamunis bewegt sich damit jenseits von jener durch die Sehnsucht nach einer Loslösung von der Körperlichkeit motivierten Disziplin der Selbstkasteiung, die versucht, die Transzendenz mittels übermenschlicher Anstrengung und Willenskraft zu erzwingen. Ebensowenig vollzieht sich der Pfad Shakyamunis jedoch in der Hingabe an weltliche Freuden.

In der ersten Verkündigung Shakyamunis zeigt sich die Gestaltung des buddhistischen Weges als mittlerer Weg, der sich zwischen der das Leben verneinenden Abwendung von der Weltlichkeit und der Hingabe an sie befindet. Eine gemäßigte Lebensführung und die Vermeidung der Extreme stellt die einzig mögliche Form der konsequenten Verwirklichung jener Erkenntnis dar, die Shakyamuni alsbald in der Verkündigung der vier edlen Wahrheiten seinen Zuhörern offenbarte:

»Es gibt, ihr Jünger, vier heilige Wahrheiten: die Wahrheit vom Leiden, von der Entstehung des Leidens, von der Vernichtung des Leidens und von dem Pfade, der zur Vernichtung des Leidens führt.
Und was ist Leiden? Alter ist Leiden, Krankheit ist Leiden und auch Tod ist Leiden. Mit Ungeliebten vereint zu sein, von Geliebten getrennt zu sein, erfolgloses Wünschen und Verlangen auch das sind Leiden. Kurz die fünf Grundlagen aller sinnlichen Regungen[24] sind Leiden!« (Waldschmidt 1991, S. 197)

In der ersten der vier Wahrheiten brachte Shakyamuni die ursprüngliche Frage seiner Heilssuche zum Ausdruck, die Erkenntnis, dass Leben stets mit Leiden verknüpft ist, hatte ihn einst in die Hauslosigkeit getrieben. Schon als junger Mann, der in der Blüte seines Lebens stand und ein mit Reichtum und Gesundheit gesegnetes Leben führte, hatte ihn das Leiden der Menschen tief bewegt.

---

24 Die fünf Grundlagen sinnlicher Regung werden auch als die fünf Anhaftungsgruppen beschrieben: Körper, Empfindung, Wahrnehmung, Geistesformation und Bewusstsein.

1.5 Die Lehre vom Leid des Daseins

Er erkannte, dass das Leben, das aus den Schmerzen der Geburt hervorgeht und mit den Leiden des Todes endet, in seinem Verlauf mit dem immer wiederkehrenden Erleben von Leid einhergeht. Die Wahrheit vom Leiden steht dabei nicht für eine pessimistische Weltsicht oder gar für eine Verdammung des Lebens mit seinen Höhen und Tiefen, sie benennt lediglich, was unbezweifelbar scheint, dass das Dasein des Menschen untrennbar mit dem Erleben von Leid verknüpft ist. Denn ungeachtet aller Freude, die das Leben mit sich bringen kann, vollzieht es sich in seinen Abschnitten oftmals als leidvoller Prozess, der meist in einer leidvollen Erfahrung sein Ende findet.

Die Lehre des Buddhismus ist jedoch keine Lehre der Resignation, Shakyamuni benennt das Grundproblem des Lebens nicht, um es zu bedauern, sondern um es beim Schopf zu packen und es samt seiner Wurzel auszureißen. Die Wurzel des Leidens und den Weg seiner Ausmerzung erklären die folgenden drei edlen Wahrheiten. Die Wahrheit von der Entstehung des Leidens, die Wahrheit von der Vernichtung des Leidens und die Wahrheit vom achtfachen Pfad:

> »Und was ist die Entstehung des Leidens? Es ist die durstige Gier, die immer wieder zu neuem Dasein drängt, die von Freude und Lust begleitet ist und bald hier, bald dort sich vergnügt. Das ist die Entstehung des Leidens!
> Und was ist die Vernichtung des Leidens? Es ist die restlose Aufhebung der Leidenschaft und die Vernichtung eben dieser durstigen Gier, die von Dasein zu Dasein führt, die von Freude und Leidenschaft begleitet ist, die bald hier, bald dort sich vergnügt, die hervorbringt und wieder vergehen macht. Das ist die Vernichtung des Leidens!
> Und was ist der zur Vernichtung des Leidens führende Pfad? Es ist der edle achtgliedrige Weg: rechtes Sehen, rechtes Denken, rechtes Reden, rechtes Handeln, rechtes Leben, rechtes Streben, rechte Erinnerung und rechte Versenkung. Dies ist die edle Wahrheit von dem Pfade, der zur Vernichtung des Leidens führt! Das sind, ihr Mönche, die vier edlen Wahrheiten!« (Waldschmidt 1991, S. 198).

Mit der Verkündigung der Lehre vom mittleren Weg und der Lehre der vier edlen Wahrheiten setzte Shakyamuni das »Rad der Lehre« (Dharma-Rad) in Gang (vgl. Schumann 2000, S. 26). Bei oberflächlicher Betrachtung und vor dem Deutungshintergrund unseres zweieinhalb tausend Jahre jüngeren Kulturverständnisses mag sich die in dramatischer Sprache ausgedrückte Lehre Shakyas der vier Wahrheiten nur schwer erschließen lassen. Wie sich aus der »restlosen Aufhebung der Leidenschaft« und »der Vernichtung der durstigen Gier« im Zuge der Entwicklungsgeschichte des Zen-Buddhismus ein Lebensweg eröffnete, der von tiefer Zufriedenheit und heiterer Lebensfreude geprägt ist, wird in den folgenden Ausführungen erläutert werden. Hierbei wird sich der Fokus der Betrachtung vor allem auf das achte Glied des achtfachen Pfades, die rechte Versenkung konzentrieren, da diese der Kernaspekt der Lehre des Soto-Zen ist und ihre Verwirklichung alle übrigen Glieder des Pfades wie von selbst hervorbringt. Die Fokussierung der Betrachtung auf die Art und Weise der rechten Versenkung bedeutet demnach keine Beschränkung hinsichtlich der Darstellung von Shakyamunis Lehre: »Die Heraushebung der Meditation bedeutet keine Eingrenzung, weil die Meditation das Ganze des Buddhismus, auch seine Lehre umfaßt« (Dumoulin 1995, S. 126).

1.6 Die Lehre vom Nicht-Ich

Die Übung der rechten Versenkung vollzieht sich im Zen-Buddhismus vor dem Hintergrund der Lehre von der Leerheit des personalen Selbst. Shakyamuni verkündete die Lehre vom Nicht-Ich wenige Tage nach der Predigt von Benares und der Gründung der buddhistischen Mönchsgemeinschaft, der Sangha. Die Gründung der Sangha ereignete sich, als der Asket Kondanna während der Verkündigung der vier edlen Wahrheiten die Einsicht in die Lehre Shakyas erlangte und ausrief: »Was immer dem Gesetz des Entstehens unterworfen ist, das ist auch dem Gesetz des Vergehens unterworfen!« (Mahvagga des Vin, I, 6, 29, in Schumann 1982, S. 83). Daraufhin bat er den Buddha, ihn als seinen Jünger anzunehmen. Mit der Ordination Kondannas begründet Shakyamuni die bis heute lebendig gebliebene Bewegung buddhistischer Mönche, deren Gemeinschaft sich alsbald die anderen vier Asketen anschlossen.

Wenige Tage nach ihrer Ordination verkündete Shakyamuni seinen Schülern die Lehre vom Nicht-Ich. »Diese für die buddhistische Dogmatik hervorragend wichtige Rede ›von den Kennzeichen des Nichtselbst‹ begründet in der Kürze die Überzeugung von dem allen Dasein innewohnenden Leiden« (Oldenberg 1993, S. 98).

Obwohl sich der Buddhismus schon durch die Universalität seines Verständnisses vom Leiden, das alle Aspekte weltlicher Existenzformen umspannt, vom philosophischen System des Hinduismus abgrenzt, kann die Lehre vom Nicht-Selbst doch als das prägnanteste Merkmal gelten, das die Lehre des Buddhismus von den anderen Systemen der indischen Religions- und Geistesgeschichte unterscheidet (vgl. Brück 1998, S. 128). Die Lehrrede vom Nicht-Ich bildet das Fundament der buddhistischen Sicht der menschlichen Persönlichkeit und ist daher die Grundlage für den Umgang mit persönlichem und psychischem

Leid im Zen-Buddhismus. Sie wird daher für die anschließende Diskussion der Forschungsfrage von zentraler Bedeutung sein:

»*Die Unwirklichkeit des Ich*
Körperlichkeit, ihr Mönche, Gefühl, Wahrnehmung, Geistesformation und Bewußtsein sind vergänglich (anicca). Was aber vergänglich ist, das ist leidvoll (dukkha). Und was leidvoll ist, das ist Nicht-Ich (anatta). Und was Nicht-Ich ist, das hat man der Wirklichkeit gemäß mit rechter Einsicht also zu erkennen: ›Das gehört mir nicht, das bin ich nicht, das ist nicht mein Selbst‹« (Samyutta-Nikaya XXII, 15, in Nyanatiloka 1981, S. 28).

In der Zurückführung des Leidens auf die Vergänglichkeit beschreibt Shakyamuni jedoch nicht die Vergänglichkeit alles Lebendigen an sich als die Ursache des Leidens. Es ist vielmehr die Bemühung des Menschen, seiner Vergänglichkeit eine Stabilität entgegenzusetzen, die als Ursache das Leiden hervorbringt (vgl. Brück 2007, S. 120). Diese Bemühung geht dabei auf die Identifikation mit einem von der Veränderung unabhängig existierenden Wesenskern zurück. In der Lehre von der Natur des Selbst zeigt sich jedoch jene für die buddhistische Lehre grundlegende Auffassung, die besagt, dass der Mensch kein von der Veränderung der fünf Anhaftungsgruppen (Körperlichkeit, Gefühl, Wahrnehmung, Geistesformation, Bewusstsein) unabhängig existierendes Selbst, also keinen individuellen Wesenskern besitzt. Die Lehre vom Nicht-Ich beschreibt den Eindruck, ein individuelles Ich zu besitzen, als Illusion, die es zu durchschauen gilt. Daher wird diese auch als »Lehrrede von den Kennzeichen der Nicht-Seele« (Schumann 2000, S. 27) bezeichnet.

»Wir hatten gesehen, wie die Lehre von den *skandhas*[25] darauf ausgerichtet ist, eine ›permanente Seelensubstanz‹ zu umgehen und statt dessen den Menschen als dynamische Selbstorganisation von energetischen Prozessen zu begreifen« (Brück 1998, S. 130).

Die Illusion, ein personelles Ich zu besitzen, entsteht durch die Anhaftung des Geistes an den fünf Gruppen: Im Zuge der Anhaftung nämlich kommt es zur Identifikation mit den fünf Gruppen und im Zuge der Identifikation zur Illusion eines kontinuierlich existierenden Wesenskernes, des personellen Ichs. Die Illusion des personellen Ichs ist die Voraussetzung für die Entstehung von individuellem Leid. Da die Anhaftung des Geistes an den fünf Gruppen die Ursache

---

25 Die fünf Anhaftungsgruppen

für das Entstehen von persönlichem Leid ist, gilt das Ende der Anhaftung an den fünf Gruppen als die Befreiung vom Leid:

> »So erkennend, ihr Mönche, wendet sich der edle Jünger ab von Körperlichkeit, Gefühl, Wahrnehmung, Geistesformation, Bewußtsein; sich abwendend löst er sich los, durch die Loslösung wird er erlöst, und im Erlösten entsteht das Wissen: ›Erlöst bin ich‹, und er erkennt: ›Erloschen ist die Wiedergeburt, erfüllt der heilige Wandel, die Aufgabe vollbracht, und nicht gibt es Weiteres zu tun für diese Welt« (Samyutta-Nikaya XXII, 59, in Nyanatiloka 1981, S. 31).

Die Anhaftung an den fünf Gruppen ist als Fokussierung des Geistes auf bestimmte Wahrnehmungsinhalte zu verstehen. Im Zuge der Fokussierung kommt es zur Identifikation mit den Wahrnehmungsinhalten der fünf Gruppen und zur Entstehung der Illusion des personellen Ichs. Erst durch die Loslösung von den Anhaftungsgruppen und das Abstreifen der Illusion des personellen Ichs entsteht jene unfokussierte Offenheit des Geistes, die es ermöglicht, die wahre Natur des eigenen Selbst wahrzunehmen.[26]

Jene unmittelbare Wahrnehmung ereignet sich jedoch jenseits jeder Form von Begrifflichkeit. Die Einsicht in die wahre Natur des eigenen Selbst vollzieht sich als direkte Erfahrung, wohingegen Worte und Schriften stets nur als indirekte Beschreibungen oder Abbilder dieses Erlebens fungieren können. Sie dienen daher bestenfalls als Hinweise und Hilfe bei der Suche, können jedoch das Ziel des buddhistischen Heilsweges niemals vollkommen erfassen. Aus diesem Grund vollzieht sich die Geschichte des Zen-Buddhismus auch, wie bereits erläutert wurde, in der direkten Weitergabe der Erfahrung der Erleuchtung vom Lehrer zum Schüler. Das Erwachen des Schülers kann dabei vom Lehrer initiiert werden, ohne dass Worte gesprochen werden. In der Geschichte des Zen-Buddhismus ereignete sich die Übertragung der Erleuchtung auf vielfältige Art und Weise, oftmals getragen von der großen Kreativität der Lehrer, in wortlosen Gesten und Handlungen.

Als erstes und eindrucksvollstes Beispiel für das Ereignis der »Übertragung von Herz zu Herz« (Schumann 2000, S. 285) erzählt die Legende vom Erwachen

---

[26] Eine ausführliche Erörterung der Begriffe ›Geist‹ und ›Bewusstsein‹ wird, um an dieser Stelle nicht zu weit vorzugreifen, erst an weitere Ausführungen der buddhistischen Lehre anschließend erfolgen. Vorläufig könnte man an dieser Stelle jedoch die fünfte Anhaftungsgruppe, Bewusstsein, mit Sinneseindrücken oder auch mit der sinnlichen Wahrnehmung gleichsetzen (vgl. Schumann 2000, S. 206). Der Geist soll sich also, um sich von der Illusion der personalen Existenz zu befreien, vom wechselhaften Spiel der Sinneseindrücke abwenden, um sich in der Meditation auf sich selbst zu richten.

des Kashyapa. Kashyapa gilt im Selbstverständnis des Zen-Buddhismus als der erste Patriarch in der Nachfolge des historischen Buddha. Das 6. Beispiel des Mumonkan[27] beschreibt das Ereignis seines Erwachens:

> »*Buddha zeigt eine Blume*
> Als einst der Welterhabene auf dem Geierberg weilte, hob er mit den Fingern eine Blume empor und zeigte sie der versammelten Schar (der Mönche). Damals schwiegen alle. Nur der ehrwürdige Kashyapa verzog sein Gesicht zu einem Lächeln. Der Erhabene sprach: ›Ich habe das wahre Dharma-Auge, den wunderbaren Geist des Nirvana, die formlose wahre Form, das geheimnisvolle Dharma-Tor, das nicht auf Worten und Buchstaben beruht, eine besondere Überlieferung außerhalb der Schriften. Diese vertraue ich dem Mahakashyapa[28] an‹« (Dumoulin 1975, S. 52).

1.7 Der Mahayana-Buddhismus

Das nächste für den Zen-Buddhismus bezeichnende Ereignis, das an dieser Stelle erwähnt werden soll, ist der Beginn der Bewegung des Mahayana. Die Lehre des Mahayana-Buddhismus, aus dem im Verlauf späterer historischer Entwicklungen der Zen-Buddhismus hervorgehen sollte, entstand im Zuge einer Entzweiung der frühbuddhistischen Bewegung, die sich zur Zeit des Kaisers Asoka[29] ereignete. Der Mahayana-Buddhismus emanzipierte sich, ausgehend von der Gruppe der Mahasanghikas[30], als eigenständige Bewegung innerhalb des Buddhismus durch seine Abgrenzung von der konservativen Tradition der Lehre. Die Mahasanghikas vertraten eine liberalere Auffassung in Fragen disziplinarischer Vorschriften sowie die geistigen Fähigkeiten von Frauen und die Exklusivität des buddhistischen Heilsweges betreffend, dessen Beschreitung nach der vorherrschenden Form der Lehre den Mönchen vorbehalten war, die das Ideal der Hauslosigkeit pflegten.

---

27 Grundlegendes Werk des Zen-Buddhismus. Mumonkan: Die Schranke ohne Tor, Meister Wumens Sammlung der achtundvierzig Koan.
28 Um Kashyapa, der einen zur damaligen Zeit gebräuchlichen Namen trug, von anderen Jüngern desselben Namens zu unterscheiden, wurde er Mahakashyapa genannt. Die Vorsilbe bedeutet »der Große« oder »der Ältere«, da er der älteste unter den Kasyapas in der Mönchsgemeinde war. Weiterführend zur Person Kashyapas: K. Schmidt 1955, S. 47–54.
29 Kaiser Asoka: 274–236 v.Chr. (vgl. Conze 1984, S. 15).
30 »Der Übergang von der Mahasanghika-Richtung zu den Mahayana-Schulen ist fließend und über einen längeren Zeitraum hinweg verlaufen, wobei eine sachliche Abgrenzung nicht exakt gezogen werden kann« (Hutter 2001, S. 54).

> »Einige der wesentlichen Züge des Bodhisattva-Ideals[31] des Mahayana wurden von ihnen zuerst ausgearbeitet, und manche ihrer Lehren trugen entscheidend dazu bei, die buddhistische Tradition von der historischen Erscheinung Buddhas zu lösen. Das ist geschichtlich von größter Bedeutung, da durch diesen Schritt der Grundsatz, nur das anzuerkennen, was der Buddha selbst geäußert habe, den Charakter eines unumgänglichen Gebotes verlor« (Conze 1990, S. 113).

Diese Abgrenzung der Mahasanghikas wurde durch die kritische Auseinandersetzung des Mönches Mahadeva mit der bestehenden Doktrin initiiert[32] und nicht unwesentlich von der Unzufriedenheit der Laienanhänger mitbedingt, die nach einer Emanzipation gegenüber den religiös privilegierten Mönchen strebten. Das mönchische Leben war dem Erlangen der Arhatschaft gewidmet, jener Form der Heiligkeit[33], die nur durch das vollständige Auslöschen der Illusion und aller Leidenschaft verwirklicht werden kann. Nur wer zu Lebzeiten die Arhatschaft verwirklichte, konnte nach seinem Tod in das Nirvana eingehen und dem leidvollen Kreislauf der Wiedergeburten, dem Samsara, entfliehen.

> »Dieses Ideal der Heiligkeit, das von Shakyamuni und seinen Schülern klar umrissen wurde, konnte von den Mönchen nur in Einsamkeit oder hinter Klostermauern verwirklicht werden; für Laien, die in der Welt mit ihren Sorgen lebten, blieb es unerreichbar« (Lamotte 1989, S. 94).

Das Itivuttakam[34], eine Sammlung von Aphorismen aus dem Pali-Kanon[35] beschreibt die Voraussetzung für das Erlangen der Arhatschaft:

> »Wer Kinder ließ, wer Herden ließ,
> Gesellschaft wer sich abgewöhnt,

---

31 Das Bodhisattva-Ideal, welches für den Mahayana-Buddhismus als bezeichnend angesehen werden kann und in erster Linie von der Tugend des Mitleids mit allen Lebewesen geprägt ist, wird anschließend eingehender besprochen werden.
32 Zu den fünf Punkten des Mönches Mahadeva: Conze 1990, S. 112f.
33 Zur Vergleichbarkeit des Heiligenbegriffs der Arhatschaft mit dem von der christlichen Vorstellung geprägten Heiligenbegriff der westlichen Kulturhemisphäre siehe Janzen 1997, S. 146–160, 278–299.
34 »Das Itivuttakam ist das 4. Werk der 15 Werke, die die ›kürzere Sammlung des Palikanon‹ bilden. ›So (iti) Gesprochenes (vuttakam)‹, nämlich etwas, das vom Erwachten so gesprochen worden ist« (Hecker 2004, S. 4).
35 Der Pali-Kanon: Lehrreden Shakyamunis, die zunächst in Versform auswendig gelernt und 400 Jahre lang mündlich tradiert wurden, im 1. Jh. v.Chr. erfolgte die schriftliche Fixierung auf Palmblättern (vgl. K. Schmidt 1978, S. 6–12; Schumann 1992, S. 11).

ein solcher Mönch ist fähig wohl,
Erwachung, höchste, zu erfahrn«
(Itivuttakam, 79, in: Hecker 2004, S. 54f.).

Diese Form der Lehre konnte in ihrer Ausschließlichkeit den Laienanhängern, die die Gemeinschaft der Mönche durch Spenden unterstützten, trotz ihrer Großzügigkeit nur wenig Hoffnung auf Erlösung machen. Die vom strengen und für Laien unerreichbaren Ideal der Arhatschaft geprägte Lehre ließ also gerade jene Hoffnung auf Befreiung, die die Laienanhänger ursprünglich dazu bewegt hatte, sich der Lehre Shakyamunis zuzuwenden, weitgehend unbefriedigt.

»Das Mahayana sanktionierte diese Hoffnung, indem es nicht nur Mönche und Nonnen, sondern auch ›Söhne und Töchter aus gutem Hause‹ einlud, sich der Laufbahn eines *Bodhisattva* oder künftigem Buddha zu verpflichten« (Lamotte 1989, S. 95).

Der Terminus »Mahayana« bedeutet »Großes Fahrzeug« im Gegensatz zu »Hinayana«, dem »kleinen Fahrzeug«. Der Name »Hinayana« bezeichnet seit dem 2. Jh. n.Chr. alle vormahayanischen Schulen (vgl. Schumann 2000, S. 161–163). Er wird an dieser Stelle, wie auch in vielen Werken der buddhistischen Literatur durch den Ausdruck »Theravada« ersetzt. »Theravada« bezeichnet die »alte Lehre« und soll dem Begriff »Hinayana« vorgezogen werden, da diese Terminologie bisweilen in der Kritik steht, eine abwertende Bedeutung zu implizieren (vgl. Gombrich 1997, S. 119). »Theravada« steht für jene der zwei bedeutsamsten Schulen des frühen Buddhismus, die bis heute Bestand hat. Die Schule der Saravastivadin[36] dagegen ist seit vielen Jahrhunderten erloschen (vgl. Dumoulin 1985, S. 33).

Im Mahayana wandelte sich das Ideal der Arhatschaft zum Bodhisattva-Ideal, welches im Mittelpunkt der mahayanischen Lehre steht. Der Bodhisattva-Begriff bezeichnet im Mahayana ein vollkommen erleuchtetes Wesen, welches ganz von der Anhaftung am personalen Ich befreit ist. »Definitorisch ist der Bodhisattva ein Wesen (sattva), das sich systematisch um Erleuchtung (bodhi) bemüht und diese auch erfolgreich erlangt hat« (Hutter 2001, S. 131). Da der Lehre des Mahayana zufolge jeder das Potenzial zur Erleuchtung im eigenen Geist trägt, ist die Erleuchtung prinzipiell für jeden, der sich ernsthaft um sie

---

36 Übersetzung des Terminus Sarvastivadin: »Vertreter der Lehre, daß alles ist« (Weber 1999, S. 20).

bemüht, erreichbar. Der verwirklichte Bodhisattva[37] entzieht sich jedoch nicht durch seinen Eintritt und sein Verlöschen im Nirvana dem Kreislauf der Wiedergeburten, sondern verbleibt in ihm, um anderen in ihrem Leid gefangenen Wesen auf ihrem Erleuchtungsweg zu helfen (vgl. Dumoulin 1985, S. 36f.). Im Zuge der Ausrichtung auf das Bodhisattva-Ideal wird das Mitgefühl mit allen Lebewesen zur zentralen Tugend des Mahayana-Buddhismus erhoben.

»Einer Tugend, o Herr, sollte ein Bodhisattva sich ganz hingeben und ganz in ihr aufgehen. Dann sind alle Buddhatugenden von selbst vorhanden. Welches ist diese eine Tugend? Es ist das große Mitleid. Durch das große Mitleid, o Herr, sind alle Buddhatugenden bei den Bodhisattvas von selbst vorhanden« (Winternitz 1930, S. 35).

Der Mahayana-Buddhismus vertrat im Gegensatz zum Theravada-Buddhismus eine großzügigere Auslegung des Kanons und fügte diesem weitere Texte und scholastische Abhandlungen hinzu (vgl. Lamotte 1984, S. 90). Hieraus ergab sich, dass die Mahayana-Sutren von den Vertretern des Theravada-Buddhismus nicht anerkannt wurden. Der japanische Einsiedlermönch Ryokan Daigu (1758–1831) schreibt über die Sutren und ihre Aufgabe:

»Shakyamuni entsagte dem hohen Stand
und weihte sein Leben dem Bestreben,
andere vor dem Verderben zu bewahren.
Achtzig Jahre auf Erden,
verkündete er fünfzig Jahre den Dharma
und schenkte uns die Sutras als ewiges Vermächtnis –
heute noch eine Brücke,
ans andere Ufer zu gelangen«
(zit. n. Lingwood 1992, S. 6).

Die meisten Mahayana-Sutren entstanden nach der Aufzeichnung des Pali-Kanons, zwischen dem 1. Jh. v.Chr. und dem 6. Jh. n.Chr. Sie wurden zunächst mündlich tradiert und in der Periode ihrer schriftlichen Fixierung vielfach ergänzt und erweitert. Ihr Umfang übertrifft den im Ausdruck sehr schlichten,

---

37 Die Mahayana-Mythologie unterscheidet transzendente und irdische Bodhisattvas. Irdische Bodhisattvas dienen den Gläubigen als Vorbild und Lehrer, wohingegen diesen übergeordnet die transzendenten Bodhisattvas als spirituelle Wesen betrachtet werden, sie sind Gegenstand mythologischer Beschreibungen in den Sutren und Objekte der kultischen Verehrung und Anrufung (vgl. Hutter 2001, S. 130–137).

20 Druckseiten selten überschreitenden Pali-Kanon maßgeblich. In der Form ihrer Abfassung zeigen die Sutren eine künstlerische Ausgestaltung, die in einer auffallend kreativen und bilderreichen Sprache zum Ausdruck kommt. Weil der Bezugspunkt ihrer Datierung oftmals unklar bleibt, gilt als Obergrenze der Datierung der Zeitpunkt ihrer Übersetzung ins Chinesische (vgl. Lingwood 1992, S. 128–135). Da der Mahayana-Buddhismus keine in sich geschlossene Schule ist, existiert kein Kanon von Mahayana-Sutren,[38] ebensowenig wie eine für alle Zweige des Mahayana zutreffende Hierarchisierung der Sutren.

> »Im Buddhismus, auch im Mahayana-Buddhismus, geht es nicht an, von einem Hauptsutra zu sprechen, weil eine solche Qualifizierung die irrige Vorstellung wecken könnte, die anderen Sutren seien dem Hauptsutra untergeordnet oder auf dieses hingerichtet. Dies ist nicht der Fall. Vielmehr bezeichnen die verschiedenen Sutren oder Sutrengruppen im Mahayana bestimmte, je andere Ansätze für die Darstellung des Ganzen. Die großen Mahayana-Sutren sind Kunstwerke von hohem Rang« (Dumoulin 2003, S. 11).

Die Autorenschaft der Mahayana-Sutren wird anders als die Lehrreden des Pali-Kanons, die ausschließlich der historischen Person Shakyamunis zugeordnet werden, nach der der *Drei-Leiber-Theorie* des Mahayana-Buddhismus als das Wort Buddhas interpretiert:

> »Was macht den Mahayanins die Sutras heilig? Der Umstand, daß in ihnen der Buddha lehrend auftritt. Nicht nur die Palisutras, sondern auch die Hunderte von Jahren nach Gautamas Parinirvana entstandenen Mahayanasutras gelten im Spätbuddhismus als Wort des Buddha, denn der Buddha ist im Mahayana nicht mehr der historische Gautama, sondern ein universales Prinzip, das sich jedes Menschen als Sprachrohr oder Sekretär bedienen kann, um sich zu äußern« (Schumann 2000, S. 168).

Anders ausgedrückt stützt sich der Mahayana-Buddhismus in der Ausprägung seiner Lehre neben dem Wort der historischen Person Shakyamunis auf die Inspiration seiner Meister und Lehrer. Aus diesem Grund veränderte sich der Mahayana-Buddhismus mit der Zeit, wohingegen der Theravada durch seine Bemühung gekennzeichnet werden kann, direkt am Pali-Kanon zu bleiben (vgl. Brück/Lai 1997, S. 306–311). Diese Entwicklung spiegelt sich auch im Zen-

---

38 Eine chronologische Liste von Zentral- und Schlüsselsutras findet sich in: Schumann 2000, S. 165–169.

1. Die Lehre des Soto-Zen im Kontext ihrer Entstehungsgeschichte

Buddhismus wieder. Die historische Person Shakyamunis und seine Lehrreden treten im Gegensatz zum Theravada-Buddhismus mehr und mehr in den Hintergrund. In den Fokus rückt die Übertragung von Herz zu Herz, die direkte Weitergabe der unaussprechbaren Erfahrung der Erleuchtung vom Lehrer zum Schüler (vgl. Dumoulin 1985, S. 19f.).

»Das Absolute (tattva) ist jenseits von Worten (LS[39] 2, 119), die Sprache kann die höchste Wahrheit nicht erfassen (LS 2 Ed. p. 87)[40]. Zwischen seiner Erleuchtung und seinem Parinirvana, so erklärt der (transzendente) Buddha (LS 3, 7), habe er nicht das mindeste verkündet, und er erläutert dazu an anderer Stelle (LS 3 Ed. p. 194), die Wahrheit hänge nicht von Worten ab – nie sei den Buddhas ein (bloßes) Wort über die Lippen gekommen. Wer sich am Buchstaben festklammert, der hat das Absolute nicht begriffen und gleicht dem Toren, der den auf den Mond weisenden Finger ergreift und meint, er habe den Mond gefaßt[41] (LS 6, 3)« (Schumann 2000, S. 214).

Obwohl der Mahayana- den Theravada-Buddhismus in seiner statischen Schrifttreue bisweilen scharf kritisierte, stellte er sich diesem dennoch als friedliche Konkurrenz zur Seite. Dies wird aus der Tatsache ersichtlich, dass bis ins 3. Jh. n.Chr. theravadische und mahayanische Mönche in denselben Klöstern unter denselben monastischen Regeln zusammenlebten (vgl. Schumann 2000, S. 163). Und obwohl der Mahayana-Buddhismus in wichtigen Teilen seiner Lehre vom Theravada-Buddhismus abweicht, gründen beide Schulen in dem zentralen Moment der Lehre vom Nicht-Ich:

»Der Glaube an die Existenz der Persönlichkeit ist ein gewaltiger Irrtum, da durch ihn das Begehren in den Geist gelangt, dessen Überwindung allein zur Erlösung führen kann. Die Anhänger des Sravakayana[42] und des Mahayana

---

[39] Lankavatara-Sutra, für den Zen-Buddhismus grundlegendes Sutra, das der Legende entsprechend von Bodhidarma, dem 28. indischen Patriarchen, nach China gebracht wurde (vgl. Golzio 2003, S. 7–12).
[40] »Ed. Editio, Ausgabe in der indischen Orginalsprache. Auf die Seite (p.) der Textausgabe wird verwiesen, wenn das Buch keine durchgezählten Unterteilungen aufweist.« (Schumann, 2000, S. 371)
[41] In der zen-buddhistischen Literatur häufig verwendetes Gleichnis, das verdeutlichen soll, dass Worte und Begriffe lediglich Bezeichnungen sind, die auf die Wirklichkeit hinweisen, jedoch nicht mit der Wirklichkeit selbst verwechselt werden sollten.
[42] Dem Begriff »Hinayana« synonym verwendeter Terminus, der ebenfalls Raum für missverständliche Interpretation bietet. Wörtliche Bedeutung: »Fahrzeug der Hörer« (Notz 1998, S. 432).

stimmen darin überein, daß sie den Glauben an ein Selbst (atma-graha) und den Glauben an etwas zu diesem Selbst Gehörendes (atmiya-graha) verwerfen: Alle Wörter, die derartiges bezeichnen, z. B. Seele, Lebewesen, Mensch, Person, Subjekt, bezeichnen in Wahrheit etwas nicht Existentes; auch Mensch, Heiliger, Bodhisattva, Buddha sind nur Bezeichnungen, denen keine substantielle Existenz zukommt« (Lamotte 1984, S. 92).

1.8 Die Einheit der Wirklichkeit

Da der heutigen Geschichtsschreibung keine herausragende Gründerpersönlichkeit, die die Strömung des Mahayana initiiert haben soll, bekannt ist, wird von einer allmählichen Entwicklung des Mahayana ausgegangen. Im Hinblick auf frühbuddhistische Wurzeln des Mahayana können jedoch an dieser Stelle zwei herausragende Schulen benannt werden, deren Einfluss auf die Strömung des Zen-Buddhismus von weitreichender Bedeutung war: Die Schule des Yogachara und die Schule vom Mittleren Weg. Die Lehren der beiden Schulen verdeutlichen die in der buddhistischen Erleuchtungserfahrung verwirklichte Einsicht in die ungetrennte Einheit von Bewusstsein und Wirklichkeit.

Die Schule des Yogachara, die als »Bewußtseinsidealismus« bezeichnet werden kann, stützte sich in der Ausübung ihrer religiösen Praxis auf yogische Techniken und wird deshalb auch als der »Wandel im Yoga« bezeichnet (vgl. Dumoulin 1985, S. 41f.). Sie geht auf die Gründerpersönlichkeiten dreier Mönchsphilosophen zurück, Maitreya, Asanga (beide ca. 290–360 n.Chr.) und Vasubandhu (ca. 316–396 n.Chr.), und vertritt den erkenntnistheoretischen Standpunkt, dass es nichts gibt, das außerhalb des Bewusstseins existiert. Die Schule des Yogachara wird daher auch als »Nur-Geist-Schule« bezeichnet. In Anlehnung an die von Ikeda verwendete Terminologie der »Nur-Bewußtsein-Schule« (Ikeda 1986, S. 233) sollen die Begriffe »Geist« und »Bewusstsein« synonym gebraucht werden.

Um den mit »Bewusstsein« synonym verwendeten, den gesamten Bereich der bewussten Wahrnehmung umspannenden Begriff »Geist« von der sich innerhalb des »Bewusstseins« ereignenden Aktivität des begrifflichen Denkens zu unterscheiden, gilt es, den hier verwendeten Terminus »Geist« von seiner in der westlichen Literatur üblichen Bedeutung abzugrenzen: Der seit der cartesianischen Wende im westlichen Sprachgebrauch oftmals mit der rational denkenden Bewusstseinsinstanz assoziierte Begriff des »Geistes« wird ausgehend von der Lehre der Yogachara-Schule im Folgenden als »Denkbewusstsein« oder das »begriffliche Denken« beschrieben und vom Begriff des »Bewusstseins« bzw. des

»Geistes« unterschieden werden. Der Lehre des Yogachara folgend, enthält der menschliche »Geist« bzw. das menschliche »Bewusstsein« zwar die begrifflich denkende Instanz des »Denkbewusstseins«, fällt jedoch, da er über sie hinausgeht, nicht mit dieser zusammen. Die Schule des Yogachara zeichnet sich durch eine sehr differenzierte Darstellungsweise des menschlichen »Bewusstseins« aus, wobei in diesem Zusammenhang nur auf die für die nachfolgende Diskussion bedeutsame Unterscheidung zwischen drei Existenzweisen des »Bewusstseins« eingegangen werden wird (weiterführend hierzu: ebd., S. 207–239).

Bewusstsein bzw. Geist, begriffen als das jeder Form der Realität zugrundeliegende Prinzip, als unbedingte Voraussetzung jeder Wahrnehmung, wird in der Nur-Geist-Schule als das universale Prinzip schlechthin begriffen. Die Realität, die gemäß der Yogachara-Philosophie identisch mit Bewusstsein ist, wird in drei Stufen von Realitätsgraden unterteilt. Das Bewusstsein von empirischen Objekten und ihren Abbildungen im begrifflichen Denken wird als das Denkbewusstsein bezeichnet. Dem Denkbewusstsein wird der geringste Realitätsgrad zugeordnet. Das Denkbewusstsein wird vom personalen Ich, dem denkenden Subjekt, als dem Bewusstsein der empirischen Eigenperson unterschieden. Dem Bewusstsein des denkenden Subjekts wird der mittlere Realitätsgrad zugeschrieben. Diese beiden Instanzen des Bewusstseins ereignen sich im absoluten Bewusstsein, dem Grundbewusstsein, das, da es beide enthält, mit dem absoluten Realitätsgrad beschrieben werden kann. »Alle drei Existenzweisen sind Geist (citta) oder Bewußtsein (vijnana), aber in verschiedenen, nach oben abnehmenden Realitätsgraden« (Schumann 2000, S. 206). Die drei Realitätsgrade entsprechen den drei Ebenen der Bewusstseinsaktivität und können als absolut, vorstellend und vorgestellt beschrieben werden. Empirische Objekte und das begriffliche Denken sind vorgestellt. Das Ich unterscheidet die Vorstellungen der wahrgenommenen Objekte und begrifflichen Gedanken von sich selbst und liegt ihnen als das wahrnehmende und denkende Subjekt oder als der sich die Objekte Vorstellende zugrunde. Das den absoluten Grad der Realität verkörpernde Grundbewusstsein bildet die jeder Wahrnehmung zugrunde liegende Basis. Dieser Begriff bezeichnet den Raum der Wahrnehmung, in dem sich die Wahrnehmung des Vorstellenden und die Wahrnehmung seiner Vorstellungen, in Form von Gedanken und Objekten, ereignen. Im Lankavatara-Sutra wird das Grundbewusstsein beschrieben:

>»Das Grundbewußtsein [...] ist wie ein großer Ozean, dessen Wogen ständig dahinrollen. Seine (Hauptwasser-)Masse ist frei von Unbeständigkeit und Seelentheorie und von Natur aus rein« (Lankavatara-Sutra 6 Ed. S. 220, zit. n. Schumann 2000, S. 209).

Obwohl die Lehre des Yogachara in ihrer Aussage, dass die Welt objektiv nicht existiere und nur Geist sei, über die ursprüngliche Lehre Shakyamunis hinausgeht, kann die Welt mit dieser übereinstimmend dennoch in dem Sinne als Geist beschrieben werden, dass sie sich als Reflektion im Geist eines wahrnehmenden Subjekts ereignet (vgl. Schumann 2000, S. 207). Dieser Beschreibung folgend zeigt sich, dass es keine Realität geben kann, die außerhalb des Bewusstseins wahrgenommen wird. Damit stellt sich jede Form der Wahrnehmung als unmittelbarer Ausdruck des sie wahrnehmenden Bewusstseins dar.

Neben der Schule des Yogachara ist als bedeutsamste Schule im Hinblick auf die Entstehung des Mahayana die Schule vom mittleren Weg zu nennen. Sie wird als grundlegend für den gesamten Mahayana-Buddhismus erachtet und wurde im 2. Jh. n.Chr. systematisiert. Der Gründer dieser den Zen-Buddhismus maßgeblich prägenden Schule ist der indische Philosoph Nagarjuna (vgl. Dumoulin 1985, S. 41f.).

Nagarjuna, der in der Folge von Shakyamuni und Kashyapa in der Linie der 28 indischen Patriarchen des Zen-Buddhismus als der 14. Patriarch geführt wird, gilt als der größte Philosoph des Mahayana-Buddhismus (vgl. Brück 2000, S. 276). Die Legende besagt, er habe sein Wissen von einer Schlange erhalten, die die Weisheit Shakyamunis seit den Tagen des historischen Buddha für Nagarjuna aufbewahrt hatte. Dieser Legende folgend erhielt er seinen Namen, der »Schlangen-Arjuna« bedeutet (vgl. Schumann 2000, S. 189). Die Schule vom mittleren Weg proklamiert, ausgehend von der Lehre vom abhängigen Entstehen, die Leerheit als das wahre Wesen aller Dinge.

Die Lehre vom abhängigen Entstehen wird anschließend an die Darstellung des Begriffs der »Leerheit« erörtert werden. Der Terminus »Leerheit«, ursprünglich im Sanskrit »Sunyata«, wird als »Nicht-Seelenhaftigkeit« und »Nicht-Eigennatur« definiert (vgl. Schumann 2000, S. 188). Die Schule vom mittleren Weg interpretiert, ausgehend von dem Verständnis der dem Mahayana-Buddhismus vorausgehenden Bewegung der Mahasanghikas, die »Leerheit« als das, was zwischen »Sein« und »Nicht-Sein« besteht. Die Mahasanghikas identifizierten die »Leerheit« nicht mit dem »Nichts«, sondern als weder »Sein« noch »Nicht-Sein« und setzten damit in theoretisch abstrakter Weise das Anliegen Shakyamunis fort, die Extreme im Beschreiten des mittleren Weges zu vermeiden (vgl. Hutter 2001, S. 53f.). Durch die Vermeidung der erkenntnistheoretischen Extrempositionen des »Seins« und des »Nichts« weist die Lehre von der »Leerheit« aller Dinge jedoch nicht auf die »Nicht-Existenz« der Dinge, sondern auf ihre »Nicht-Eigennatur« hin. Die »Nicht-Eigennatur« der Dinge steht in der Lehre der Schule vom mittleren Weg demnach nicht für ein nihilistisches Weltverständnis, sondern deutet auf die absolute Wirklichkeit hin, die als das wahre Wesen aller Dinge hinter den Phänomenen der Erscheinungswelt, dem Samsara[43], verborgen ist (vgl. Tauscher 1998, S. 104).

> »This philosophical school is named after Nagarjuna's principal work, *Mula-Madhyamaka- Karika* or ›Root Verses on the Middle‹, and refers to the way in which Nagarjuna presents ›emptiness‹ as equivalent to that fundamental teaching of the Buddha, ›dependent arising‹, and as such, as articulating the ›middle‹ between the extremes of eternalism and annihilationism. If something arises in dependence upon some other thing, as a dharma is supposed to, then how, Nagarjuna asks, can it be defined in the manner that certain Abhidarma theorists want, as that which exists of and in itself, as that which posesses its own existence (*svabhava/sabhava*)?« (Gethin 1998, S. 238).

Aufgrund der Veränderlichkeit der Dinge wird im Mahayana-Buddhismus die Lehre von der Substanzlosigkeit der personalen Existenz auf alle in der Welt gegebenen Phänomene ausgeweitet. Die Vielheit der Dinge wird, ebenso wie die personale Existenz, als Illusion erkannt. Indem diese Illusion durchschaut wird, offenbart sich die Vielheit der Gegebenheiten in der Welt als eine in ihrem Wesen ungetrennte Einheit, die mit der wahren Natur des eigenen Selbst identisch ist. Durch die Betrachtung der Wirklichkeit als in sich ungetrennte Einheit unterscheidet sich der Mahayana- vom Theravada- Buddhismus, der die Pluralität der Welt als real gegeben ansieht (vgl. Brück 2000, S. 33–37).

Die Lehre von der Leerheit der Dinge bezeichnet die Existenzen deshalb als leer, da sie der ständigen Veränderung unterworfen ist. Die Dinge besitzen kein von ihrer Veränderung unabhängiges Wesen. Nagarjuna schreibt: »(Alle) Dinge sind ohne Eigensein, weil man an ihnen Wesensveränderungen sieht« (Nagarjuna, Die Philosophie der Leere, 13.3, zit. n. Weber-Brosamer/Bach 1997, S. 47).

Aufgrund der stetigen Veränderung alles Existierenden gibt es in der Welt kein Ding, das zu zwei verschiedenen Zeitpunkten mit sich selbst vollkommen identisch ist. Da kein Ding zu zwei verschiedenen Zeitpunkten eine vollkommene Übereinstimmung mit sich selbst besitzt, besitzt kein Ding in der Welt für sich betrachtet Identität. Aufgrund ihrer nicht gegebenen Identität sind alle Dinge als vorübergehende Erscheinungen, als formlos und unbeständig zu betrachten. Aufgrund der gegebenen Formlosigkeit aller Dinge kann die wahre Natur der

---

43 »Während im *Hinayana* die Erscheinungswelt des Samsara einem radikal transzendenten Nirvana gegenübersteht, operiert das *Mahayana* mit einem Absoluten, welches als weltimmanent gesehen wird« (Tauscher 1998, S. 94).

Dinge begrifflich nicht erfasst werden. Durch den stetigen Fluss des Werdens und Vergehens entzieht sich die Wirklichkeit jeder Form der begrifflichen Fixierung. Da jedoch Begriffe die Dinge in ihrer Wirklichkeit nicht fixieren und damit auch nicht erfassen können, sind nicht nur die Dinge, sondern auch alle Begriffe von den Dingen als substanzlos und leer zu betrachten.

> »Er ist es, der die grenzenlose Weisheit hat, die ist wie der Raum der Leere, und damit alle Zeiten und alles Seiende erleuchtet und begreift! Das ist der Palast, wo er friedlich wohnt!
> Alles Seiende ist leer und substanzlos, wie es keine Spur gibt, wenn der Vogel in der Luft vorüberfliegt. Er ist es, der alles so durchschaut! Das ist der Palast, wo er friedlich wohnt!
> Er ist es, der alle Verkehrtheiten und Grundleidenschaften, Begierde, Zorn und Torheit vernichtet und immer freudig in der Stille spielt! Das ist der Palast, wo er friedlich wohnt!« (Avatamsaka-Sutra, Kap. 4, zit. n. Doi 2000, S. 185).[44]

Die Leerheit der Dinge und die in sich ungetrennte Einheit aller Existenzen lässt sich zum einen aus der Veränderlichkeit der Dinge und zum anderen aus der Lehre vom abhängigen Entstehen ableiten. Die Lehre vom abhängigen Entstehen besagt, dass die Dinge nur augenscheinlich eine voneinander unabhängige Existenz besitzen. In Wahrheit jedoch existiert kein Ding auf der Welt eigenständig. Nagarjuna:

> »What arises dependently is exactly what You regard as sunyata. O, your incomparable lion's roar[45] is that no independent thing exists!« (Lokatitastava, Vers 22, zit. n. Lindtner 1986, S. 19).

Alle Dinge entstehen und vergehen in gegenseitiger Abhängigkeit zueinander. Das Entstehen, Bestehen und Vergehen eines jeden Dings ist das Produkt einer kausalen Wechselwirkung mit der Umwelt. Die Eigenschaften aller Dinge

---

44 Dieses Zitat ist dem »Hymnus auf Maitreya« entnommen. Maitreya (Sanskrit: »der Liebende«) ist im Mahayana-Buddhismus die zukünftig erwartete Wiedergeburt Buddhas (vgl. Fischer-Schreiber et al. 2001, S. 232).
45 Bezugnahme auf den Ehrentitel Shakyamunis »Sakyasimha« (Löwe aus dem Geschlecht der Shakya), der die Sprachgewalt der Lehre Shakyamunis mit dem Gebrüll des Löwen assoziiert (Schumann 1997, S. 66f.) Das zu Ehren Shakyamunis vom Kaiser Asoka errichtete Säulendenkmal des Löwenkapitells zeigt vier in die Haupthimmelsrichtungen brüllende Löwen. Diese Skulptur ist heute das Staatswappen des modernen Indien (vgl. Bechert/Gombrich 1984, S. 96).

werden nur im Zuge ihrer Wechselwirkung mit anderen Dingen hervorgebracht. Kein Ding der Welt könnte so sein, wie es ist, wenn nicht die Einflüsse von anderen Dingen seine momentane Gestalt hervorgebracht hätten. Obwohl die Eigenschaften aller Dinge in Abhängigkeit von anderen Dingen entstehen, existieren die Dinge scheinbar unabhängig voneinander. Die unabhängige Existenz der Dinge ist jedoch trügerisch und unwirklich:

> »›Was trügerische Eigenschaft hat (mosadharma), ist unwirklich (mrsa)‹, so lehrte der Erhabene. Alle Zusammensetzungen (aus Entstehen, Bestehen und Vergehen) haben trügerische Eigenschaft. Deshalb sind sie (alle) unwirklich« (Nagarjuna, Die Philosophie der Leere, 13.1, zit. n. Weber-Brosamer/Bach 1997, S. 46).

Die Lehre des abhängigen Entstehens besagt, dass alle Dinge zueinander in einem ontologischen Bedingungsverhältnis stehen. Durch die Wirkungszusammenhänge des abhängigen Entstehens sind alle Dinge miteinander verbunden. Jede Veränderung eines Dings vollzieht sich stets in kausaler Wechselwirkung zu anderen Dingen. Da kein Ding existiert, das nicht in einer kausalen Wechselwirkung zu anderen Dingen steht, sind alle Dinge entweder direkt oder indirekt miteinander verbunden. Da alle Dinge aufgrund ihrer Veränderung substanzlos und durch die kausale Wirkungskette des abhängigen Entstehens miteinander verbunden sind, sind alle Dinge sowohl in ihrem Wesen, wie auch in ihrem Werden und Vergehen letztlich ungetrennt.

> »Die reine und grenzenlose Weisheit begreift in einem Augenblick alle Generationen, dass diese nach den Wirkungszusammenhängen entstehen und deshalb keine eigene Wesenheit haben« (Avatamsaka-Sutra, Kap. 4, zit. n. Doi 2000, S. 191).

Obwohl die Dinge substanzlos und ungetrennt sind, unterscheidet das begriffliche Denken die im Bewusstsein repräsentierten Phänomene anhand spezifischer Unterscheidungskriterien. Dem vom begrifflichen Denken bestimmten Bewusstsein erscheint die ungetrennte Einheit alles Seienden deshalb stets als eine aus voneinander unabhängig bestehenden Teilen zusammengesetzte Vielheit. Der Lehre des abhängigen Entstehens zufolge sind die im Bewusstsein repräsentierten Phänomene in Wahrheit das Schauspiel des Werdens und Vergehens der ungeteilten Einheit alles Seienden. Diese ungeteilte Einheit bringt im fortlaufenden Prozess ihrer Umformung und Veränderung aus sich selbst alle Erscheinungen des Kosmos hervor. Die Phänomene sind nicht als eigenständige Wesenheiten, sondern als Teilaspekte des großen Ganzen zu begreifen. Die Formen sind vorübergehende Gestaltungsweisen einer in ihrem Wesen un-

1.8 Die Einheit der Wirklichkeit

geteilten Einheit. Die eigenständige Wesenheit der erscheinenden Formen ist eine Illusion, die aus der artifiziellen, vom begrifflichen Denken vollzogenen Trennung des Ungetrennten entsteht. Die *Niederschrift von der smaragdenen Felswand* des Zen-Meisters Bi-Yän-Lu berichtet folgendes Lehrgespräch:

> »*Nan-tjüan: Wie Träumende*
> Der Würdenträger Lu Geng befand sich im Gespräch mit Nan-tjüan. Dabei sagte er: Bei Dschau, dem Lehrer des Gesetzes, stehen die Worte: ›Himmel und Erde haben mit mir eine und dieselbe Wurzel. Das ganze All mit mir zusammen bildet einen einzigen Leib.‹ Das ist doch im höchsten Grade wunderbar! Nan-tjüan wies auf den Blütenbusch im Vordergrund des Gartens, sprach den Würdenträger an und sagte: ›Die Menschen unserer Zeit betrachten diesen Blütenbusch wie Träumende‹« (zit. n. Gundert 2005, S. 143).

Die Befreiung von der Illusion der eigenständigen Existenz, die zum Gefühl des Getrenntseins von der Welt und damit zu persönlicher Isolation und zu individuellem Leid führt, wird in der Verwirklichung des Bodhisattva-Ideals zum höchsten Ziel des Mahayana-Buddhismus. Das Streben nach diesem Ideal wird getragen von der festen und grundlegenden Überzeugung, dass alle Existenzformen der Welt in ihrer Natur miteinander verbunden sind. In diesem Sinne haben sie alle Buddha-Natur und sind in ihrem wahren Wesen ungetrennt. Ihr Getrenntsein ist von illusionärem Charakter und existiert nur augenscheinlich. Diese allen Erscheinungen des Samsara zugrundeliegende Einheit ist die Einheit von Samsara und Nirvana.

> »Das Aufkeimen der Mahayana-Gedanken führte eine umfassende Wandlung herbei, die fast alle buddhistischen Grundbegriffe berührt. Das Nirvana wird mit der kosmischen Buddha-Schau verbunden und als Erlösungsziel mit der Erlangung der Buddhaschaft gleichgesetzt. Buddha, Nirvana, Erleuchtung drücken die absolute Seite der Wirklichkeit aus, deren Erscheinung die in der Vielfalt des Werdens fließende Welt des Samsara ist, in der die Lebewesen irrend nach Erlösung suchen« (Dumoulin 1985, S. 34f.).

Ohne auf die Betonung der Notwendigkeit eines sittlichen Lebenswandels zu verzichten, hebt Nagarjuna das Prinzip der Achtsamkeit als das geeignete Mittel zur Erlangung der Erkenntnis der Einheit von Samsara und Nirvana hervor. Die Übung und Pflege der Achtsamkeit in der Meditation und ihre Verwirklichung in der im Alltag angestrebten Geisteshaltung können bis heute als bezeichnend für den Zen-Buddhismus angesehen werden. Das Prinzip der Achtsamkeit welches auch als »Leben im Hier und Jetzt« oder als »geistiges im Moment stehen« benannt werden kann, ist als zentraler Wesenszug des Zen-Buddhismus auch in breiten Kreisen der westlichen Gesellschaft bekannt geworden.

> »O Herrscher, der Buddha hat gelehrt,
> daß sich auf den Körper erstreckende Achtsamkeit
> der einzig gangbare Weg zu Erlösung ist.
> Bewahrt ihn Euch mit voller Konzentration,
> denn wenn die Achtsamkeit schaden leidet,
> dann geht die gesamte Lehre zugrunde«
> (Nagarjuna, der Brief an einen Freund, Vers 54, zit. n. Hahn/Dietz 2008, S. 20).

1.9 Die Meditationspraxis der Wandschau

Das Prinzip der Achtsamkeit findet in der mystischen Person des Bodhidarma, dem 28. indischen und zugleich 1. chinesischen Patriarchen des Zen-Buddhismus, seine ideelle Verkörperung. Vor der Ankunft Bodhidharmas in China hatte sich der Mahayana-Buddhismus seit dem 1./2. Jh. n.Chr. von der Seidenstraße ausgehend in China verbreitet.[46] Im Zuge dieser Entwicklung überformte der Mahayana die bestehende chinesische Naturreligion des Taoismus. Die Integration taoistischer Elemente in die mahayana-buddhistische Lehre führte zu einer eigenständigen, chinesischen Form des Buddhismus, die dieser Entwicklung Rechnung tragend als Synthese von taoistischen und mahayana-buddhistischen Elementen verstanden werden kann (vgl. Brück 2004, S. 27f.).

> »Um die Mitte des 1. Jh. n.Chr. scheinen erste Einflüsse des Buddhismus nach China gelangt zu sein, spielten aber im geistigen Leben zunächst nur eine untergeordnete Rolle, da sie nur in den unteren sozialen Schichten, nicht aber von den Gebildeten aufgenommen wurden. Sie vermischten sich auch mit taoistischen Vorstellungen und waren bald von diesen kaum mehr unterscheidbar. Erst um 300 n.Chr. begann sich der Buddhismus auch in der Aristokratie und unter der gelehrten Beamtenschaft auszubreiten« (Bechert/Gombrich 1984, S. 172).

Als der chinesische Buddhismus im Zuge seiner wachsenden Beliebtheit in aristokratischen Kreisen im 5. Jahrhundert eine zunehmende Tendenz der Verweltlichung erlebte, verlangte die Zeit nach einer Entwicklung, die dem für den

---

[46] Näheres zur historischen Entwicklung: Brück 2007, S. 310–336.

1.9 Die Meditationspraxis der Wandschau

Buddhismus genuinen Ideal der Hauslosigkeit Rechnung tragen konnte. Diese Entwicklung wurde von Bodhidharma durch die Gründung der waldmönchischen Einsiedlertradition des Chan (japanisch: Zen) ins Leben gerufen (vgl. Brück 2007, S. 336f.). Gemäß Tao-Yüans Bericht von der Weitergabe der Leuchte soll Bodhidharma, dessen reale Existenz historisch bis heute nicht einwandfrei belegt werden konnte, China im Jahr 520 n.Chr. auf dem Seeweg erreicht haben.[47]

»Zu seiner Lebzeit fast unbekannt – er hatte nur wenige Schüler – gilt Bodhidharma als der Patriarch von Millionen von Zen Buddhisten und Kung-fu Schülern. Um seine Person bilden sich viele Legenden. Man erzählt, er habe außer Zen und Kung-fu auch den Tee nach China gebracht. Denn angeblich riß er sich die Augenlieder aus, um zu verhindern, während der Meditation einzuschlafen, und da, wo sie hinfielen, sproß ein Teebusch. Danach wurde der Tee nicht nur das Getränk der Mönche und Nonnen, sondern das aller Bewohner des Orients. Dieser Überlieferung getreu stellen die Künstler Bodhidharma fast immer mit hervorstehenden, lidlosen Augen dar« (Pine 1987, S. 13).

Direkt nach Bodhidharmas Ankunft in der Hauptstadt Chienkang wurde er zu Kaiser Wu eingeladen. In der Legende von der Begegnung mit dem Kaiser kommt die Unbestechlichkeit des augenscheinlich von der weltlichen Autorität des Kaisers wenig beeindruckten Zen-Meisters zum Tragen. Er erklärt dem Kaiser unverblümt, dass die Fortschritte des buddhistischen Heilsweges jenseits von den weltlichen Verdiensten des Kaisers lägen. Bodhidharma stellt auf diesem Weg unmissverständlich klar, dass der Buddhismus allen Vorteilen, die aus einer Verbindung mit weltlicher Macht und monetärem Reichtum hervorgehen, gleichgültig gegenüberzustehen hat. Die Geschichte von der Belehrung des Kaisers setzt damit ein Zeichen wider die zunehmende Verweltlichung der buddhistischen Lehre und markiert den Beginn einer neuen Tradition des chinesischen Buddhismus:

»Der Kaiser fragte: ›Welches Verdienst habe ich dadurch erworben, daß ich seit meiner Thronbesteigung zahllose Tempel errichten, Sutren abschreiben und Mönche weihen ließ?‹

---

47 Ebenso schätzt Broughton die Ankunft Bodhidarmas ausgehend von der Legende der Lobpreisung der Yung-Ning-Stupa durch Bodhidharma auf den Zeitraum von 516–526. Die Stupa von Yung-Ying war 516 erbaut und bereits 526 im Zuge kriegerischer Handlungen wieder zerstört worden. Der 150-jährige Bodhidarma soll die Stupa besucht und dabei ihre unvergleichliche Schönheit gelobt haben (vgl. Broughton 1999, S. 54f.).

Der Meister sprach: ›Gar kein Verdienst.‹
Der Kaiser sprach: ›Weshalb gar kein Verdienst?‹
Der Meister sprach: ›All dies sind nur unreine Verdienstgründe, welche dir keine Frucht der Wiedergeburt als Mensch oder im Himmel zeitigen. Sie folgen wie Schatten der Gestalt, aber sie haben keine Wirklichkeit.‹
Der Kaiser sprach: ›Welcher Art ist denn wahres Verdienst.?‹
Er antwortete: ›Es ist reines Wissen, wunderbar und vollkommen. Sein Wesen ist Leere. Solches Verdienst kann man nicht durch weltliche Mittel erlangen.‹
Darauf fragte der Kaiser: ›Welches ist das erste Prinzip der heiligen Wahrheit?‹
Der Meister sprach: ›Offene Weite, nichts von heilig.‹
Der Kaiser sprach: ›Wer ist es, der mir entgegnet?‹
Der Meister sprach: ›Ich weiß es nicht.‹«
(Keitoku Dentoroku Bd. 3, Taisho Shinshu Daizokyo, No. 2076, Bd. 51, S. 219a, zit. n. Dumoulin 1985, S. 89f.).

Neben der Unbestechlichkeit des Chan-Meisters zeigt sich in dieser Lehrrede des Bodhidharma bereits eine für den Chan-Buddhismus charakteristische Eigenart: Die paradoxe Belehrung. Die Belehrung mittels einer durch paradoxe Aussprüche oder scheinbar widersprüchliche Handlungen bewirkten Irritation des Gegenübers entwickelte sich zu einer eigenen Tradition innerhalb des Chan. Die Irritation durch den Lehrer stellt zum einen durch ihren augenscheinlich sinnlosen Charakter die Logik und damit die begriffliche Rationalität des Belehrten infrage und verweist zum anderen auf subtile Art und Weise auf die Einheit alles Seienden hin, die nur jenseits der begrifflichen Sinnhaftigkeit der Ratio erfahren werden kann. Durch die Antwort auf die Frage des Kaisers, wer er denn sei, entgegnet Bodhidharma: »Ich weiß es nicht.« Neben ihrer augenscheinlichen Irrationalität und der dadurch erzeugten Irritation des rationalen Denkens verweist diese Antwort subtil auf die Wesenlosigkeit der personalen Identität des Meisters und damit auf sein Eins-Sein mit der Leere, die das wahre Wesen alles Seienden ist.

Neben dem Verweis auf die Leerheit aller Existenzen hebt Bodhidharma in dieser Lehrrede den Dualismus von Heiligem und Profanem auf. Denn auf die Frage des Kaisers, was das erste Prinzip der heiligen Wahrheit sei, entgegnet er mit einer Antwort, die auf die Ungeteiltheit der Wirklichkeit und damit auf die Ununterschiedenheit von heilig und profan verweist: »Offene Weite, nichts von heilig.«

Nach der Unterredung mit dem Kaiser verließ Bodhidharma die Hauptstadt und überquerte den Fluss Yangtze auf einem Schilfblatt. Da er zunächst keinen würdigen Schüler finden konnte, saß er neun Jahre lang auf dem westlichen

Gipfel des Berges Sung vor einer Felswand und vertiefte sich in den eigenen Geist. Dieser Teil der Bodhidharma-Legende hebt die Bedeutung der Meditation im Chan-Budhhismus deutlich hervor, denn Bodhidharma zieht sich nicht zurück, um sich dem Studium der Schriften zu widmen, sondern verweilt neun Jahre in der Versenkung. Auch der Name »Chan« zeugt vom praktischen Charakter der von Boddhidharma initiierten Bewegung, denn die Bezeichnung »Chan« ist die chinesische Transkription des Sanskrit-Wortes »dhyana« welches »Versenkung« bedeutet (vgl. Brück 2007, S. 337).

In der Auswahl eines würdigen Schülers stellt die Legende Bodhidharma als schwer zu beeindruckenden Lehrmeister dar. Als der Adept Hui-K'o um Unterweisung ersuchte, wurde er zunächst vom Meister ignoriert. Selbst als Hui-K'o so lange in der Kälte des Winters vor der Höhle, in der Bodhidharma meditierte, stehenblieb, dass er bis zu den Knien eingeschneit wurde, bezweifelte der Meister noch die Ernsthaftigkeit der Absicht des Schülers. Um seinen Willen zu beweisen, trennte sich Hui-K'o den linken Unterarm ab und schleuderte ihn zum Meister in die Höhle. Als ihn dieser daraufhin fragte, was denn sein Begehr sei, bat Hui-K'o: »Meister, befriede meinen Geist!« Daraufhin entgegnete Bodhidharma: »Dann bring mir deinen Geist.« In diesem Moment erfuhr Hui-K'o die Erleuchtung.

Die Legende vom Erwachen des 2. Patriarchen Hui-K'o spiegelt das Ideal unerbittlicher Willenskraft wider, welches bereits in der Legende von der Askese Shakyamunis zum Tragen kommt und als unbedingte Voraussetzung für das Beschreiten des zen-buddhistischen Heilsweges gilt. Auch wenn die archaisch und drastisch anmutende Anekdote nicht der heute gelebten Praxis der Zen-Meditation entspricht, verdeutlicht sie dennoch in plakativer Art und Weise, dass bestimmte Voraussetzungen gegeben sein müssen, um die Methode des Zen erlernen zu können. Zum einen bedarf es einer gewissen Toleranz für die Schmerzen, die das wiederholte und lange Sitzen in der Versenkung zeitweise mit sich bringt, und zum anderen ist ein bestimmtes Maß an Willensstärke erforderlich, um die Disziplin des täglichen Übens über viele Jahre hinweg aufzubringen.

Obwohl die Legenden um Bodhidharma von fragwürdigem historischen Gehalt sind, ist ihre Bedeutung für den Zen-Buddhismus aufgrund ihres identitätsbildenden, ideellen Charakters hoch einzuschätzen. Auch die Begründung der Kampfkunsttradition in buddhistischen Klöstern durch Bodhidharma erscheint historisch unglaubwürdig. Angeblich soll Bodhidharma in dem vom Kaiser Hsiao-Wen gegründeten Shaolin-Kloster auf dem Berg Sung-Shan (Provinz Honan) mehrere Jahre gewirkt haben. Der Legende zufolge soll er für Mönche, die für schwierige Meditationsübungen nicht die entsprechenden körperlichen Voraussetzungen hatten, eine Reihe von Körper- und Atemübungen erfunden haben, die den körperlichen Zustand der Mönche verbessern sollten.

»[H]istorisch plausibler ist jedoch die Erklärung, dass die Mönche im Shaolin-Kloster bereits die im Daoismus beheimateten Atem- und Bewegungsübungen praktiziert haben. Wegen Bodhidharmas Bedeutung als erster Patriarch des Chan wird jedoch legendarisch mit ihm der Beginn dieser Techniken verbunden«[48] (Hutter 2001, S. 211).

Obwohl Bodhidharma wahrscheinlich nicht als historischer Begründer der buddhistischen Kung-Fu-Tradition betrachtet werden kann und auch keine neuartige Methode der Versenkung überliefert wurde, die Bodhidharma an seine Schüler weitergegeben hat, gibt es dennoch eine bestimmte Eigenart des Chan-Buddhismus, die auf die legendäre Gründergestalt des Meisters zurückgeführt werden kann. Dumoulin zur Folge kann davon ausgegangen werden, dass die Praxis der Wandschau, die auch heute in vielen Schulen des Zen gepflegt wird, auf Bodhidharma zurückgeht (vgl. 1985, S. 92f.). Auch zeigt sich an der auf Bodhidharma zurückgeführten Tradition des Chan eine besondere Ausprägung der Lehre, die in dieser Form der Deutlichkeit erstmalig im Mahayana hervortritt. Die Lehre des Chan besagt, dass der erwachte Geist der alltägliche Geist ist. Der erwachte Geist wird im Chan deshalb nicht von der Natur des alltäglichen Bewusstseins unterschieden, weil er das alltägliche Bewusstsein ist, das zu seiner ursprünglichen in ihm bereits enthaltenen Natürlichkeit zurückgefunden hat:

»Allerdings kommt im chinesischen Kontext der Vorstellung von der universalen Buddha-Natur bzw. dem Erwachen, das allen Lebewesen (nicht nur den Menschen) bereits innewohnt, eine besondere Prägekraft zu, die in Indien so nicht entfaltet war. Das Erwachen ist demnach keine neue Erkenntnis-›Stufe‹, sondern nur die Beseitigung von Hindernissen, so wie die Sonne immer strahlt, auch wenn die Wolken den Blick darauf verhindern. Erwachen ist nur die Beseitigung der Wolken, es schafft keinen eigenen oder neuen ›Zustand‹« (Brück 2007, S. 341).

---

48 Da die Klöster oftmals als Zuflucht für Aufständische und von der Regierung verfolgte Rebellen dienten, kann davon ausgegangen werden, dass Kampftechniken auf diesem Weg schon vor der Zeit Bodhidharmas in die Klöster gelangt waren. Die oftmals weit von den Städten gelegenen Klöster wurden nicht von Soldaten bewacht und hatten, um ihre Vorräte und Kunstschätze bewahren zu können, großen Bedarf an wirksamen Methoden der Verteidigung. Aus diesem Grund scheint ein gegenseitiger, aus der Not geborener Austausch, bei dem die Mönche von den in den Klöstern beherbergten Rebellen das Kämpfen lernten, wahrscheinlicher. Vermutlich lässt sich die Verbindung von Kampfkunst und mönchischer Tradition durch das Einhergehen von meditativer Praxis und kämpferischer Übung sowie durch die allmähliche Verschmelzung dieser beiden Elemente im mönchischen Alltag erklären.

Auch wenn sich der Chan-Buddhismus auf die Übertragung des Erwachens jenseits der schriftlichen Überlieferung und begrifflichen Fixierung beruft, so gilt doch das Lankavatara-Sutra als eine zentrale Schrift des frühen Chan, die den Geist der von Boddhidarma ausgehenden Bewegung maßgeblich geprägt hat.[49] Bodhidarma übergab das Sutra vor seinem Tod seinem Nachfolger Hui-K'o. Wahrscheinlich handelte es sich dabei um die von Gunabhadra (394–468) angefertigte Übersetzung des Sutras, die auf das Jahr 443 zurückgeht. Das Sutra fordert »das Vergessen von Worten und Gedanken« (Dumoulin 1985, S. 95) und beschreibt die Erleuchtung als eine in der Stille der Meditation zu findende, intuitive Form der Einsicht:

> »Der wahre verborgene Grund ist schließlich die Nicht-Verschiedenheit. Die ursprüngliche Irrung nimmt einen Ziegel für einen Edelstein. Wenn sich das Auge der Selbsterleuchtung auftut, ist es die wahre Perle. Unwissenheit und Erkenntnis sind gleich und nicht verschieden. Alle Dharma sind so, wie sie sind [...] Der Leib, den ich schaue, und der Buddha sind nicht verschieden. Weshalb sollten wir nach Nirvana streben?« (Suzuki in freier Übersetzung des Sutras 1927, S. 180f.).

Neben seiner Übereinstimmung mit der Lehre vom mittleren Weg des Philosophen Nagarjuna vertritt das Sutra überwiegend Gedankengut der Yogachara-Schule und unterteilt dieser entsprechend das Bewusstsein anhand seiner funktionalen Dimensionen in verschiedene Ebenen (vgl. Dumoulin 1985, S. 57–62, 93–97). In der Biografie des Fa-ch'ung (587–665) steht dazu geschrieben:

> »This Sutra was translated into Chinese by Tripitaka Gunabhadra of the Sung period and copied down by Dharma Master Hui-kuan. Its wording and principles harmonize; its practice and substance are connected. Its soul focus is meditation on a type of insight that does not lie in the spoken word. Later Dhyana Master Bodhidharma transmitted it to the South and the North. Forgetting words, forgetting thoughts, nonapprehension, and correct examining are the thesis. Later this was practiced on the Central Plain of the North. Dhyana Master Hui-k'o was the first to apprehend the key point of this teaching. [...] After Dhyana Master Bodhidharma there were two Hui-k'o and Hui-yü [i. e., Tao-yü]. Master Hui-yü received awakening in his mind but never spoke of it« (zit. n. Broughton 1999, S. 65).

---

49 Die Bezeichnung des »Bodhidharma-Zen« oder der »Lanka-Schule«, die die von Bodhidharma ausgehende Bewegung als eigene Schule charakterisiert, die vollständig mit den Lankavatara-Sutra assoziiert ist, ist historisch jedoch nicht belegbar. Dumoulin beschreibt diese Bewegung eher als »Mutterboden« (1985, S. 96), der die Wurzeln jener Zen-Schulen in sich birgt, die sich erst im 8. Jahrhundert voneinander differenzierten und als voneinander abgegrenzte Systeme definierten.

1.10 Ursprünge von Soto und Rinzai

Autorisiert von Hui-K'o tritt Seng-ts'an als dritter chinesischer Patriarchen dessen Nachfolge an. Ihm folgen die Patriarchen Tao-hsin und Hung-jen, die ebenso wie Hui-K'o von Bodhidharma jeweils durch ihren Vorgänger und Lehrmeister in der Nachfolge bestimmt wurden. Diese Zeit wurde rückblickend[50] als das goldene Zeitalter des Chan in der T'ang-Zeit[51] beschrieben (vgl. Brück 2007, S. 338). Alle Chroniken des Zen-Buddhismus stimmen bezüglich der ersten fünf Patriarchen überein, unterscheiden sich jedoch in der Anerkennung der Autorität des sechsten Patriarchen: Im Streit um die Frage, ob die Erleuchtung ein plötzliches Ereignis oder ein allmählich voranschreitender Reifeprozess sei, entzweiten sich auf der »Großen Dharma-Versammlung« von 732 n.Chr. zwei Schulen des Chan. Im Zuge ihrer Separation entstanden zwei voneinander unabhängig verlaufende Linien der Patriarchenfolge. Die das Erwachen des Geistes als allmählichen Prozess beschreibende »Nordschule« des Chan erlosch jedoch bald darauf in ihrer Nachfolge, sodass nur die für die Plötzlichkeit des Erwachens eintretende »Südschule« die Lehre des Bodhidharma an nachfolgende Generationen von Zen-Schülern weitergeben konnte (vgl. Dumoulin 1985, S. 103–108).

Die Weitergabe der Patriarchenwürde wird, dem historischen Selbstverständnis der Südschule folgend, in dem Hochsitzsutra, einer Schrift, die aufgrund ihrer maßgeblichen Bedeutung für das Selbstverständnis der Südschule als Sutra betitelt wurde, beschrieben. Es werden die Geschehnisse um die Lehrprüfung durch den fünften Patriarchen Hung-jen geschildert. Hung-jen gab seinen Schülern die Aufgabe, eine Versstrophe zu verfassen, die den Stand ihres Fortschritts widerspiegeln sollte. Falls einer von ihnen in der Lage wäre, dem erwachten Geist in seiner Dichtung Ausdruck zu verleihen, so würde Hung-jen ihn zum sechsten Patriarchen berufen. Der Hauptmönch Shen-hsiu hatte trotz seiner weit fortgeschrittenen Gelehrtheit die Erleuchtung noch nicht erlangt. Er schrieb des Nachts folgende Strophe, die auf die Spiegelmethaphorik des taoistischen Dichters Chuang-tzu verweist (vgl. Dumoulin 1985, S. 139), an die Wand des südlichen Klosterflurs:

»Der Leib ist der Baum der Erleuchtung *(bodhi)*,
Der Geist gleicht einem klaren Spiegel.
Müh' dich, ihn allezeit abzuwischen!
Laß kein Staubkorn sich darauf ansetzen!«
(Nr. 6, zit. n. Dumoulin 1985, S. 128).

---

[50] Ausgehend vom 10. Jh. n.Chr.
[51] Vorrangig 8. und 9. Jh. n.Chr.

Die Mönche bewunderten die Verse und glaubten an die Nachfolge des Shen-hsiu. Hung-jen jedoch erkannte den fehlenden Erleuchtungsgeist der Strophe und kritisierte ihn, ermutigte Shen-hsiu jedoch, sich weiter zu bemühen. Als mehrere Tage vergangen waren, ohne dass dieser einen neuen Vers verfasst hatte, hörte Hui-neng, ein analphabetischer Mönch, der täglich harte körperliche Arbeit verrichtete, zufällig den Vers. Sofort erkannte er, dass diesem der Gehalt des erwachten Bewusstseins fehlt. Er bat einen anderen Mönch, seine Version der Dichtkunst an die Wand des Westflurs zu schreiben:

»Es gibt ursprünglich keinen Baum der Erleuchtung,
Noch einen Ständer mit einem klaren Spiegel.
Von Anfang an existiert nicht ein einziges Ding.
Wo kann sich ein Staubkorn ansetzen?«
(Nr. 8, zit. n. Dumoulin 1985, S. 128).

Hung-jen übergab dem Hui-neng in der darauffolgenden Nacht heimlich die Patriarchenwürde und wies ihn an, vor der neidischen Verfolgung durch die älteren Mönche nach Süden zu fliehen. Die beiden großen Schulen des Zen-Buddhismus, Soto und Rinzai, leiten sich beide in einer unmittelbaren Lehrer-Schüler-Folge vom sechsten Patriarchen der Südschule Hui-neng ab.

Die Rinzai-Schule wurde von Lin-chi (gest. 866), dem Vorsteher des Tempelklosters Rinzaiin, geründet. Die Rinzai-Schule zeichnet sich insbesondere durch ihre eigenwillige und kreative Praxis der Koan-Schulung aus. Die Schule des Rinzai wird aufgrund ihrer starken Betonung der dynamischen Koanpraxis auch das »Zen des Sehens auf das Koan« (Dumoulin 1985, S. 243) genannt.

Ein Koan bezeichnet eine Aufgabe, die dem Schüler von seinem Lehrer zum Zwecke seiner Weiterentwicklung gestellt wird. In der Regel stellt das Koan ein Rätsel oder allgemeiner ein Problem dar. Anders als die meisten Probleme des Alltags kann das Koan jedoch nicht durch eine rationale Lösung gemeistert werden. Die Lösung für die rätselhafte Aufgabe offenbart sich dem Schüler ausschließlich in einer intuitiven Einsicht in das wahre Wesen der gestellten Problematik. Die auf kontemplativer Einsicht beruhende Lösung des Koans befindet sich jenseits der Grenzen des rationalen Denkens. Das Mittel, die Lösung zu erfahren, ist das unablässige Sehen auf das Koan. In der permanenten Fokussierung des Geistes auf das Rätsel ballt sich der Verstand im Moment seiner Anstrengung zusammen, muss jedoch aufgrund der paradoxen Gestalt des Rätsels an ihm verzweifeln und schließlich zerbrechen. Genau dieses Zerbrechen ist das angestrebte Ziel der Koan-Praxis. Im Moment des Scheiterns und Aufgebens, bildlich gesprochen im Zerbersten der Ratio, öffnet sich der Weg für eine intuitive

Form der Einsicht, die jenseits der Grenzen des rationalen Verstandes liegt und die Lösung des Rätsels schlagartig offenbar werden lässt.

Die Aufgabe des Meisters ist es dabei, ein zum Entwicklungsstand des Schülers passendes Koan zu wählen. Dieses muss schwer genug sein, um den Schüler in eine Krise zu führen, und dennoch im Erleben dieser Krise bewältigt werden können. Das Koan wird, indem es sich als unüberwindbare Schranke offenbart, für den Schüler zum Wegweiser, der ihn an die Grenzen seines Verstandes und letztlich über diese hinaus führt. Das letzte Ziel der Koan-Praxis besteht im Durchbruch in den Zustand des Satori, in dem sich dem Schüler die unmittelbare Einsicht in das wahre Wesen des eigenen Selbst offenbart.

»Das Koan, das dem Anfänger gegeben wird, soll ›die Wurzel des Lebens zerstören‹, ›den berechnenden Geist sterben machen‹, ›das ganze Bewußtsein, das von Urbeginn an am Werk ist, mit der Wurzel ausreißen‹. Das klingt zunächst etwas gewalttätig, doch es geht darum, die Grenze des diskursiven Denkens zu überschreiten, und das ist nur möglich, wenn wir alles, was uns an Geisteskräften zur Verfügung steht, ein für allemal ausschöpfen. Dann erst können Logik und diskursives Denken umschlagen in zielstrebiges Forschen und Intuition« (Suzuki 1953, S. 88).

Die Lösung der meisten Koans wird geheim gehalten, dies dient dem Zweck, ihr pädagogisches Potenzial, das in dem Ringen um den meist paradoxen und widersprüchlich anmutenden Gehalt des Koans liegt, nicht zu gefährden. Obwohl ein Koan in der Regel von sprachlicher Gestalt ist, kann seine Lösung auch in der Durchführung einer einfachen Handlung oder einer bloßen Geste liegen. Suzuki zitiert das 55. Beispiel der berühmten Koan-Sammlung der *Niederschrift von der smaragdenen Felswand*:

»Der Meister sagte: ›Wohin euer Intellekt nicht reicht, darüber ermahne ich euch, nicht zu sprechen. Tut ihr es doch, so werden euch Hörner wachsen. Yüan-chih, was sagst du dazu?‹
Yüan-chih erhob sich von seinem Platz und verließ den Raum« (zit. n. ebd., S. 228).

1.11 Zazen bei Dogen

Im Unterschied zur Betonung der Koan-Übung in der von Lin-chi gegründeten Rinzai-Schule stellt die Schule des Soto-Zen die Übung des Shikantaza in den Mittelpunkt ihrer Praxis. »Shikan taza« steht für »Nur-Zazen« (vgl. Dumoulin 1976, S. 110) und bezeichnet anders als die Übung des »Sehens auf das Koan« die Methode der absichtslosen Vertiefung des Geistes in sich selbst. Bei der Betrachtung des Koan ist der Geist auf einen Gegenstand, das paradoxe Rätsel, fokussiert. Bei der Übung des Zazen, in der von Dogen geprägten, betonenden Terminologie – Shikantaza, Nur-Zazen – reines Sitzen, genannt, ist die Aufmerksamkeit des Übenden auf den Geist des Betrachters selbst konzentriert:

> »Worauf weist nun dieser Buddha-Weg konkret hin? Mit anderen Worten, wenn man den Weg studiert, was soll man dann tun? Die Antwort lautet zazen, shikantaza. Denn das haben seit alters her die verschiedenen Buddhas geübt, es ist diejenige Handlung, mit der sie die Erleuchtung verwirklicht haben, das ist die Übung« (Takasaki Jikidô u. a. Bukkyô no shisô 11, zit. n. Aumann 2000, S. 72).

Beide Schulen setzten sich in ihren chinesischen Ursprüngen in Form von Streitschriften auseinander. Die ursprünglich als »Zen des schweigenden Leuchtens« (Dumoulin 1959, S. 137) bezeichnete Schule des Soto-Zen suchte die Verwirklichung des höchsten Bewusstseins in der Kultivierung des absichtslosen Verweilens im Hocksitz. Die Übung des Shikantaza in der japanischen Soto-Zen-Schule beruht dabei auf der mahayanischen Erleuchtungsmethaphysik, die besagt, dass die Buddha-Natur allen Wesen zu eigen ist, sie kann daher nicht durch Kultivierung des Geistes erlangt, sondern nur in der Spiegeltätigkeit des sich auf sich selbst richtenden Geistes erkannt werden (vgl. ebd., S. 138).

> »Als Zustand ist das Satori immer schon da und ewig. Es bedarf eigentlich gar keiner Befreiung. Die Lage des Menschen ist ähnlich der eines Gefangenen bei weit offener Tür« (ebd., S. 278).

Shikantaza schult aus diesem Grund das Fallenlassen jeder Absicht und zielt auf eine unfokussierte Offenheit des Geistes ab, die den Stillstand der Anhaftungen des Bewusstseins verwirklicht. Indem der Geist sich selbst zum Gegenstand der Betrachtung bestimmt, wird seine immer fortwährende Beschränkung auf bestimmte Ausschnitte des Wahrnehmungsbereichs aufgehoben. Der Geist wird auf diese Weise in die Lage versetzt, sich in seiner ursprünglichen Gestalt wahrzunehmen und so die ihm eigene Buddha-Natur zu erkennen.

> »Ansätze zur Pluralität finden sich innerhalb der Zen-Bewegung irgendwie zu jeder Zeit, manchmal in charakterlichen Eigenschaften führender Männer begründet, öfters auch durch Gruppentendenzen und Umwelteinflüsse gefördert. Ein erstaunlicher Reichtum nuancierter Übungsweisen und Erfahrungen entwickelte sich während der Jahrhunderte. Die Entwicklung geht weiter, ist in unseren Tagen besonders

produktiv und in ihren Folgen unabsehbar. Markant ragen in der Geschichte des Zen-Buddhismus Rinzai-Zen und Soto-Zen heraus, verkörpert in den zwei großen Gestalten von Lin-chi und Dogen. Viele Fortentwicklungen und Neugestaltungen nähern sich mehr oder weniger einer dieser zwei wichtigsten Ausprägungen des Zen. Der Unterschied bestand in der Wurzel schon früh in China, im japanischen Zen-Buddhismus ist er greifbarer und farbiger« (Dumoulin 1985, S. 244).

Der Begründer der japanischen Schule des Soto-Zen, Dogen Kigen[52] (1200–1253) wird als einer der größten Denker Japans gelobt, seine Schriften werden bis in die heutige Zeit hinein von Religionswissenschaftlern und Philosophen diskutiert, interpretiert und bewundert. Dogen gilt bis heute als »Hochmeister« aller drei Hauptrichtungen der Soto-Schule[53], die sich in der Ausübung der Meditationspraxis sowie in ihrer traditionellen Gestalt auf die Lehrreden und Schriften Dogens berufen: »Die Autorität Dogens und seiner Schriften ist innerhalb der Sōtō-Zen-Schule unumstritten. Seine Lehre und seine Praxis gelten als Vorbild und Vorschrift für alle Mitglieder« (Laube 1987, S. 132).

Dogen selbst hatte die Zuordnung seines Buddhismus zu einer bestimmten Schulrichtung, wie auch die Schulbezeichnung abgelehnt. Vielmehr ging es Dogen um die Überlieferung und um das Praktizieren der ursprünglichen Lehre Buddhas. Im ersten Band seines Werkes, Zenji Zenshu schreibt Dogen:

> »Den Namen ›Zen-Schule‹ – wer hat ihn geprägt? Die verschiedenen Buddhas und Patriarchen haben nie von einer ›Zen-Schule‹ gesprochen. Man muß wissen, daß der Name ›Zen-Schule‹ von Dämonen verwendet wird. Wer die Bezeichnung von Dämonen verwendet, der wird selbst zum Dämon und ist kein Nachfolger der Buddhas und Patriarchen« (zit. n. Aumann 2000, S. 71).

Der Einfluss des universalen Denkers Dogen geht weit über die Grenzen seiner Schule hinaus. Er beeinflusste das Denken seiner Zeitgenossen und in indirekter Weise die Regierenden und die in ihren Diensten stehenden buddhistischen Mönche. Dank der Popularisierung der Soto-Schule durch seine Nachfolger reichte der Einfluss von Dogens Lehren bald bis in die Volksschicht der niedrigen Krieger, der selbstständigen Bauern und Händler hinein. Seine Schriften

---

[52] Dogens Vorname ist bis heute unbekannt. Der Beiname »Kigen«, den Dogen bisweilen in Briefen verwendete, kann ein selbstgewählter Mönchsname gewesen sein (vgl. Laube 1987, S. 123). Die oft verwendete Bezeichnung Dogen-Zenji dagegen ist eine Ehrenbezeichnung, sie bedeutet »Zen-Meister Dogen« (vgl. Aumann 2000, S. 57).
[53] Die drei Hauptrichtungen der Soto-Schule sind die Gemeinschaften Eiheiji, Daijoji und Sojiji (vgl. Laube 1987, S. 132).

wirkten auf die religiöse und weltliche Literatur der Kamakura- und Muromachi-Zeit ein. Auch im modernen Japan ist der indirekte Einfluss Dogens über die japanische Philosophie auf alle anderen kulturellen Bereiche des Landes, darunter auch auf die moderne Kunst und Literatur, übergegangen (vgl. Laube 1987, S. 129–134).

Dogen leitete die Lehre seiner Schule aus dem von Bodhidharma geprägten Chan-Buddhismus ab. In der Vielzahl der chinesischen Einflüsse auf die japanische Kultur hat der vom Mahayana-Buddhismus abgeleitete Chan-Buddhismus den nachhaltigsten Einfluss ausgeübt und war zeitweise sogar die stärkste Religion Japans. Die Gestalt des heutigen Zen-Buddhismus trägt somit den Geist von drei Kulturen in sich, die der indischen, chinesischen und der japanischen (vgl. Dumoulin 1986, S. 3).[54]

Ebenso wie einst Shakyamuni von der sich jenseits der schützenden Mauern des elterlichen Palastes ereignenden Begegnung mit Leid, Krankheit, Siechtum und Tod zu seiner spirituellen Suche angeregt wurde, war es auch bei dem aus dem Hofadel stammenden Dogen die traumatische Begegnung mit der Vergänglichkeit des Daseins, die ihm den Anstoß für das Beschreiten des buddhistischen Lebensweges gab: Dogen verlor im Alter von zwei Jahren den Vater und mit sieben Jahren seine Mutter. Im Alter von dreizehn Jahren verließ er gegen den Willen des Onkels, bei dem er aufgewachsen war, dessen Haus und trat in den geistlichen Stand der buddhistischen Tendai-Sekte ein. Vom Studium der Schriften unbefriedigt machte er sich schon zwei Jahre später von seinem Heimattempel aus auf den Weg, um eine Antwort auf die seine spirituelle Entwicklung gleichermaßen gefangennehmende und inspirierende Frage zu finden:

»Nicht nur die Tendai-Schule des Buddhismus, sondern auch die anderen Schulen lehren, daß der Mensch mit einer ursprünglichen, reinen Buddha-Natur ausgestattet sei. Diese Lehre, nach der der Mensch ursprünglich bereits Buddha ist, bzw. mit der Anlage zur Buddhaschaft ausgestattet ist, wird als Lehre der ursprünglichen Erleuchtung (hon-gaku-shiso) bezeichnet. Wenn nun der Mensch tatsächlich schon Buddha ist, was ist dann Sinn und Zweck religiöser Übung?« (Aumann 2000, S. 58).

Nachdem er auf seiner spirituellen Suche Lehrer in ganz Japan aufgesucht hatte und bei den zu seiner Zeit in Japan vorherrschenden buddhistischen Schulen, Tendai und Shingon, keine zufriedenstellende Antwort finden konnte, wendete

---

54 Weiterführend zur zeitgeschichtlichen Entwicklung des Buddhismus in Japan siehe: Laube 1994, S. 760f.; Ders. 1996, S. 749f.

1. Die Lehre des Soto-Zen im Kontext ihrer Entstehungsgeschichte

er sich zunächst der von Myoan Eisai (1141–1215) in Japan eingeführten, sich in direkter Nachfolge auf Lin-chi beziehenden Schule des Rinzai-Zen[55] zu. Ob Dogen Eisai jemals persönlich begegnete, ist unklar, jedoch verbrachte er sechs Jahre (1217–1223) in dem von Eisai gegründeten Kloster Kenninji und wurde dort von Myozen, dem Schüler und Nachfolger Eisais unterrichtet. Um den Ursprung des wahren Dharma zu finden, beschlossen Dogen und Myozen, ebenso wie es zuvor Eisai getan hatte, nach China zu reisen.[56]

Dogen wurde bereits bei seiner Ankunft in China durch eine Begegnung mit dem Koch des Tempelklosters auf dem A-yü-wang-Berg inspiriert: Der Koch belehrte Dogen bei dieser und einer zweiten, späteren Begegnung über die im chinesischen Zen lebendige Tradition, die die Verrichtung des einfachen Tagwerks als religiöse Übung versteht. Dem täglichen Dienst wird in der religiösen Gemeinschaft damit, neben der Meditation im Sitzen und der Sutrenlesung, ein zentraler Stellenwert in der spirituellen Entwicklung des Übenden zugeordnet.

Nach langen Reisen durch China begegnete Dogen 1225 Nyojo, dem neuen Abt des Tempelklosters auf dem Tendosan-Berg und trat bei ihm in ein Lehrer-Schüler-Verhältnis ein. Nyojo gehörte der Caodong-Schule (jap. Soto) an und lehrte die Übung des reinen Sitzens in der Geisteshaltung der Achtsamkeit. Die Disziplin und der Eifer der Mönche wird als eine Ausnahme im damaligen China beschrieben, die Schlafzeiten waren kurz, die Mönche meditierten bei Tag und Nacht.

> »Es wird erzählt, Dōgen habe die lang gesuchte Erleuchtung bekommen, als Meister Nyojō während der Meditation in der Halle dem schläfrig gewordenen Nachbarn Dōgens einen Schlag versetzte und rief:
> Shēnxin tuōluò
> Shinjin datsuraku
> Leib und Seele fallen ab«
> (Laube 1987, S. 126).

Von der Tiefe seiner Erfahrung überzeugt, übergibt ihm Nyojo das Siegel der Dharma-Nachfolge der Caodong-Schule, die sich über Hui-neng, Bodhidharma, Nagarjuna und Kasyapa her von Shakyamuni ableitet. Im Jahr 1227

---

[55] Lin-chi wird im historischen Selbstverständnis der Rinzai-Schule als 38. Geistesträger verstanden. Eisai bezieht sich als Schüler des chinesischen Chan-Meisters Huai-ch'ang in der 53. Folge auf Lin-chi, auf den sechsten Patriarchen Hui-neng, auf Bodhidharma und auf die achtundzwanzig indischen Patriarchen.
[56] Myozen verstarb 1225 auf der Chinareise, die er gemeinsam mit Dogen begonnen hatte. Auf der Suche nach dem Dharma waren beide in China unterschiedliche Wege gegangen.

tritt Dogen die Heimreise nach Japan »mit leeren Händen« (Dumoulin 1986, S. 48) an: Außer dem Dharma-Gewand des Meisters, dessen Erinnerungsporträt und der Asche seines verstorbenen Freundes Myozen führt er nichts mit sich. Dogen verzichtet auf die für die Mönchsreisen der damaligen Zeit übliche Überführung von Schriftrollen und Kultgegenständen – er brachte ausschließlich die Übungsweise und den Erleuchtungsgeist der Caodong-Schule in sein Heimatland Japan.

Die Heimreise mit leeren Händen spiegelt sich in der traditionellen Fokussierung der japanischen Soto-Schule wider: Die gegenstandslose Meditation im Sitzen und die Geisteshaltung der nicht-anhaftenden Achtsamkeit in den Dingen des alltäglichen Handelns stehen im Zentrum der Übung. Schriftgelehrtentum und kultische Handlungen treten vor der täglichen Praxis in den Hintergrund. Dogen war mit wachsender Anhängerschaft zunehmend den Anfeindungen anderer buddhistischer Schulen ausgesetzt und gründete daher 1233 den Tempel Koshoshji. Dieser wurde als erster Tempel Japans als reiner Zen-Tempel nur den Zen-Praktiken gewidmet. Die Überzeugung Dogens verwirklichend, wurde im Koshoshji ausschließlich die Praxis des Shikantaza geübt (vgl. Laube 1987, S. 127–132):

>»Ohne dich mit der Darbietung von Räucherwerk, Niederwerfung, Rezitationen von Buddha-Namen, Abbittetun oder Sūtra-Lektüre aufzuhalten, solltest du einfach ›nur treffend sitzen‹ (shikantaza) und so Körper und Geist abfallen lassen« (zit. n. Kato 1990, S. 181.).

Die Lehre der mahayanischen Erleuchtungsmethaphysik, die besagt, dass die Buddha-Natur allen Wesen zu eigen ist, entspricht dem für den gesamten Mahayana-Buddhismus zentralen Gedanken der Einheit der Wirklichkeit. Im Gegensatz zur philosophischen Prägung der Begriffe »Leere« und »Nichts« als Beschreibung der wirklichen Wesenheit alles Seienden, spiegelt der Begriff der »Buddha-Natur«, ohne dabei eine abweichende Bedeutung zu implizieren, die religiöse Prägung der zen-buddhistischen Weltsicht wider (vgl. Dumoulin 1976, S. 116ff.).

Die religiös geprägte Begriff der Buddha-Natur fällt jedoch keineswegs mit einer Personifizierung der wahren Wesenheit alles Seienden zusammen, der Glaube an einen personalen Gott wird im Zen-Buddhismus, wie bereits erörtert wurde, abgelehnt. Die Buddha-Natur bezeichnet die in sich ungetrennte Einheit aller Existenzen, fällt jedoch, was die Begriffe »Nichts« und »Leere« anzeigen, nicht mit der Summe der Erscheinungsformen zusammen, sondern geht, den gesamten Bereich der Wirklichkeit umspannend, über diese hinaus:

1. Die Lehre des Soto-Zen im Kontext ihrer Entstehungsgeschichte

»Die verneinende Benennung bezeichnet das Mysterium[57] [...] als das ›Namenlose‹ aus dem alles entspringt (vgl. Taoismus; Daodejing Kap. 1), oder als die ›Substanzleere‹ (vgl. Buddhismus; Sanskrit shūnyatā [...]), die das ewige Netz der wechselseitigen Abhängigkeit aller Erscheinungen [...] ermöglicht. [...] Oder sie beschreibt das Mysterium als Dialektik des ›Weder-Noch‹, die über alle Gegensätze, auch den von Nichtsein und Sein hinausgeht und erst recht die einseitige Festlegung des Mysteriums auf die Seite der reinen Privation als Mangel an Sein verneint (z. B. Nagarjunas ›Acht Verneinungen‹ in ›Mula-Madhyamaka Shastra‹ oder seine ›Achtzehn Arten der Leere‹ in ›Maha-prajnā-pāramito-padesha‹)« (Laube 1998b, S. 812).

In der Betonung der Identität der Buddha-Natur mit dem Nichts kommen die philosophischen Systeme von Nagarjuna und Yogachara zum Ausdruck: Nagarjuna verdeutlichte in seiner paradoxen Lehre von der Leere die Substanzlosigkeit (Nicht-Eigennatur) alles Seienden in dessen substanzieller Identität mit der Leere. Die Yogachara-Schule verwies auf die Ungetrenntheit aller Erscheinungen mit dem sie erlebenden Bewusstsein. In der zentralen Stellung der Idee der Buddha-Natur zeigt sich bei Dogen eine Verbindung von Mahayana-Philosophie und religiöser Erfahrung, die in der Praxis des sich auf Bodhidarmas Übung der Wandschau fokussierendem »Zen des schweigenden Leuchtens« zum Ausdruck kommt. Dogen schreibt im *Buch von der Buddha-Natur*:

»Alles dieses, was Geist ist, ist Lebewesen; alle Lebewesen haben das Sein der Buddha-Natur. Gräser, Bäume und Land – diese sind Geist. Weil sie Geist sind, sind sie Lebewesen. Weil sie Lebewesen sind, sind sie Sein der Buddha-Natur. Sonne, Mond und Sterne – diese sind Geist. Weil sie Geist sind, sind sie Lebewesen. Weil sie Lebewesen sind, sind sie Seiendes der Buddha-Natur« (zit. n. Dumoulin 1976, S. 120).

Dogen vertritt jedoch, anders als die idealistische Jenseitsorientierung des indischen Mahayana und in ausdrücklicher Abgrenzung zum Bewusstseinsidealismus der Yogachara-Schule, einen radikalen Seinsrealismus.[58] Geist, Dinge und Buddha-Natur sind miteinander vollkommen identisch und damit gleichermaßen wirklich. Es gibt keine Wesenheit, die der konkreten Erscheinung der

---
[57] »In der Geschichte der Religionen zeigt sich immer wieder, daß ab einer bestimmten Stufe des Nachdenkens über die Differenz zwischen religiöser Erfahrung einerseits und religiösem Sprechen andererseits Formen negativer Rede vom Heiligen als dem mysterium tremendum et fascinosum bilden« (Laube 1998b, S. 811).
[58] Weiterführend zur Abgrenzung Dogens von der Yogachara-Schule: Dumoulin 1976, S. 136–141.

Gegenwart übergeordnet ist: »Dogen lehnt es ab, die Erscheinungen in irgendeiner Weise, sei es ontologisch oder epistemologisch, dem Geist unterzuordnen« (Dumoulin 1976, S. 123). Im ersten Band des Zenji Zenshu, schreibt Dogen jeder kategorialen Einordnung des Begriffs der Buddha-Natur begegnend:

> »Man muß verstehen, daß dieses Sein des ganzen Sein der Buddha-Natur nicht das [relative] Sein von Sein und Nichtsein bedeutet. Das ganze Sein ist Buddhawort, die Zunge des Buddha, die Pupille der Buddhas und Patriarchen und die Nasenflügel der Zen-Mönche. Das Wort vom ganzen Sein ist auch nicht erstmaliges Sein oder ursprüngliches Sein. Es ist auch nicht so etwas wie geheimnisvolles Sein. Geschweige denn ist es bedingtes Sein oder illusorisches Sein. Es hat nichts mit Geist, Welt, Wesen und Form zu tun« (zit. n. Aumann 2000, S. 90).

Die Beständigkeit der Buddha-Natur erscheint dabei nur im Werden. Angesichts des sich in stetiger Veränderung befindenden Flusses des abhängigen Entstehens und Vergehens aller Erscheinungen kann Dogens Philosophie als Seinsrealismus und als Philosophie des Werdens bezeichnet werden. In der Betrachtung des Werdens der ungetrennten Einheit von Geist und Dingen zeigt sich die Übung des Shikantaza als Wesensschau der Buddha-Natur. Shikantaza wird damit nicht nur als Bewusstseinsübung, als bloßes Mittel zum Zweck des Erreichens eines nicht-anhaftenden Bewusstseinsmomentes, sondern als Ausdruck der zen-buddhistischen Geisteshaltung und als eigenständiger Selbstzweck betrachtet.

> »Das Sein der Buddha-Natur ist Zeit. Die zwölf Stunden des Tages, während derer der Erleuchtete an keinem Ding haftet, sind Buddha-Natur. In jedem Zeitpunkt der Trübung und in jedem Zeitpunkt der Erleuchtung ist die ganze Wirklichkeit enthalten. Denn Trübung und Erleuchtung sind in gleicher Weise Buddha-Natur« (Dumoulin 1976, S. 140).

Shikantaza ist absichtsloses Betrachten des Entstehens und Vergehens von Bewusstseinsmomenten. Es ist die aufmerksame Beobachtung des Gegenwärtigen, des Werdens in seiner sich im jeweiligen Moment aktualisierenden konkreten Gestalt. Shikantaza kann damit als absichtslose Beobachtung der Zeit beschrieben werden, wobei Zeit bei Dogen in Anlehnung an Nagarjuna[59] nicht als eigenständige Entität gedacht werden kann. »Zeit vollzieht sich immer nur als das hier und jetzt konkret Gegebene« (Elberfeld 2006, S. 235). Der sich als »Kettenfaden in einem Gewebe« (ebd., S. 236) vollziehende, gegenwärtige

---
59 Zur Substanzlosigkeit der Zeit bei Nagarjuna siehe Elberfeld 2006, S. 226f.

Moment muss dabei identisch mit dem Werden als »ereignishaftes Verlaufen« (ebd., S. 235) gesehen werden. Das ereignishafte Verlaufen des gegenwärtigen Moments muss dabei zugleich als identisch mit dem konkret Gegebenen und als Dynamik der voneinander ungetrennten Einheiten »Zukunft«, »Gegenwart« und »Vergangenheit« betrachtet werden: »Es wird dadurch nahegelegt, daß Dogen hier die Zeiten als organische Ganzheiten versteht, die als jeweilige Gestalten der Zeit ineinander verlaufen« (ebd., S. 239).

Im absichtslosen Betrachten des sich als ereignishafter Verlauf vollziehenden, gegenwärtigen Moments wird die innere Ablösung von den Anhaftungen des Bewusstseins vollzogen. Das Abstreifen jeder Form des Anhaftens ist die Manifestation der ungetrübten Klarheit des Bewusstseins, die sich somit geistig und körperlich in der Tätigkeit des Shikantaza manifestiert. Die Übung des Shikantaza zeigt sich damit als die Verwirklichung des ursprünglichen Erwachtseins aller Wesen (vgl. Freiberger/Kleine 2011, S. 156f.). Die nicht-anhaftende Geisteshaltung der Absichtslosigkeit speist sich aus dem Grundsatz der Lehre Dogens, der besagt, dass Übung und Erleuchtung nicht verschieden sind.

> »Die Einheit von Übung und Erleuchtung schließt alle Dualität, insbesondere die Mittel-Ziel-Relation aus. Die Übung darf nicht als Mittel zur Erlangung einer neu hinzukommenden Erleuchtung verstanden werden« (Dumoulin 1986, S. 59).

Unter Berufung auf das Vorbild von Shakyamuni, der sechs Jahre die Hocksitzmeditation pflegte, und Bodhidharma, dessen Wandschau neun Jahre andauerte, betont Dogen die Wichtigkeit der Meditation im Sitzen und damit den zentralen Stellenwert der körperlichen Tätigkeit der Meditation für den buddhistischen Lebensweg. Von der gemäß der Metaphysik Dogens bestehenden Einheit von Körper und Geist ausgehend, wird dem Körper im Soto-Zen eine religiöse Bedeutung zugeordnet. In der von Dogens Schüler Ejo aufgezeichneten Sammlung von Dogens Lehrreden *Shobogenzo Zuimonki* antwortet Dogen auf die Frage, wie der buddhistische Weg erlangt wird:

> »Wenn du die Gedanken und Vorstellungen des Geistes völlig von dir wirfst und nur Zazen (shikan taza) übst, wird dir der Weg vertraut. Die Erlangung des Weges geschieht tatsächlich mit dem Leib. Deshalb mahne ich, einzig Zazen zu üben« (zit. n. Dumoulin 1986, S. 58).

Obwohl Dogen in seiner Lehre stets die Wichtigkeit der Übung im Hocksitz betont, bestreitet er nicht die Möglichkeit, dass der höchste Grad der Konzentration ebenso in der Übung des Koan verwirklicht werden kann. Dogen rühmt in seinem Werk *Fukan-zazengi* den Nutzen des Koan, welches ein »Verstehen jenseits von Worten« (zit. n. Dumoulin 1995, S. 74) bewirkt und als Mittel zum Erreichen der Erleuchtung geeignet ist:

> »Zazen und Koan, diese zwei Hauptübungen der Zen-Meditation, sind, wie Dogens Meditationsmanual Fukan zazengi verdeutlicht, wesentlich mit Achtsamkeit und Geistessammlung verbunden, ohne die der Buddhismus keine Erlangung höherer Geistesstufen kennt« (ebd., S. 74f.).

Die Beschreibung der Erlangung höherer Geistesstufen im Soto-Zen wird zum Teil mit einer Verabsolutierung der Trennlinie zwischen der allmählichen Erleuchtung im Zen der Soto-Schule gegenüber der Plötzlichkeit des Erleuchtungserlebnisses in der Tradition des Rinzai-Zen gleichgesetzt. Die Zuschreibung des prozesshaften Verlaufs des geistigen Fortschritts zum Soto-Zen im Unterschied zum plötzlichen Durchbruchserlebnis in der Rinzai-Schule entspricht in ihrer Absolutheit jedoch eher einer artifiziellen Trennlinie zwischen den beiden großen Schulen des Zen-Buddhismus:

> »Auch wurde die Plötzlichkeit des Erleuchtungserlebnisses der Rinzai-Schule als Alleinbesitz zugeschrieben. Auch diese Markierung gilt nicht allgemein. Erleuchtungserfahrungen kommen, wenn auch weniger zahlreich, auch im Soto-Zen vor. Das im Alltag fortgesetzte Zazen wurde dagegen gern als Spezifikum des Soto-Zen bezeichnet, ungeachtet der Tatsache, daß Rinzai-Mönche auch außerhalb der Meditation in der Halle beständig das Koan mit sich tragen. Schwerlich läßt sich ein bestimmter Punkt nennen, der die Scheidelinie zwischen den beiden japanischen Hauptschulen des Zen-Buddhismus markiert. Dennoch ist der durch je andere Artikulierung und Akzentuierung bewirkte Unterschied im Gesamtbild der Zen-Schulen unverkennbar« (Dumoulin 1990, S. 53f.).

Auch die Meditationspraxis in Soto- und Rinzai-Zen sollte nur unter gewissen Einschränkungen unterschieden werden. Die Trennlinie zwischen Koan-Schulung und Shikantaza darf, ebenso wie die Zuschreibung der allmählichen Bewusstseinsentwicklung zum Zen der Soto- und die Zuschreibung der Plötzlichkeit der Erleuchtungserfahrung zur Rinzai-Schule, keinesfalls verabsolutiert werden. Dogen hatte zu keiner Zeit die Wirkkraft der Koan-Schule bestritten, er betonte die Bedeutung des Shikantaza, da die Fokussierung auf die Praxis des Nur-Zazen für ihn das Ideal der Rückbindung an die frühbuddhistischen Wurzeln verkörperte. In der Besinnung auf diese Wurzeln wurde die vom Stifter Shakyamuni praktizierte und gelehrte Meditation des absichtslosen Gewahrseins zur zentralen religiösen Übung für Dogen und für die sich auf ihn berufende Schule des Soto-Zen. Die Spiritualität von Dogen entfaltete sich dabei, ebenso wie die einstige Heilssuche Shakyamunis, an der Auseinandersetzung mit der Vergänglichkeit des Daseins und gipfelte in der Auflösung der Identifikation mit dem personalen Selbst.

»Seine Spiritualität gründet, echt buddhistisch, in der Vergänglichkeitserfahrung, aus der sein Entschluss zur radikalen Losschälung von Welt und Ich entspringt. Dieser Entschluss wird in der Zazen-Übung konkret, entfaltet sich im Alltagsleben und hat seine Vollendung im sympathetischen Mitleiden mit allen Lebewesen« (Dumoulin 1990, S. 11).

1.12 Zusammenfassung

Ziel dieser Zusammenfassung ist, die hinsichtlich der hier vorgelegten Forschungsfrage relevanten Aspekte der zen-buddhistischen Meditation zu benennen. Zwei Aspekte der Lehre des Soto-Zen sollen hierzu hervorgehoben werden:
1. Die Fokussierung der Schule auf die Praxis des Shikantaza, die in die Ablösung des Bewusstseins von der Identifikation mit der personalen Existenz und damit in die Einsicht der ungetrennten Einheit der Wirklichkeit mündet.
2. Die durch die Ablösung vom personalen Ich realisierte Überschreitung des begrifflichen Denkens hin zur unmittelbaren Wahrnehmung des gegenwärtigen Moments.

Diese beiden Aspekte des Zen-Buddhismus sollen jeweils in einem der folgenden zwei Kapitel dieser Arbeit diskutiert werden. Hierfür werden sie, ausgehend von den in diesem Kapitel dargelegten Grundlagen, in einen mit der psychoanalytischen Terminologie kompatiblen Sprachraum transportiert und sodann psychoanalytischen Konzepten gegenübergestellt.

Zusammenfassend kann über die Schule des Soto-Zen ausgesagt werden, dass diese unter der Berufung auf Dogen die Übung des Shikantaza in den Mittelpunkt ihrer Lehre stellt. Dogen beruft sich auf seinen chinesischen Lehrer Nyojo, der im historischen Selbstverständnis der Dharma-Nachfolge der Caodong-Schule in der mittels der direkten Übertragung von Herz zu Herz realisierten Nachfolge des sechsten chinesischen Patriarchen Hui-neng, Bodhidharmas und damit der auf Shakyamuni und Kasyapa zurückgehenden Linie der 28 indischen Patriarchen des Zen-Buddhismus steht. Dogen bezieht sich mit seiner Fokussierung auf die Übung des reinen Sitzens – Shikantaza – also auf jene Form der Meditationspraxis, die den Zen-Buddhismus seit jeher geprägt und definiert hat. Mit der Betonung der Bedeutung des Shikantaza intendierte Dogen eine Rückbesinnung auf die frühbuddhistische Lehre. Im *Fukan-zazengi* schreibt Dogen: »Der große Meister Bodhidharma, der das Siegel der Erleuchtung überlieferte, hinterließ das Vorbild der neunjährigen Wandbetrachtung. So taten die Heiligen von alters her« (zit. n. Dumoulin 1990, S. 38). Die Anleitung zur Übung des Shikantaza ist einfach. In seinen *Allgemeinen Lehren zu Förderung des Zazen* formuliert Dogen die für die Übung der Meditation bedeutsamen Anweisungen:

> »Beim rechten Sitzen breitet man eine dicke Matte aus und legt darauf ein [rundes] Kissen. Nun hocke im ganzen oder halben Verschränkungssitz! Beim ganzen Verschränkungssitz legt man zunächst den rechten Fuß auf den linken Oberschenkel, den linken Fuß lässt man auf dem rechten Oberschenkel ruhen. Beim halben Verschränkungssitz liegt nur der linke Fuß auf dem rechten Oberschenkel. Kleider und Gürtel seien locker angelegt, aber gleichmäßig geordnet! Die rechte Hand legt man auf den linken Fuß, der linke Handrücken liegt auf der rechten Handfläche, beide Daumen sind gegeneinander gestützt. Hocke mit aufrechtem Körper, ohne nach links oder rechts zu neigen, oder dich nach vorne zu beugen oder nach rückwärts zu recken! Ohren und Schultern, Nase und Nabel müssen in gleicher Linie zu einander stehen. Die Zunge liegt am oberen Gaumen an, Lippen und Zähne sind geschlossen, aber stets seien die Augen geöffnet!
>
> Schon ist die Körperhaltung bestimmt. Nun regle die Atmung! Wenn ein Gedanke aufsteigt, merke ihn; wenn du ihn gemerkt hast, laß ihn fahren! Bei langem Üben vergißt du die Objekte und gelangst von selbst zur Konzentration. Dies ist die wesentliche Kunst des Zazen. Zazen ist das Dharma-Tor der großen Ruhe und Freude« (zit. n. Dumoulin 1990, S. 38f.).

Die beschriebene Methode der Meditation verwirklicht nach Dogen das »Abfallen von Körper und Geist«, welches die Loslösung der Identifikation des Bewusstseins mit dem personalen Selbst bezeichnet. In der Loslösung von der Identifikation mit dem personalen Selbst wird sich der Übende seiner wahren Identität gewahr. Diese Einsicht in die wahre Natur des Selbst wird als Einsicht in die Einheit alles Seienden mit der Buddha-Natur beschrieben:

> »Zur Eigenart der Auffassung Dōgens von der Praxis des Zazen gehort, daß der im Zazen Sitzende eine sichtbare Erscheinung des Dharmas ist und darum die ›Übung‹ der Meditation im Sitzen schon die Erleuchtung darstellt. ›Die Übung ist die Erleuchtung‹ erklärt später Dōgen in seiner Schrift Bendōwa. In seiner allerersten Schrift Fukanzazengi [...] erklärte Dōgen, daß nach der reinen Lehre Buddhas alle Menschen von Geburt an die Buddha-Natur in sich tragen, daß diese

Wirklichkeit durch das Zazen sichtbar dargestellt wird und infolgedessen alle anderen geistigen Übungen der bisherigen buddhistischen Schulen überflüssig, wenn nicht sogar schädlich seien. Jeder könne und solle ausschließlich Zazen praktizieren und dadurch die Freiheit eines Buddha genießen, vorausgesetzt ihm sind ›Leib und Seele abgefallen‹, d. h. wenn er Nicht-Selbst geworden ist. Dann erscheint in seinem Zazen Buddha-selbst als das wahre Selbst« (Laube 1987, S. 126f.).

Die Erkenntnis der ursprünglich gegebenen Identität mit der Buddha-Natur bedeutet das Erkennen der Leerheit der eigenen personalen Existenz. Auf die Einsicht in die Leerheit des Ich hatte bereits Shakyamuni verwiesen und sie als die Auflösung des Leids des menschlichen Daseins bezeichnet. Dogen schreibt im Fukanzazengi:

»Den Buddha-Weg lernen, heißt das Selbst lernen.
Das Selbst lernen, heißt das Selbst vergessen.
Das Selbst vergessen, heißt von allen Dharma erleuchtet werden«
(zit. n. Dumoulin 1990, S. 35).

Das Erkennen der Leerheit des Selbst geschieht in der Übung des Shikantaza durch das beständige Loslassen der Identifikation mit den Anhaftungen des Bewusstseins. Das beständige Ablösen von der Identifikation mit den stetig im Bewusstsein auftauchenden Wahrnehmungsinhalten, den Gefühlen und Gedanken, beschreibt Dogen mit den Worten: »Wenn ein Gedanke aufsteigt, merke ihn; wenn du ihn gemerkt hast, lass ihn fahren!« Das auf diese Weise realisierte absichtslose Gewahrsein mündet in die direkte, von den Kategorien und Unterscheidungen des begrifflichen Denkens unabhängige Form der Wahrnehmung. Dogen lehrt so gesehen das »Nicht-Denken« im Sinne eines »Über das Denken Hinausgehens«. Der Bereich des kategorialen Alltagsdenkens soll transzendiert werden, um die Wirklichkeit in einem »jenseits von Worten« gelegenen Bereich des Bewusstseins zu erleben (vgl. Dumoulin 1990, S. 33). In einer unmittelbaren Wahrnehmung des gegenwärtigen Moments wird die Wirklichkeit in ihrer ungetrennten Einheit mit dem sie erlebenden, perzeptiven Bewusstsein erfasst. Diese direkte Wahrnehmung der Alleinheit alles Seienden ereignet sich jenseits der kategorialen Unterscheidungen des begrifflichen Denkens und damit jenseits der Grenzen von Ich und Nicht-Ich:

»Doch wenn nur die geringste Trennung besteht, so ist die Kluft wie zwischen Himmel und Erde. Wenn nur ein geringer Widerstreit entsteht, so geht in der Verwirrung der (Buddha-)Geist verloren« (Dogen, Fukanzazengi, zit. n. Dumoulin 1990, S. 37).

2. Implizite Behandlungsmethoden in der Psychoanalyse

Die unmittelbare Wahrnehmung der Wirklichkeit, die nach der Lehre Dogens den Buddha-Geist verwirklicht, kann nur jenseits kategorialer Trennungen erkannt werden. Die Methode der Zen-Meditation zielt daher darauf ab, die Unterscheidungen des sprachlichen Denkens zu überschreiten. Das in der Praxis des Shikantaza intendierte Transzendieren des begrifflichen Denkens hin zur direkten Erfahrung des gegenwärtigen Moments wird in diesem Kapitel der Konzeption des nichterfahrungsmäßigen und erfahrungsmäßigen Unbewussten in der heutigen Psychoanalyse, formuliert nach dem Modell von Wolfgang Mertens, und einem daraus abgeleiteten Verständnis psychoanalytischer Behandlungsmethoden, die auf das implizite, nichterfahrungsmäßige Unbewusste abzielen, gegenübergestellt.

Einleitend wurde zu Beginn dieser Arbeit auf die von Suzuki 1957 an der Universität von Cuernavaca, Mexiko, geäußerte Beschreibung des Zen-Buddhismus eingegangen. Suzuki beschrieb auf der den Dialog von Zen-Buddhismus und Psychoanalyse initiierenden Konferenz »Zen Buddhism and Psychoanalysis« den Zen-Praktizierenden als einfachen Menschen, der in Kontakt mit seinem Unbewussten steht:

> »Superficially, he is a natural man, coming right out of nature with no complicated ideologies of modern civilized man. But how rich his inward life is! Because it is in direct communion with the great unconscious« (1960, S. 17).

Suzuki nutzte den Terminus »the great unconscious« in diesem Zusammenhang, um einen Dialog zwischen beiden Disziplinen zu eröffnen. Die Beschreibung der im Zen-Buddhismus angestrebten Bewusstseinsveränderung als Erkennen des Unbewussten war das geeignete Mittel, um eine Brücke zwischen

2. Implizite Behandlungsmethoden in der Psychoanalyse

Zen-Buddhismus und Psychoanalyse zu schlagen, führte aber, wie dargestellt wurde, in der folgenden Zeit der dialogischen Auseinandersetzung von Zen-Buddhismus und Psychoanalyse oftmals zu Missverständnissen. Zen-Buddhismus und Psychoanalyse könnten, wenn sie beide auf die Erschließung des Unbewussten abzielen, als äqivalente Methoden gelten. Wäre dies der Fall, so könnte die Zen-Meditation als ein geeigneter Ersatz für die psychoanalytische Behandlung von psychischen Störungen angesehen werden. In diesem Kapitel wird die im ersten Kapitel erläuterte Wirkung des Zen-Buddhismus auf die Psyche des Übenden der Wirkung der Psychoanalyse auf das implizite Unbewusste gegenübergestellt werden.

Aus der Gegenüberstellung der die Unterscheidungen des begrifflichen Denkens überschreitenden Methode der Zen-Meditation mit der impliziten Behandlungsmethode der Psychoanalyse wird ersichtlich werden, dass die Psychoanalyse im Gegensatz zur Zen-Meditation als eine sprachbasierte, Unterscheidungen fördernde Interventionstechnik beschrieben werden kann. Ziel der impliziten Behandlungsmethode ist es, durch die Förderung begrifflicher Differenzierungen des innerpsychischen Affektgeschehens, die Fähigkeit zur sprachbasierten Reflexion von Affekten und Triebimpulsen zu verbessern. Durch die Verbesserung der Reflexionsfähigkeit sollen dem Patienten neue Möglichkeiten der Affekt- und Impulskontrolle eröffnet werden.

Die durch die implizite Behandlungsmethode erzielte Förderung sprachbasierter Differenzierungen des innerpsychischen Impulsgeschehens kann im gelungenen Fall der Behandlung dauerhaft in der psychischen Struktur etabliert werden. Die strukturverändernde Wirkung der impliziten Behandlungsmethode der Psychoanalyse wird in diesem Kapitel als zentraler Moment der Abgrenzung von der strukturtranszendierenden Wirkung der Zen-Meditation dargestellt.

Die Darstellung psychoanalytischer Behandlungsmethoden und ihrer theoretischen Hintergründe wird sich, ebenso wie ihre Abgrenzung von der Methode der Zen-Meditation, dabei in den beiden nun folgenden Kapiteln vorwiegend auf bezüglich der Fragestellung relevante Aspekte der Thematik konzentrieren. Aus diesem Grund wird es in diesem Kapitel weniger um den Aspekt der unmittelbaren, nichtsprachlichen Beziehungsregulation gehen, sondern vorrangig um die Behandlung von Symbolisierungsdefiziten und die mit diesen verbundenen Einschränkungen der Selbstwahrnehmung und der Reflexionsfähigkeit des Patienten. Die implizite Beziehungsregulation in der therapeutischen Dyade besitzt, trotz ihrer weitreichenden Bedeutung für die Behandlungspraxis der Psychoanalyse, im Zusammenhang mit der dem Thema dieser Arbeit zugrundeliegenden Fragestellung nur eingeschränkte Relevanz:

2. Implizite Behandlungsmethoden in der Psychoanalyse

Die implizite Beziehungsregulation vollzieht sich im Zuge einer unmittelbaren gemeinsamen Erfahrung des gegenwärtigen Moments und entfaltet ihre Wirkung unter Umständen unabhängig von explizit gesprochenen Worten. Auch wenn sie mit expliziten Deutungen verbunden ist und sich parallel zum Ablauf des dialogischen Prozesses in der Therapie entwickelt, steht im Zentrum das korrektive Potenzial der direkten Beziehungserfahrung in der therapeutischen Dyade. Implizite Wahrnehmungs- und Verhaltensmuster des Patienten können, wie nachfolgend dargelegt werden wird, auf diesem Weg unmittelbar beeinflusst werden, mitunter auch ohne dass sie explizit verbalisiert oder bewusst reflektiert werden müssen. Da auch die Zen-Meditation auf eine unmittelbare Veränderung des Bewusstseins durch die direkte Erfahrung des gegenwärtigen Moments abzielt, ist hier zwar die Art und Weise der Erfahrung eine andere, der Meditierende ist in der Übung des Shikantaza auf sich selbst zurückgeworfen, wohingegen sich die Erfahrung der Beziehungsregulation im Zuge einer interpersonellen Erfahrung ereignet. Über eine mögliche Äquivalenz der Wirkung dieser beiden, bis in den nichtsprachlichen Bereich des Bewusstseins hineinreichenden Erfahrungen, kann in diesem Zusammenhang jedoch nur wenig ausgesagt werden. Beide Methoden manifestieren sich in einer unmittelbar wahrgenommenen Erfahrung und entfalten ihre Wirkung zum großen Teil in nichtsprachlichen, mitunter unreflektierten Bereichen der Psyche. Bezüglich der in dieser Arbeit intendierten Abgrenzung von Zen und Psychoanalyse ist die unmittelbare Beziehungserfahrung zwischen Patient und Therapeut im Zuge der impliziten Beziehungsregulation demnach nur begrenzt relevant.

Bezüglich der Abgrenzung der korrektiven Wirkung der impliziten Beziehungserfahrung in der Psychoanalyse von der Methode der Zen-Meditation kann nur in einem Aspekt ein definitiver Gesichtspunkt der Abgrenzung benannt werden: Die implizite korrektive Erfahrung in der Beziehung zielt, sofern sie vom Therapeuten bewusst initiiert wird, auf die Behandlung und Linderung spezifischer Symptome des Patienten ab. So kann die implizite Beziehungsregulation zum einen in unterschiedlichen Therapien, je nach Störungsbild des Patienten, auf unterschiedliche Behandlungsschwerpunkte ausgerichtet werden, zum anderen auch innerhalb des Therapieverlaufs an den Fortschritt der Behandlung oder an den Fokus einer einzelnen Sitzung angepasst werden. Die implizite Beziehungsregulation in der therapeutischen Dyade wirkt also in spezifischer Art und Weise auf die Psyche des Patienten ein, wohingegen die Methode der Zen-Meditation bei allen Übenden gleichermaßen auf die Überschreitung der von den Kategorien des sprachlichen Denkens dominierten Ebenen des Bewusstseins und damit auf eine Ebene der Wahrnehmung abzielt, die eine unmittelbare Erfahrung des gegenwärtigen Moments ermöglicht. Hinsichtlich der Tatsache, dass die Methode der Zen-Meditation bei allen Übenden auf das gleiche Ziel gerichtet ist, kann sie als unspezifische Methode von der auf unterschiedliche Behandlungsziele fokussierenden, spezifisch ausgerichteten Methode der impliziten Beziehungsregulation in der therapeutischen Dyade abgegrenzt werden.

An dem vergleichsweise geringen Stellenwert, den die Ebene der impliziten Beziehungserfahrung daher in den Ausführungen dieser Arbeit einnehmen wird, zeigt sich ein grundlegendes, sich aus der Intention der Forschungsfrage ergebendes Merkmal dieser Untersuchung: Die im Zuge dieser Arbeit erörterten Aspekte von Zen-Buddhismus und Psychoanalyse werden nicht in einem ihrer Bedeutung in der jeweiligen Disziplin angemessenen Rahmen diskutiert werden. Wichtige Aspekte von Zen und Psychoanalyse werden hier nur mit einer aus der Forschungsfrage abzuleitenden Intensität und Genauigkeit untersucht. Ihr Stellenwert in dieser Arbeit ergibt sich dabei ausschließlich aus den von ihnen ableitbaren Momenten der Abgrenzung, die im Hinblick auf die Diskussion einer möglichen Äquivalenz der Wirkung von Zen und Psychoanalyse Relevanz besitzen. Der Anspruch auf eine vollständige Darstellung aller Unterschiede von Zen-Buddhismus und Psychoanlyse wird demnach in dieser Arbeit ebensowenig erhoben, wie der Anspruch auf eine in sich abgeschlossene Darstellung der im Rahmen dieser Arbeit vorgestellten Interventionsmethoden.[60]

2.1 Explizite und implizite Behandlungsmethoden der Psychoanalyse

In der modernen psychoanalytischen Theorie- und Modellbildung zeichnet sich eine tiefgreifende Veränderung im Selbstverständnis der Psychoanalyse gegenüber den in der Vergangenheit gängigen Theorien ab. Das vormals auf die Reflexion der Beziehungsebene eingeengte Selbstverständnis der Psychoanalyse wurde in den vergangenen zwanzig bis dreißig Jahren im Zuge ihrer Theoriepluralisierung um eine Vielzahl von Interventionsansätzen erweitert. Die Erweiterung von Theorien und Behandlungsansätzen wurde in den letzten Jahrzehnten zum einen durch den Fortschritt in den unterschiedlichen wissenschaftlichen Disziplinen und zum anderen durch die Kreativität psychoanalytischer Theoretiker bedingt. Ebenso waren es jedoch die Patienten, die psychoanalytische Theoretiker und Praktiker mit der nachdrücklichen Aufzeigung der durch die selbst auferlegte Einengung der Behandlungsmethodik generierten Effizienz-

---

[60] Ein Gesamtüberblick über das breite Spektrum der Gemeinsamkeiten und Unterschiede von Zen-Buddhismus und Psychoanalyse findet sich in dem vorrangig dem Dialog beider Disziplinen gewidmeten Werk »Neurose und Erleuchtung« von Weischede/Zwiebel (2009).

begrenzung der Psychoanalyse anregten, sich mit der Entwicklung eines breiteren Spektrums an Interventionsmethoden auseinanderzusetzen.

Patienten mit im Zuge frühkindlicher Traumatisierungen entwickelten emotionalen Störungen und strukturellen Defiziten, die aus unmentalisierten[61] Affektzuständen hervorgehen, leiden an mangelnden Fähigkeiten zur Affektregulation und blitzhaften Stimmungsschwankungen. Ihre Neigung, den aktuellen Stimmungszustand als Gesamtheit des eigenen Erlebens zu betrachten, verurteilt sie zur Gefangenschaft in dem in der aktuellen Gegenwart gegebenen Moment ihres affektiven Empfindens. Sie erleiden schwere körperliche Spannungszustände und neigen dabei oftmals, aufgrund von defizitär ausgeprägten Fähigkeiten zur Symbolisierung ihrer Affekte, unter einer ausgeprägten Tendenz zur Somatisierung. Aufgrund ihrer bisweilen wenig entwickelten Fähigkeit zur Differenzierung zwischen dem eigenen und dem Empfinden des Gegenübers werden ihre zwischenmenschlichen Beziehungen von der uneingeschränkten Projektion der eigenen Emotionalität auf ihr Gegenüber und den damit einhergehenden Interaktionsproblemen dominiert.

> »Eine metareflexive Kompetenz ist bei nicht wenigen Patienten durch frühe Traumatisierungen und Erfahrungs- sowie Lerndefizite in verschiedenen präverbalen und verbalen Erlebnisbereichen dermaßen eingeschränkt, dass es einer Münchhauseniade gleichkäme, zu glauben, ihnen von Anfang an allein mit verbalen Beziehungsdeutungen zu mehr analytischer Reflexionsfähigkeit verhelfen zu können« (Mertens 2009, S. 13).

An die Stelle der Frage nach der aufgrund der metareflexiven Kompetenz des Patienten gegebenen Voraussetzung seiner Analysierbarkeit, tritt in der heutigen Psychoanalyse mehr und mehr die Frage nach der für den Patienten geeigneten Behandlungsmethode. Die Psychoanalyse wird im Zuge dieser Entwicklung zu einer immer patientenorientierteren Form der Psychotherapie. Dieser neue Anspruch der psychoanalytischen Disziplin führt zu einer Problemstellung, die sich jenseits jener Bequemlichkeit befindet, die sich aus der Differenzierung von analysierbaren und nicht analysierbaren Patienten ergab:

---

61 Der Begriff »Mentalisieren« bedeutet die bewusste Repräsentation psychischer Zustände und ist die Grundlage für die Fähigkeit, das eigene Verhalten und das Verhalten anderer implizit und explizit aus der Perspektive intentionaler psychischer Zustände heraus zu verstehen (vgl. Bateman/Fonagy 2008, S. 108f.): »Es schließt die Fähigkeit ein, Triebe in Gefühle zu transformieren, sie zu repräsentieren, zu symbolisieren, zu sublimieren, zu abstrahieren, über sie nachzudenken und ihnen Bedeutung zuzuschreiben. Ohne das Mentalisieren ist Wiederholung (Agieren) unvermeidlich« (Holmes 2009, S. 71).

2. Implizite Behandlungsmethoden in der Psychoanalyse

Wie kann jenen Patienten, deren metareflexive Kompetenz aufgrund frühkindlicher Entwicklungsdefizite und Traumatisierungen so eingeschränkt ist, dass sie von verbalen Beziehungsdeutungen nur wenig profitieren können, zu einer verbesserten analytischen Reflexionsfähigkeit verholfen werden? Diese für die Entwicklung der modernen Psychoanalyse äußerst fruchtbare Problemstellung zieht die Frage nach sich, welche Modifikationen für die bisher gegebenen, auf der Reflexion von Übertragungs- und Gegenübertragungsprozessen basierenden Behandlungsmethoden angezeigt sind.

Mertens geht dieser Frage ausgehend von den heutigen Kenntnissen der neurobiologischen und kognitionspsychologischen Wissenschaftszweige und vor dem Hintergrund der modernen Gedächtnis- und Kleinkindforschung nach. In seinem Aufsatz »Zur Konzeption des Unbewussten – Einige Überlegungen zu einer interdisziplinären Theoriebildung zum Unbewussten« (2007) beschreibt er den primären Forschungsgegenstand der Psychoanalyse, indem er unter vorrangiger Bezugnahme auf die aus der Gedächtnisforschung stammende Differenzierung zwischen dem expliziten und dem impliziten Gedächtnissystem das psychodynamisch organisierte, semantisch repräsentierte Unbewusste von einem nichterfahrungsmäßigen Unbewussten unterscheidet. In den sich aus dieser Unterscheidung ergebenden Schlussfolgerungen für die therapeutische Behandlungsmethodik zeigt Mertens die Notwendigkeit einer Erweiterung und Vertiefung der therapeutischen Selbstreflexion auf und beschreibt eine der strukturellen Störungsproblematik angepasste Form des therapeutischen Dialogs sowie ein sich daraus ableitendes verändertes Verständnis des therapeutischen Sprachgebrauchs. Dieses den Einschränkungen der metareflexiven Kompetenz frühkindlich traumatisierter oder vernachlässigter Patienten angepasste Konzept von Sprache wird hier unter Bezugnahme auf das von Deserno (2006) konzipierte Modell der semiotischen Progression diskutiert werden.

> »Das klassische sprachphilosophische Paradigma mit seinem semantisch-logischen Bezugssystem und dem Schwerpunkt auf dem Wahrheitsgehalt von Aussagen beachtete nicht die pragmatische Funktion der menschlichen Sprache bzw. ordnete diese völlig der repräsentativen semiotischen Funktion der Zeichen unter. (...) Die ›paradigmatische Wende‹, die in der Sprachphilosophie vor allem anhand der Arbeiten von John L. Austin (1962) und John R. Searle (1969) eingeleitet wurde, ermöglicht demgegenüber ein völlig neues Verständnis von Sprache als einer ›Sprechhandlung‹, das mit vielen psychoanalytischen Überlegungen über Sprache und Sprechen Überschneidungen aufweist. Der verbale Inhalt ist in Therapien meistens nur deshalb wirksam, weil er eine emotionale Erfahrung auslösen kann, und nicht, weil die darin enthaltene inhaltliche Botschaft die

hauptsächliche Bedeutung hätte. Allerdings wird die pragmatische Funktion des Sprechens in der Psychoanalyse ergänzt durch die psychodynamisch unbewusste Wirkabsicht und [...] durch die nichtbewusste Emotionsregulierung, die ›unterhalb‹ der Sprache verläuft« (Mertens 2009, S. 15).

2.2 Kognitive und neuronale Grundlagen des impliziten Gedächtnisses

Explizites Wissen, das im Zuge seiner Verdrängung in das dynamisch organisierte Unbewusste verschoben wurde, wird dem erfahrungsmäßigen Unbewussten zugeordnet. Explizite Inhalte sind semantisch repräsentiert. Sie können, wenn sie erinnert werden, in Worten artikuliert und explizit geäußert werden. Implizite Inhalte sind dagegen in einer nichtsprachlichen Form gespeichert (vgl. Koukou/Lehmann 1998b, S. 171). Implizite Gedächtnisinhalte können, falls sie keine semantischen Verknüpfungen enthalten, nicht explizit geäußert und mit der dialogischen Methode der klassisch-archäologisch orientierten Psychoanalyse auch nicht erforscht werden. Unbewusste Gedächtnisinhalte, die implizit repräsentiert sind, werden dem nichterfahrungsmäßigen Bereich des Unbewussten zugeordnet. Ihre nichtsemantische Form der Repräsentation ergibt sich aus dem Vorgang ihrer Aneignung, der entweder unbewusst vollzogen wurde oder sich in einer frühkindlichen Entwicklungsphase ereignete. Frühkindliche Erlebnisse sind, da sie sich vor dem Spracherwerb ereignen, in der Regel nicht semantisch repräsentiert.[62] Dies erschwert ihre Einbeziehung in den therapeutischen Dialog, sie bedürfen daher einer besonderen Form der therapeutischen Bezugnahme. Die frühen Prägungen, die sich im Zuge von Erlebnissen ereignen, die unter dem Begriff der kindlichen Amnesie subsumiert werden können, beeinflussen, obwohl sie nicht erinnert werden können, das spätere Erleben und Verhalten des Analysanden. »Sie sind das Nichterinnerbare, aber auch das Unvergessbare« (Mertens 2007, S. 151).

Die Unterscheidung des impliziten und des expliziten Gedächtnisses als zwei eigenständige Gedächtnissysteme verdeutlicht, dass das menschliche Gedächtnis weit mehr Erfahrungen enthält, als der bewussten Erinnerung zugänglich sein können. So bemerkte bereits im 19. Jahrhundert der Gedächtnisforscher Ebbinghaus:

---

[62] Die Ausnahme bilden frühe Erfahrungen, die in der Phase des Spracherwerbs von den Eltern narrativ begleitet wurden und auf diese Weise mit semantischen Ausdrücken verbunden werden konnten.

2. Implizite Behandlungsmethoden in der Psychoanalyse

»Der größere Teil des Erfahrenen bleibt dem Bewusstsein verborgen und entfaltet doch eine bedeutende und seine Fortexistenz dokumentierende Wirkung« (1885, S. 3).

Als neurobiologische Entsprechung zum Abruf expliziter Gedächtnisinhalte sind hier die Assoziationskortices zu nennen, die Generierung der bewusst wahrgenommenen Wahrnehmungswirklichkeit beruht ebenso auf ihrer Aktivität wie das bewusste Erinnern von explizit repräsentierten Inhalten (vgl. Karnath/Thier 2006, S. 438). Im Gegensatz zum expliziten Gedächtnissystem umfassen die Funktionen des impliziten Gedächtnisses sowohl motorische Fähigkeiten als auch klassisches und operantes Konditionierungslernen sowie die Inhalte des Erwartungslernens, genannt Priming.

Das Paradigma der klassischen Konditionierung geht auf den russischen Physiologen Iwan Petrowitsch Pawlow zurück, der 1918 durch Zufall das Prinzip dieser Lernvorgänge bei seinen Untersuchungen zu den Verdauungsprozessen von Hunden entdeckte. Er stellte fest, dass die Hunde verstärkt speichelten, wenn seine Assistenten das Futter brachten. Die Tiere speichelten jedoch bereits, wenn sie den Assistenten kommen hörten. Pawlow untersuchte den bei den Hunden beobachteten Lernvorgang, indem er in wiederholter Abfolge eine Glocke läutete und darauf folgend die Hunde fütterte. Es zeigte sich, dass nach einigen Versuchsdurchläufen bei den Tieren auch ohne nachfolgende Futtergabe verstärkter Speichelfluss messbar wurde, sobald die Glocke geläutet wurde. Der ursprünglich neutrale Stimulus des Glockenläutens wurde vom Versuchstier mit der Erwartung der Futtergabe verknüpft und löste die Reaktion der Speichelflussverstärkung aus. Der neutrale Stimulus wurde durch assoziative Verknüpfung zum konditionierten Stimulus. Die von Pawlow entdeckten Prinzipien des Konditionierungslernens sind universelle Gesetze des Lernens, sie gelten beim einfachen Lebewesen (z. B. der Schnecke) ebenso wie beim Menschen. Sie gelten ebenso bei der operanten Form der Konditionierung. Bei der operanten Konditionierung wird statt der Verknüpfung eines neutralen Stimulus mit der Erwartung eines relevanten Stimulus eine spezifische Verhaltensweise mit der Erwartung des Eintretens einer spezifischen Folge (der Belohnung oder Bestrafung des Verhaltens) verknüpft.

Der Lernvorgang des Primings, der als »Bahnung« übersetzt werden kann, bezeichnet die assoziative Verknüpfung von zwei Wahrnehmungsereignissen, die sich im Bewusstsein hintereinander ereignen. Die Form der assoziativen Verknüpfung ist bei dieser Art des episodischen Lernens jedoch oftmals nicht bewusst, sie erfolgt implizit (vgl. Anderson 2007, S. 222–224). Bei der affektiven Form des Primings können affektauslösende Stimuli durch sequenzielles Auftreten mit affektiv neutralen Stimuli verknüpft werden. Das unbewusste episodische Erlernen einer solchen Form der assoziativen Verknüpfung kann dazu führen, dass affektive Reaktionsbögen entstehen, die das Erleben und Verhalten beeinflussen, ohne dass die gelernten Inhalte oder der Vorgang ihres Erlernens der expliziten Erinnerung zugänglich sind und bewusst reflektiert werden können (vgl. De Houwer 2001, S. 853–869). Der Einfluss von nichtsprachlich repräsentierten Lerninhalten auf das affektive Erleben und Reagieren vollzieht sich für den Betroffenen meist im unbewussten nichterfahrungsmäßigen Bereich. Der das Verhalten prägende Einfluss vorsprachlich erworbener Lerninhalte ist ein Grundbestandteil des Erlebens und Verhaltens, der in psychotherapeutischen Behandlungen, obwohl er nicht im psychodynamischen Sinn verdrängt wurde, der dialogischen Erforschung oftmals nicht zugänglich ist:

>»Anna Freud (1936) hatte bereits in *Das Ich und die Abwehrmechanismen* auf die Unterscheidung aufmerksam gemacht, daß präverbale Erinnerungen ausagiert werden und nicht konzeptualisiert werden können, und damit darauf hingewiesen, daß beim präverbalen Kind noch keine konzeptuell symbolische Repräsentanz verfügbar ist und gespeichert werden kann. Die Unzugänglichkeit früher Erinnerungen kann deshalb auch auf den entwicklungspsychologischen Mangel begrifflichen Verstehens und Kategorisierens zurückgeführt werden. Von ihr wurde aus diesem Grund bereits auf eine andere Erklärungsmöglichkeit der kindlichen Amnesie und der Verdrängung aufmerksam gemacht« (Mertens 1998, S. 77).

Frühkindliche Lernvorgänge, die sich vor dem Spracherwerb vollziehen, verankern konditionierte Verhaltens- und Reaktionsmuster, die durch assoziative Verknüpfungen neuronaler Netzwerke etabliert werden, ohne dass sie mit verbalen Repräsentanzen verbunden sind. Diese implizit verankerten Lerninhalte prägen Reaktions- und Verhaltensweisen, können jedoch aufgrund ihrer fehlenden Versprachlichung nicht introspektiv erforscht und verbal reflektiert werden. Implizites Lernen stellt bei Tieren wie auch beim Menschen eine bedeutsame Grundlage des Verhaltens dar. Da jedoch das durch Konditionierungslernen etablierte Wissen beim Menschen nicht explizit repräsentiert ist, stellt sich die Frage nach der Form der Repräsentation des Gelernten. Die allgemeine Frage nach der Form der neuronalen Repräsentation von Lerninhalten lässt sich am Beispiel der klassischen Konditionierung erläutern: Donald Hebb (1904–1985) postulierte im Zusammenhang mit dem Vorgang der klassischen Konditionierung das Zugrundeliegen neuronaler Prozesse der dynamischen Zellorganisation, die als neuronale Plastizität umschrieben werden können.

> »Neuronale Plastizität bezeichnet die Eigenschaft von Synapsen, Nervenzellen oder Hirnarealen, sich in Abhängigkeit von der Verwendung in ihren Eigenschaften zu verändern« (Rüsseler 2009, S. 64).

Die 1963 mit dem Nobelpreis ausgezeichneten Forschungen von Sir John Eccles (1903–1996) bestätigten das Hebb'sche Postulat. Die mittlerweile als Hebb-Regel etablierte These besagt, dass gemeinsam aktivierte Neuronen im Gehirn ein durch assoziative Verbindung definiertes, geschlossenes System bilden. Die Gestalt dieses Systems bleibt nach seiner Aktivierung mittels der dauerhaften Verstärkung der aktivierten Verbindungen in Form spezifischer Zellassemblies bestehen. Die Abbildung von Lernvorgängen in Vorgänge der Um- und Neuorganisation von Neuronenverbänden vollzieht sich unter anderem bei der klassischen Konditionierung und wurde an Untersuchungen der Meeresschnecke Aplysia von Eric Kandel bewiesen. Kandel zeigte in seinen im Jahr 2000 mit dem Nobelpreis ausgezeichneten Forschungen an den aufgrund ihrer geringen Anzahl und überdurchschnittlichen Größe leicht untersuchbaren Neuronengruppierungen der Schnecke, dass nach der Bildung eines Ensembles bereits eine Teilaktivierung des assoziativen Systems ausreicht, um das ganze Ensemble zu aktivieren. Die Abbildung eines assoziativen Lernvorgangs als Ereignis der Ausdifferenzierung funktionaler Systeme auf der Basis neuronaler Zellgruppierung und Ensemblebildung bei der Meeresschnecke Aplysia verdeutlicht am Beispiel eines Nervensystems von geringer Komplexität prinzipielle Vorgänge, die auch dem Aufbau des menschlichen Gedächtnisses zugrundeliegen. Das fundamentale Prinzip der neuronalen Plastizität, das der Ausbildung einfacher und komplexer Formen von Gedächtnis zugrundeliegt, lautet, ausgedrückt in der Hebb-Regel: »Cells that fire together wire together« (Rüsseler 2009, S. 64):

> »The general idea is an old one, that any two cells or systems of cells that are repeatedly active at the same time will tend to become ›associated‹, so that activity in one facilitates activity in the other« (Hebb 1949, S. 70).

Die Hebb'sche Regel beschreibt damit die Ausdifferenzierung und den Aufbau des menschlichen Gedächtnisses als einen auf neurologischen Wachstums- und Stoffwechselveränderungsprozessen basierenden Vorgang:

> »When an axon of cell A [...] excites cell B and repeatedly or persistently takes part in firing it, some growth process or metabolic change takes place in one or both cells so that A's efficiency as one of the cells firing B is increased« (Kandel et al. 2000, S. 1260).

Gedächtnisinhalte, die in Form von Zellensembles repräsentiert sind, fungieren als organische Gerinnung unseres Erlebens. Dieser zelluläre Niederschlag von Erfahrung kann sich als neurologischer Prozess des Lernens und des Erinnerns von Gelerntem jenseits jeder Form der Symbolbildung oder der expliziten Repräsentation seiner Inhalte vollziehen.

»Alle Aspekte des psychisch normalen wie auch des neurotischen Verhaltens entstehen aus den normal funftionierenden mnemonischen Funktionen des menschlichen Gehirns. Alle komplexen menschlichen Leistungen (sowohl Lebensqualität-fördernden wie auch Lebensqualität-störenden) sind die Ergebnisse des synergetisch, holistisch und integrativ funktionierenden Milliarden von Neuronen des Assoziationscortex, das heißt der Plastizität des Neocortex. Das führt zu dem logischen Schluß, daß es kein Geist-Gehirn-Problem geben kann, wie auch immer dieses Problem verstanden wird« (Koukkou/Lehmann 1998a, S. 294).

Die von verbalen Repräsentationen unabhängig gegebene Verhaltenswirksamkeit impliziter Lerninhalte wurde erstmals durch den Fall des amnestischen Patienten H.M. (Henry Gustav Molaison, 1926–2008) bekannt. H.M. wurden aufgrund einer schweren Epilepsie im Alter von 27 Jahren in einer bilateralen mediotemporalen Lobektomie die Formationen des Hippocampus mitsamt der Amygdala entfernt. Die Operation, nach der H.M. keine schweren Anfälle von Epilepsie mehr erlitt, führte zu einer geringfügigen retrograden und zu einer totalen anterograden Amnesie. Die Erinnerung an sein Leben vor der Operation blieb weitgehend erhalten, ebenso schien sein Kurzzeitgedächtnis intakt geblieben zu sein:

»Seine Fähigkeit, Informationen im Kurzzeitgedächtnis zu behalten, liegt durchaus innerhalb des normalen Bereichs – seine Gedächtnisspanne für Zahlen liegt bei sechs Ziffern (Wickelgren 1968); allerdings hat er große Schwierigkeiten bei der Bildung neuer Langzeiterinnerungen. Sobald er aufhört, über eine neue Erfahrung nachzudenken, ist sie gewöhnlich für immer verloren. Tatsächlich hat für ihn die Zeit aufgehört zu existieren, seit dem Tag im Jahr 1953, an dem er seine Gesundheit wiedererlangte, aber seine Zukunft verlor« (Pinel 2007, S. 345).

Seit dem tragischen Fall des Patienten H.M. gelten die Formationen des Hippocampus als die maßgebliche Struktur der Konsolidierung von Inhalten des Kurzzeitgedächtnisses in das Langzeitgedächtnis. Die Untersuchungen zur medialen Temporallappenamnesie von H.M. zeigten weiterhin, dass das menschliche Gedächtnis neben der Unterscheidung von Kurz- und Langzeitgedächtnis in zwei grundlegende Systeme unterteilt werden kann. H. M.s anterograde Amnesie dehnte sich nicht auf seine gesamte Erinnerungsleistung aus. Die anterograde Amnesie beschränkte sich auf Langzeiterinnerungen in Form von episodischen oder faktischen Gedächtnisinhalten. Neben seiner intakten Kurzzeiterinnerung verfügte H. M. jedoch auch nach der Operation über die Fähigkeit des Langzeit-Lernens im Zuge von Priming (Bilder-Vervollständigen im Gollin Test) und klassischer Konditionierung (Erlernen einer Ton-Lidschlagreflex-Reaktion durch wiederholtes Erfahren eines Luftstoßes), ebenso war er weiterhin in der Lage, sich motorische Fähigkeiten anzueignen und diese zu verbessern (Spiegelzeichnen-Test). In seinen sich im Laufe der Zeit verbessernden Testleistungen zeigte sich, dass H. M. in der Lage war, sich bestimmte Formen von Wissen in einem Lernprozess anzueignen, auch wenn er sich bei keinem der vielfach wiederholten Testdurchläufe daran erinnern konnte, den Versuch schon einmal durchgeführt zu haben.

> »Schließlich war H. M.s Fall der erste, der zeigte, dass ein amnestischer Patient unter Umständen behaupten konnte, keine Erinnerung an eine frühere Erfahrung zu haben, obwohl seine Erinnerung daran über eine verbesserte Leistung nachgewiesen werden konnte. Bewusste Erinnerungen werden dem expliziten (oder deklarativen) Gedächtnis zugeordnet, wohingegen Erinnerungen, die sich in einer verbesserten Testleistung ohne bewusste Wahrnehmung zeigen, zum impliziten (oder prozeduralen) Gedächtnis gehören« (Pinel 2007, S. 349).

Der Fall des Patienten H. M. verdeutlicht, dass das menschliche Langzeitgedächtnis entsprechend der Repräsentationsform seiner Inhalte und der für ihre Konsolidierung spezifischen Gehirnareale in zwei unterschiedlich operierende funktionale Einheiten unterteilt werden kann. Aufbauend auf den Untersuchungen der Folgen der bilateralen mediotemporalen Lobektomie wird heute in der Gedächtnisforschung zwischen dem expliziten und dem impliziten Gedächtnis unterschieden. Implizite Gedächtnisinhalte sind, da sie keine bildliche oder sprachliche Repräsentanz aufweisen, dem bewussten Abruf nicht zugänglich. Diese unbewussten Gedächtnisinhalte sind aufgrund der Form ihrer Repräsentation nicht psychodynamisch organisiert und können nicht dem psychodynamisch Verdrängten zugeordnet werden. Aus diesem Grund werden die Inhalte des impliziten Gedächtnissystems dem nichterfahrungsmäßigen Bereich des Unbewussten zugeordnet (vgl. Mertens 2007, S. 138–140).

Motorische Fähigkeiten, konditionierte Reaktionen und durch affektives Priming etablierte assoziative Verknüpfungen von Wahrnehmungsreizen sind Formen von Wissen, die das Verhalten und Erleben des Menschen beeinflussen.

Konditionierte affektive Reaktionen werden automatisch auf bestimmte Schlüsselreize hin aktiviert, meist ohne dass der Hintergrund ihrer Aneignung in vollem Maße bewusst ist und hinterfragt werden kann. Ebenso beeinflussen die im Zuge von Priming etablierten Inhalte die Wahrnehmung, sie bilden einen Hintergrund, vor dem die Interpretation neuer Reize stattfindet. Implizites, verbal nicht abgebildetes Wissen ist nichterfahrungsmäßiges Wissen, weder seine Gestalt noch das Ausmaß seines Einflusses auf das Erleben und Verhalten kann bewusst erfahren, explizit ausgedrückt oder dialogisch hinterfragt werden.

2.3 Entwicklungspsychologische Grundlagen des impliziten Gedächtnisses

Nichterfahrungsmäßiges Wissen kann sich, wie erörtert wurde, zum einen aus einer unbewussten Aneignung der Gedächtnisinhalte ergeben, oder zum anderen aus dem frühen Zeitpunkt des Lernens resultieren. Vorsprachlich etablierte Inhalte sind aufgrund ihrer fehlenden semantischen Repräsentation der expliziten Erinnerung oftmals nicht zugänglich. Einer der für die psychische Befindlichkeit im Erwachsenenalter einflussreichsten Vorgänge vorsprachlichen Lernens ist der im Säuglingsalter beginnende Erwerb von Fähigkeiten zur Differenzierung und Regulierung der eigenen Affektzustände.

> »Über die Rolle der Sprache für die Entwicklung der Mentalisierung wird seit vielen Jahren diskutiert. Wir nehmen an, dass Repräsentationen innerer Zustände z.B. im Falle der Emotionen dem Erlernen eines verbalen Etiketts zeitlich vorangehen können. Der Signifikant im Falle der primären Emotionen ist vielleicht der Ausdruck der Bezugsperson, der den Ausdruck des Säuglings kontingent und kongruent widerspiegelt« (Bateman/Fonagy 2008, S. 114).

Der Prozess der Aneignung der Fähigkeit zur Differenzierung und Regulierung der eigenen Affektzustände basiert auf der Grundlage der Affektmarkierung und -spiegelung durch die Eltern. Peter Fonagy beschreibt diese Lernvorgänge, die bereits während der ersten Interaktionen des Säuglings mit seinen Eltern stattfinden, als grundlegende Prozesse der emotionalen Entwicklung des Kindes. Entgegen der Auffassung, dass Repräsentationen mentaler Zustände im Säuglings- und Kleinkindalter auf der Grundlage der kummulativen Erfahrung dieser Zustände auftauchen, vertritt die Forschergruppe um Fonagy die Auffassung, dass der Säugling sich vor dem Erlernen dieser Repräsentationen im direkten Kontakt mit den Bezugspersonen vieler affektiver Zustände nicht bewusst ist: »Wir hingegen vermuten, daß ein Großteil der Zustandsübergänge zunächst außerhalb des perzeptiven Gewahrseins des Säuglings bleibt« (Fonagy et al. 2002, S. 194). Die Bildung und Etablierung von Repräsentationen der Affekte in der Psyche des Kindes erfolgt, dieser Sichtweise entsprechend, durch Lernvorgänge, die sich im Zuge von kontingentem Spiegeln der Affekte des Kindes auf dem Gesicht seiner Bezugspersonen ereignen. »Die kontingenten Reaktionen der Bezugsperson auf die emotionalen Zustände des Säuglings können als Prozess des impliziten Lehrens verstanden werden« (Allen et al. 2011, S. 111). Die Mutter spiegelt zum Beispiel die Freude des Säuglings auf ihrem Gesicht, indem sie dessen Lächeln in einer für die Interaktion mit Kleinkindern typischen Art und Weise der Akzentuierung und Übertreibung mit ihrem Lächeln erwidert.

»Daher vertreten wir die These, daß der dispositionelle Inhalt von Emotionen zuerst durch die Beobachtung der Affektausdrücke anderer Menschen und durch die Verknüpfung der Ausdrücke mit den jeweiligen Situationen und Verhaltensweisen erlernt wird, die sie begleiten« (Fonagy et. al. 2002, S. 160).

Die biologisch vorprogrammierte Art mit dem Säugling zu sprechen, die Ammensprache, zeigt sich als kulturübergreifendes Phänomen, das durch eine Betonung der Vokale und eine langsame Sprechweise mit erhöhter Stimmlage gekennzeichnet ist. Diese Form der Sprache und die übertriebene Spiegelung kindlicher Affekte auf dem Gesicht der Mutter markieren in einer überdeutlichen Art und Weise den jeweils gerade gezeigten Affektausdruck des Kindes: Durch die übertriebene und damit leicht verzerrte Darstellung des Lächelns des Kindes durch die Mutter erkennt der Säugling, dass der Affekt, den er auf dem Gesicht der Mutter sieht, nicht ihr eigener ist. Das Lächeln ist übertrieben akzentuiert, es wirkt gespielt und durch das Spiel wird es markiert. Die Markierung und Spiegelung des Affektes auf dem Gesicht der Mutter verdeutlichen dem Säugling auf diese Weise seinen eigenen momentan gegebenen affektiven Zustand.

»Kontingente Raktionen, z. B. das frühe Spiegeln des kindlichen Affekts durch die Mutter sind besonders ausdrucksstark oder demonstrativ, weil sie Bestandteil eines Lernprozesses sind, indem die Bezugsperson dem Kind Kenntnisse über seine Subjektivität vermittelt« (Fonagy/Luyten 2011, S. 912).

Die artifizielle Qualität des von der Mutter dargestellten Lächelns wird als »Als-ob-Qualität« beschrieben. Auf der Als-ob-Qualität beruht die referen-

2.3 Entwicklungspsychologische Grundlagen des impliziten Gedächtnisses

zielle Entkoppelung des dargestellten Affekts: Das Kind kann den auf dem Gesicht der Mutter durch seine artifizielle Qualität akzentuierten Affekt vom übrigen, sich auf ihrem Gesicht abspielenden mimischen Ausdruck abkoppeln. Auf die referenzielle Entkoppelung folgt das Beziehen des dargestellten Affektzustands auf sich selbst. Der Vorgang des Beziehens des Affekts auf sich selbst beruht dabei auf der Voraussetzung einer kontingenten Beziehung des gespiegelten Affekts mit dem emotionsexpressiven Verhalten des Kindes und wird als Vorgang der referenziellen Verankerung beschrieben. Bei der referenziellen Verankerung entwickelt der Säugling analog zum auftretenden Affektzustand eine durch die Markierung und Spiegelung des Affekts erzeugte Repräsentanz der eigenen affektiven Verfassung. Die auf diese Weise entwickelten sekundären Repräsentationen seiner primären Affektzustände bilden die Voraussetzung der Weiterentwicklung des vagen Selbstempfindens der »primary awareness« zu einer deutlicheren Bewusstwerdung und Differenzierung der eigenen Affekte. Im Zuge des Lernprozesses der referenziellen Verankerung zeigt sich demnach Subjektivität als »Resultat von Intersubjektivität« (Dornes 2006, S. 524).

Die referenzielle Verankerung vollzieht sich als Prozess höher organisierter neuronaler Plastizität, bei der die wiederholte gemeinsame Aktivierung spezifischer Zellassemblies zum Aufbau einer permanenten Verbindung der Assemblies und auf diese Weise zur Bildung neuer neuronaler Cluster führt. Dieser Prozess der Ausdifferenzierung von Neuronenassemblies auf der Basis von Erfahrung kann als die Bildung grundlegender Schemata der Selbstwahrnehmung bezeichnet werden. Die im Säuglingsstadium gebildeten Neuronencluster liegen als die grundlegenden Wahrnehmungsmuster der eigenen Affekte der späteren emotionalen Entwicklung des Kindes zugrunde. Sie bilden auf diese Weise die Grammatik der Selbstwahrnehmung, die als Hintergrund für jede spätere auf Selbstwahrnehmung basierende Entwicklung seiner Emotionalität fungiert.

»Zusammenfassend können wir festhalten, dass das Verständnis des Selbst als psychischer (emotionaler) Akteur seinen Anfang nimmt, wenn der Säugling in der primären Bindungsbeziehung seine eigenen Affekte entdeckt. Seine aufkeimende Fähigkeit, die eigenen Gefühle wahrzunehemen, beruht auf der Internalisierung der kontingent responsiven, markierten Emotionsausdrücke der Bezugsperson. Deren Repräsentationen der emotionalen Zustände des Kindes manifestieren sich in ihrem Verhalten; intuitiv präsentiert sie ihm diese Ausdrücke. Der Säugling wiederum beginnt, seinen eigenen emotionalen Zustand als Gefühl zu repräsentieren – eine auftauchende Form des emotionalen Selbstgewahrseins« (Allen et al. 2011, S. 117f.).

Die Voraussetzung für die Ausbildung stabiler und regulativ wirksamer Repräsentanzen ist eine zeitlich kontingente Spiegelung der Affekte durch die Eltern. Die Prädisposition des Säuglings bedingt ab dem dritten Monat eine Präferenz für hohe, aber nicht perfekte Kontingenzen seines Erlebens mit Ereignissen in seiner Umwelt. Die hohe Kontingenz gespiegelter Affekte ermöglicht die Zuschreibung der gespiegelten Affekte auf das eigene Erleben. Neben einer hohen Kontingenz müssen die gespiegelten Affekte auch eine angemessene Kongruenz aufweisen, sie müssen mit dem mentalen Zustand des Säuglings übereinstimmen. Affekte, die von der Mutter nicht kontingent und kongruent gespiegelt werden, können vom Säugling nicht wiedererkannt werden oder führen zu einer verzerrten Abbildung seines affektiven Erlebens in den herausgebildeten Repräsentanzen (vgl. Fonagy 2009, S. 107ff.). Wird ein Affekt kontingent gespiegelt, ist seine spielerische »Als-ob-Qualität« ausschlaggebend für den Effekt der Markierung. Kann ein Affekt nicht durch die artifizielle Form seiner Akzentuierung von den übrigen sich auf dem Gesicht der Mutter abzeichnenden Affektausdrücken abgegrenzt werden, ist es dem Kind nicht möglich, den gespiegelten Affekt von jenen Affekten zu unterscheiden, die die Mutter selbst erlebt. Da das Kind jedoch die biologisch angelegte Disposition besitzt, die Affekte der Mutter auf sich selbst zu beziehen (vgl. Fonagy/Luyten 2011, S. 912), verhindert die Unsichtbarkeit dieser Grenze die Trennung von eigenem und fremdem Erleben. In diesem Fall verschwimmen die von der Mutter erlebten Affekte mit dem Erleben des Kindes.

Dies verhindert zum einen die Differenzierung des eigenen Affektgeschehens mittels der Ausbildung stabiler regulativer Repräsentanzen der Affekte und zum anderen die Ausbildung stabiler Grenzen zwischen dem eigenen Erleben und dem Erleben der Umwelt. Im Falle einer unmarkierten Affektbeantwortung verinnerlicht das Kind die Erfahrungen seiner Eltern, fremdes Erleben tritt an die Stelle des eigenen. Die Affekte des Kindes werden anstelle ihrer repräsentationalen Abbildung und Symbolisierung vom Erleben der Mutter überformt. Als Voraussetzung für die Ausbildung einer stabilen Repräsentanz des eigenen Selbst beim Kind nennt Fonagy die intuitionsgeleitete, sich auf eigene Gefühlszustände beziehende Reaktionsweise der Mutter auf den affektiven Ausdruck ihres Kindes sowie die vorbehaltlose Wahrnehmung des Kindes als von ihr getrennt existierende Person:

> »Das heißt, sie nimmt eine aufgeschlossene, respektvolle forschende Haltung ein und orientiert sich dabei an ihrem eigenen mentalen Zustand, um das Kind zu verstehen – allerdings nicht in dem Maße, dass ihr Selbstverständnis es ihr verwehren würde, das Kind vorbehaltlos als getrennte Person wahrzunehmen. Ihr genuines

Gewahrsein des Kindes wiederum reduziert die Häufigkeit von Verhaltensweisen, die seine natürliche Herausbildung eines Bewusstseins des eigenen mentalen Selbst durch die Dialektik der Interaktion mit der Mutter vereiteln könnten« (Fonagy/ Luyten 2011, S. 909).

Da sich das Erleben des Kindes im Zuge des Prozesses der Spiegelung seiner Affekte durch die Mutter ausdifferenziert, lernt sich jedes Kind erstmalig durch die Augen seiner Mutter kennen. Durch die selektive Hervorhebung bestimmter Affekte des Kindes werden diese durch eine verstärkte Ausdifferenzierung ihrer Repräsentanzen im späteren Erleben des Kindes betont. Auch wenn das Kind im gelungenen Fall seiner Entwicklung stabile gut differenzierte Repräsentanzen seines Erlebens entwickelt, ist die auf diesen Repräsentanzen basierende Wahrnehmung des eigenen Affektgeschehens ein Resultat des intersubjektiven Geschehens zwischen Mutter und Kind:

»Dabei erfolgt zugleich eine Bewusstwerdung und eine Unbewusstwerdung. Durch die markierende Reaktion der Mutter wird eine Äußerung des Säuglings diesem bewusst, aber zugleich wird sie konnotiert und getränkt von der mütterlichen Einstellung dazu. Sie wird dem Säugling überhaupt nur bewusst in dieser konnotierten Form, die er dann – und darin besteht der Prozess der Unbewusstwerdung – für *seine* ursprüngliche Form hält in Verkennung der Beeinflussungsprozesse, die durch die Reaktion der Mutter darauf unausweichlich stattgefunden haben« (Dornes 2006, S. 534).

Im Zuge des vorsprachlichen Lernvorgangs der Ausdifferenzierung des eigenen Affektgeschehens bildet der Säugling implizites Wissen über sich selbst und seine Umwelt aus, das in Gestalt neuronaler Zellverbände repräsentiert wird. Die Form und der assoziative Gehalt der neuronalen Cluster entstehen dabei als Resultat des interaktiven Geschehens zwischen Mutter und Kind. Durch die Betonung bestimmter Affekte im Zuge ihrer Markierung und Spiegelung schlägt sich das Interagieren der Mutter mit ihrem Kind bei diesem in einer für ihre individuelle Form der Interaktion spezifischen, inneren Struktur sekundärer Repräsentanzen nieder. Affekte, die nicht markiert und gespiegelt werden, verkümmern, sie verblassen und treten hinsichtlich ihrer differenzierten Wahrnehmung und Einordnung in den Prozess der Selbstwahrnehmung in den Hintergrund. Trotz dieses Effekts des Verblassens verschwinden diese affektiven Impulse aufgrund der Löschungsresistenz vitaler Regungen nicht. Ihre mangelnde Differenziertheit stellt daher einen Defekt in der auf der spezifischen Formation der innerpsychischen Repräsentanzstruktur basierenden Fähigkeit zur Selbstwahrnehmung dar. Obwohl keine Verdrängung oder Abspaltung der affektiven Impulse, die einen Konflikt im psychodynamischen Sinn erzeugen könnte, stattgefunden hat, ist die Wahrnehmung der eigenen vitalen und affektiven Prozesse in diesem Fall nur noch in einer eingeschränkten und verzerrten Art und Weise möglich (vgl. Fonagy et al. 2008, S. 199ff.).

Die Mutter bestimmt durch die Selektivität ihrer Affektspiegelung jedoch nicht nur darüber, welche Affekte später in differenzierter Form von ihrem Kind wahrgenommen werden können, sie etabliert durch ihre Reaktion auf die Affektivität ihres Kindes auch spezifische Assoziationen zu den von ihrem Kind gezeigten Affekten. Die Art und Weise, mit der sie auf die Affekte ihres Kindes mit ihrer eigenen Affektivität, mit Akzeptanz oder Missbilligung reagiert, wird vom Kind in einem assoziativen Lernprozess der unbewussten Identifizierung übernommen. Im Prozess der unbewussten Identifizierung werden die ursprünglich von der Mutter stammenden affektiven Reaktionen durch assoziatives Lernen Teil des Repräsentanzensystems des Kindes und damit Teil seiner eigenen Selbstrepräsentanz:

»Wenn die Mutter z. B. auf sein Genitalspiel mit Missbilligung reagiert, so wird das Kind diese Missbilligung als externe Darstellung *seines* Affekts wahrnehmen. Es wird eine (sekundäre) Repräsentanz seiner primären sexuellen Erregung ausbilden, die von Missbilligung getönt ist. Diese wird in der Folgezeit immer zugleich mit der Erregung aktiviert. So lernt das Kind, seine sexuelle Empfindung auf eine bestimmte Weise zu erleben – und zu kontrollieren. Da Missbilligung hinfort immer zusammen mit der sexuellen Erregung auftaucht, hält das Kind sie schließlich für *seine eigene* Missbilligung, aber ursprünglich war es die Missbilligung der Mutter« (Dornes 2006, S. 534).

Durch die Wahrnehmung der affektiven Reaktion der Mutter auf den Affekt ihres Kindes bilden gemäß dem Gesetz der neuronalen Plastizität – Cells that fire together wire together – die neuronalen Strukturen, die an der Aktivierung und Empfindung des Affektes beteiligt sind, bei ihrer wiederholten gleichzeitigen Aktivierung mit jenen Neuronenclustern, die durch die Wahrnehmung der mütterlichen Reaktion aktiviert werden, verstärkte Verbindungen aus. Ursprünglich voneinander weitgehend unabhängig fungierende Zellverbände verbinden sich auf diese Weise zu neuen Strukturen des affektiven Erlebens. Bereits die Aktivierung eines Teils des neu formierten Zellassemblies reicht von nun an aus, um das gesamte Cluster zu aktivieren, die Aktivierung des ursprünglich vom Kind stammenden Affekts führt somit zur Aktivierung einer sekundären Repräsentanz, die ein implizit repräsentiertes Abbild der affektiven Reaktion der Mutter enthält.

»Diese Theorien stimmen auch darin überein, daß solche mütterlichen Aktivitäten nicht lediglich eine Online-Befriedigung der Bedürfnisse des Säuglings und eine entsprechende Regulierung seiner Zustände gewährleisten, sondern darüber hinaus in signifikanter Weise zur psychischen Strukturbildung und zum Auftauchen von emotionaler Selbstbewußtheit und Selbstkontrolle beitragen« (Fonagy et al. 2008, S. 198).

2.4 Die Freud'sche Urverdrängung aus heutiger Sicht

Die frühkindliche Etablierung einer inneren Struktur der Affektdifferenzierung und ihre assoziative Ausgestaltung im Zuge neuronaler Wachstumsprozesse der Zellensemblebildung wird aufgrund des frühen Zeitpunkts ihrer Ausdifferenzierung zu einer konkreten und für das spätere affektive Erleben grundlegenden Gestalt den impliziten Gedächtnisstrukturen zugeordnet. Mertens bringt die präverbale Form der Strukturbildung, die im Falle einer pathologischen Entwicklung zu strukturellen Ich-Defiziten führen kann, mit dem Freud'schen Terminus der »Urverdrängung« in Verbindung. Die Urverdrängung bildet als erster unbewusster Kern den Anziehungspol für sich in späteren Entwicklungsphasen vollziehende Vorgänge der Verdrängung. Die Urverdrängung, die niemals zum Bewusstsein kommen kann, bleibt der expliziten Erinnerung und damit der dialogischen Erforschung unzugänglich. Sie kann dem nichterfahrungsmäßigen Bereich des Unbewussten zugeordnet werden.

Um der Unterscheidung des expliziten und impliziten Gedächtnissystems gerecht zu werden, plädiert Mertens dafür, den Terminus Urverdrängung infrage zu stellen. Frühkindliche Erfahrungen sind zwar unbewusst, wurden jedoch nicht im eigentlichen Sinn verdrängt. Anders als psychodynamisch verdrängte Inhalte können sie deshalb nicht explizit erinnert werden, weil sie gar nicht explizit repräsentiert sind. Aus diesem Grund soll die Urverdrängungsterminologie durch Beschreibungen von nichterfahrungsmäßigen, impliziten Konditionierungsvorgängen, die kognitive Erwartungskomponenten enthalten, ersetzt werden:

»Dieser Vorgang lässt sich als ein nichtdeklaratives Geschehen auffassen, bei dem Erwartungen über Affektausdrücke und Verhalten und deren Konsequenzen konditioniert werden, die der Affektregulierung und damit auch der Kommunikation dienen. Affektive Verhaltensweisen, wie z. B. ein wütendes Schreien, werden mit einer zornigen Reaktion der Mutter gekoppelt, was zu der unbewussten Erfahrung im nichterfahrbaren Bereich führt, die, wenn sie verwörterbar wäre, lauten würde: ›Wenn ich aggressiv bin, wird Mama schrecklich zornig und ich bekomme Todesangst.‹

Auch wenn wir auf den Terminus Urverdrängung verzichten, bleibt dennoch bewundernswert, dass Freud diese frühen Vorgänge mit einem eigenen Konzept bereits thematisiert hat« (Mertens 2007, S. 152).

Da sich frühkindlich herausgebildete, strukturelle Problematiken und Defizite aufgrund ihrer impliziten Repräsentation der expliziten Erinnerung und damit ihrer dialogischen Erforschung entziehen, bedürfen sie einer Form der therapeutischen Zuwendung, die über eine autobiografisch orientierte, archäologische Form der Analyse hinausgeht. Die Ergründung frühkindlich gebildeter Strukturformationen, die in frühen Jahrzenten der Psychoanalyse unter dem Begriff der »frühkindlichen Amnesie« subsumiert wurden, kann im besonderen Hinblick auf ihre nichterfahrungsmäßige Gestalt nur im Zuge von therapeutischen Interventionsmodi erfolgen, die der Beschaffenheit des impliziten Gedächtnisbereichs gerecht werden (vgl. ebd., S. 140).

Mertens nennt in diesem Zusammenhang vorrangig die Inszenierung der Beziehungserfahrung durch die Vorgänge der Übertragung. Nach Freud (1914g, S. 129) reproduziert der Analysand das Vergessene und Verdrängte, ohne sich zu erinnern, indem er es agiert. Im Agieren vollzieht sich eine unbewusste Wiederholung des Gelernten, daher können unter der Voraussetzung einer besonderen beziehungsmäßigen Sensibilität des Therapeuten implizit repräsentierte Bindungserfahrungen des Patienten in der Interaktion von Patient und Therapeut sichtbar gemacht werden (vgl. Mertens 2007, S. 149f.).

Die Aktivierung implizit repräsentierter Beziehungsschemata des Patienten in der therapeutischen Interaktion vollzieht sich entsprechend der Hebb-Regel. Neuronen, die im Zuge ihrer gleichzeitigen Aktivierung untereinander Verbindungen ausbildeten, aktivieren sich immer dann gegenseitig, wenn ein Teil des Systems aktiviert wird. Hinweisreize in Form von mimischen, gestischen und sprachlichen Botschaften fungieren dabei als aktivierende Cues. Sie mobilisieren jene neuronalen Cluster, in die sie im Zuge von impliziten Prozessen des Konditionierungs- und Erwartungslernens eingebunden wurden. Im Zuge der Betrachtung von Lernvorgängen als Prozess neuronaler Ensemblebildung und der Aktivierung des ganzen Zellensembles durch einzelne neuronale Bestandteile des Systems offenbart sich die Ursache für die in vielen Situationen scheinbar unmittelbar entstehende »Wiederkehr des Verdrängten«:

> »Erinnerungsnetzwerke sind fundiert um emotionale Knoten und entsprechende Bedürfnisse und Handlungsbereitschaften. Die in der Vergangenheit verstärkten Erfahrungsbildungen haben hierbei besondere Gewichte. Ich überlasse es unserer Phantasie, inwieweit dies eine aktuelle Version des dynamischen und ökonomischen Gesichtspunkts der klassischen Metapsychologie Freuds ist« (ebd., S. 150f.).

2.5 Nichterfahrungsmäßige Aspekte des therapeutischen Dialogs

Schlussfolgerungen für den therapeutischen Dialog leiten sich neben der Differenzierung zwischen dem nichterfahrungsmäßigen und dem erfahrungsmäßigen Unbewussten aus der Unterscheidung zwischen einem erfahrungsmäßigen und einem nichterfahrungsmäßigen Bereich der Wahrnehmung ab. Die Differenzierung erfahrungsmäßiger und nichterfahrungsmäßiger Wahrnehmung basiert auf der Einbeziehung der informationstheoretischen Betrachtungsweise in die moderne Psychoanalyse sowie auf der Erweiterung des in der klassischen Psychoanalyse vorherrschenden Energieparadigmas durch die systemtheoretische Konzeption:

> »Erst mit der Überwindung des mechanischen Weltbildes hin zum informations- und systemtheoretischen Paradigma, das [...] allerdings nur sehr zögerlich Einzug in die Psychoanalyse hielt, wurde die alleinige Verwendung der Metaphern von Kraft, Energie, Schwelle, Besetzung, Abfuhr allmählich in Frage gestellt. Es wurde erkannt, dass es die Erzeugung von Information ist, die leblose Materie von einem Lebewesen unterscheidet« (ebd., S. 142).

Mertens differenziert in seiner Konzeption des Unbewussten die parallele, nichterfahrungsmäßige Form der Informationsverarbeitung von der seriellen, erfahrungsmäßigen Form der Informationsverarbeitung. Diese erfasst nur einen Ausschnitt der parallel aufgenommenen und verarbeiteten Eindrücke im Fokus der bewussten Wahrnehmung:

> »Das menschliche Gehirn mit seinen schätzungsweise einhundert Milliarden Neuronen, wobei jede davon bis zu mehrere zehntausend synaptische Verbindungen zu anderen Zellen aufweist, erzeugt in der Terminologie der Informationstheorie Billionen von Informationsbits, wobei unsere reflexiv bewusste Wahrnehmung davon nur einen winzigen Bruchteil verarbeiten kann, immerhin aber genug, um eine reichhaltige Welt an Bedeutungen, Hoffnungen, Träumen und Plänen entstehen zu lassen« (ebd., S. 142).

Als ein Beispiel für die Erläuterung nichterfahrungsmäßiger paralleler Wahrnehmung lassen sich an dieser Stelle Vorgänge der optischen Wahrnehmung und auf ihnen basierende Reaktionen der Amygdala beschreiben. Die Amygdala ist bilateral im medialen Temporallappen verortet und bildet einen Teil des limbischen Systems. Die Amygdala ist eine maßgebliche Struktur für das affektive Erleben des Menschen. Sie ist an der Wahrnehmung von Angst und Erregung sowie an der Steuerung von Aggressivität und Sexualität beteiligt. Die Etablierung affektiver Reaktionen auf spezifische Sinneseindrücke und das Lernen im Zuge von Konditionierungsprozessen vollzieht sich unter der vorrangigen Beteiligung der Amygdala. Da sie sensorische Wahrnehmungsereignisse mit Affekten beantwortet und diese Verknüpfungen speichert, spielt sie eine wesentliche Rolle bei der emotionalen Bewertung von Situationen.

> »Learned emotional responses are processed in the Amygdala: The amygdala is a complex structure, consisting of about 10 distinct nuclei. The sensory inflow for various learned emotional states, particularly fear and anxiety, enters the amygdala by means of a particular set of nuclei: the basolateral complex. The amygdala mediates both inborn and acquired emotional responses« (Kandel et al. 2000, S. 990).

Die Amygdala zeigt sich sowohl hinsichtlich bewusster als auch hinsichtlich unbewusster affektiver Reaktionen auf Wahrnehmungsreize als maßgebliche Struktur unseres affektiven Erlebens. Der laterale Kern der Amygdala erhält Informationen von den sensorischen Kortices und vom sensorischen Thalamus, er projiziert zum basalen Kern, welcher afferent mit dem Orbifrontalkortex verschaltet ist. Der Orbifrontalkortex speichert Wissen über soziale Kontextzusammenhänge und über gelernte Prinzipien des zwischenmenschlichen Verhaltens, er dient als maßgebliche Struktur der Regulation von sozialem Verhalten sowie dem Abwägen von Risiken und den möglichen Folgen von den aus affektiven Impulsen abgeleiteten Handlungsintentionen. Nachdem die Information der sensorischen Kortices vor dem Hintergrund regulativer und kontextrelevanter Impulse vom Orbifrontalkortex im basalen Amygdalakern verarbeitet wurde, wird die dort evaluierte Interpretation des Reizes zum Neokortex zurückprojiziert und als bewusst wahrnehmbare und rational reflektierbare affektive Reaktion erlebt. Ebenso projiziert der basale Kern zum zentralen Kern der Amygdala, welcher über unbewusst ablaufende vegetative Impulse zu seinen efferenten Projektionsarealen[63] die Ausschüttung von Corticosteroiden, die Aktivierung des sympathischen und die Hemmung des parasympathischen Nervensystems, die Erhöhung von Puls-, Atemfrequenz und der Vigilanz sowie eine gesteigerte Bereitschaft der Reflexbögen bewirken kann (vgl. Schafe/LeDoux 2004, S. 987–1003).

---

63 Lateraler Hypothalamus, zentrales Höhlengrau, Nervus vagus, Nucleus parabrachialis, Locus coeruleus, Nucleus reticularis pontis caudalis, Nervus trigeminus, Nucleus paraventivularis.

»The amygdala appears to be involved in mediating both the unconscious emotional state and conscious feeling. Consistent with this dual function of emotion, the amygdala has two projections. Many of the autonomic expressions of emotional states are mediated by the amygdala through its connections to the hypothalamus and the autonomic nervous system. The influence of the amygdala on conscious feeling is mediated by its projections to the cingulated gyrus and prefrontal cortex« (Kandel et al. 2000, S. 992).

Bezüglich der Unterscheidung zwischen impliziter nichterfahrungsmäßiger und expliziter erfahrungsmäßiger Gedächtnisstrukturen kann die Amygdala des Weiteren als eine implizite, affektive Gedächtnisstruktur bezeichnet werden. »Implicit memory involves the cerebellum and amygdala and the specific sensory and motor systems recruited for the task being learned« (ebd., S. 1245). Die Amygdala verbindet Wahrnehmungsereignisse mit affektiven Reaktionen und speichert diese Verknüpfungen. Ausgehend von diesen implizit gespeicherten Verknüpfungen, lösen Reize, die als ähnlich wahrgenommen werden, die etablierten affektiven Reaktionen aus.

»Wir haben gesehen, dass die Inhalte des impliziten Gedächtnisses tatsächlich durch winzige Cues ausgelöst werden können, ohne dass der Betreffende weiß, dass diese Vorkommnisse auf das Wirksamwerden des impliziten Gedächtnissystems zurückgehen. Wir haben aber auch gesehen, dass sich die Frage nach der ›Wiederkehr des Verdrängten‹ anhand einer genauen Bestimmung dessen, was sich als psychodynamisch unbewusst im Unterschied zu nichterfahrungsmäßigen unbewussten Prozessen ausweisen lässt, noch umfassender beantworten lässt« (Mertens 2007, S. 150).

Im Zuge von impliziten Formen affektiver Verknüpfung können spezifische Bedingungen einer ehemals als angstauslösend oder bedrohlich erlebten Situation mit starken affektiven Reaktionen verbunden und für das spätere Erleben als Schlüsselreiz etabliert werden. So können entsprechende situative Bedingungen oder Vorzeichen eines als traumatisch erlebten Ereignisses, wie mimische oder motorische Hinweisreize des Interaktionspartners, die affektive Reaktion auf das ursprüngliche Trauma reaktivieren. Der Affekt kann so auf der Grundlage implizit gespeicherten Wissens aktiviert werden, ohne dass eine rational explizite Bewertung der Situation oder des Verhaltens des Gegenübers auf seine Aktivierung Einfluss genommen hat. Kleinste gestische, mimische oder motorische Äußerungen können auf diese Weise, verbunden mit traumatischer, impliziter Erinnerung zum Auslöser heftiger Affekte werden, ohne dass der Betroffene sein Erleben explizit erklären oder rational reflektieren kann.

»Während also im Bereich der für den Analytiker reflektierbaren Übertragungs-Gegenübertragungsdimension die wechselseitige Kommunikation eine Einschränkung wegen des Interaktionsvorbehaltes erfährt, aber auch deswegen, weil sich der Analytiker mit seinen eigenen Bedürfnissen zurücknimmt, ist im Bereich der unmittelbaren Beziehungsregulierung die Interaktion sehr viel schwerer bewusst zu machen und zu reflektieren. Denn erstens gründet diese im nichtbewussten Bereich des emotional-prozeduralen Gedächtnisses und manifestiert sich über nonverbale und präverbale Kommunikationskanäle und zweitens ist sie viel schneller getaktet als der vergleichsweise behäbige verbale Interaktionsmodus« (Mertens 2009, S. 50).

Nonverbale oder präverbale Kommunikationskanäle können dem subsymbolischen Bereich der Informationsverarbeitung zugeordnet werden. Der Umfang der parallel ablaufenden subsymbolischen Informationsaufnahme durch Sinnesorgane entspricht ca. dem 200.000fachen Umfang der seriell ablaufenden verbalen Kodierung, die nur einen winzigen Ausschnitt der parallel verarbeiteten Information erfasst und dem reflexiven Bewusstsein zugänglich macht. Diese informationstheoretische Betrachtung von Wahrnehmungsprozessen erweitert den Begriff der klassischen Freud'schen Konzeption des Unbewussten:

»Denn jegliches Denken ist zunächst einmal unbewusst, weil unzählige Prozesse der Informationsverarbeitung im affektiven, motivationalen und kognitiven Bereich zunächst und die meisten davon ausschließlich unbewusst ablaufen. Unablässig kategorisiert und rekategorisiert unser nichterfahrungsmäßiges Unbewusstes auftauchende Stimuli, fügt sie zu Mustern zusammen und vergleicht sie mit bereits vorhandenen Erfahrungsmustern (vgl. Edelman 1989). Nur ein kleiner Teil von Musterabgleichungs-Prozessen, die noch einer genauen Kategorisierung und Differenzierung bedürfen, haben die Chance, überhaupt reflexiv bewusst werden zu können« (Mertens 2007, S. 143).

Nichterfahrungsmäßige Prozesse der Musterabgleichung und die gegenüber dem verbalen Interaktionsmodus sehr viel schneller getakteten nonverbalen und präverbalen Kommunikationskanäle können beispielhaft an der von Joseph LeDoux (2000) untersuchten Verarbeitung optischer Reize im Doppelbahn-System der Amygdala beschrieben werden. Wie bereits erläutert, projizieren die sensorischen Kortices und der sensorische Thalamus zum lateralen Kern der Amygdala. Nachfolgend wird im basalen Kern die sensorische Information vor dem Hintergrund implizit gespeicherter affektiver Verknüpfungen unter Einbezug der regulativen Instanz des Orbifrontalkortex interpretiert und affektiv beantwortet. Die efferente Aktivität der Amygdala konnte hinsichtlich einer physiologischen, unbewussten und hinsichtlich einer bewusst wahrnehmbaren und damit rational reflektierbaren affektiven Komponente unterschieden werden. Jedoch nicht nur die efferente Aktivität der Amygdala, sondern auch ihre afferente Aktivierung kann, bezogen auf die Verarbeitung optischer Reize, in einen bewussten und einen unbewussten Bereich der Informationsverarbeitung unterteilt werden. Neuroanatomisch kann ein schneller getakteter, nichterfahrungsmäßiger Kanal afferenter Projektion, ausgehend vom visuellen Thalamus, von dem langsameren, von den visuellen Kortexarealen stammenden Kanal der bewusst wahrnehmbaren Afferenz unterschieden werden. Der bewusst wahrnehmbare afferente Kanal der Informationsverarbeitung projiziert den in den Arealen der visuellen Kortices kategorial bereits zugeordneten und in Wahrnehmungsobjekte unterteilten Wahrnehmungsstrom der auf retinaler Ebene induzierten Potenziale zum lateralen Kern der Amygdala. Da die Unterteilung des von der Retina stammenden Wahrnehmungsstroms in einzelne Objekte der visuellen Wahrnehmung und ihre kategoriale Zuordnung in den unimodalen und polimodalen Assoziationskortices der visuellen Areale Zeit in Anspruch nimmt, die sich im Fall von plötzlich auftretender Gefahr im Zuge der Evolution als sehr wertvoll erwiesen hat, verfügt das menschliche Gehirn über einen direkteren und schnelleren Pfad der visuellen Reizweiterleitung zur Amygdala. Dieser schnelle Pfad der Potenzialweiterleitung zweigt vom Pfad der Verbindung der retinalen Ebene der Informationsverarbeitung zu den visuellen Cortices nach der Kreuzung der Sehbahnen des linken und rechten Auges im optischen Chiasma bilateral am seitlichen Kniehöcker, dem Corpus geniculatum laterale[64] ab und führt von dort direkt zum lateralen Kern der Amygdala. Diese direkte Form der Potenzialinduktion der von der Retina, bzw. ihrer thalamischen Verschaltung, stammenden Impulse, bringt den Vorteil der Möglichkeit einer auf optische Wahrnehmungsereignisse folgenden Auslösung von Erregungen, wie Stress, Angst oder Aggression, durch die vegetativen Impulse der Amygdala, die die Latenzzeit der den retinalen Wahrnehmungsstrom interpretierenden visuellen Assoziationskortices maßgeblich unterschreitet. Auf diese Weise leitet der Körper, noch bevor das Bewusstsein einen Reiz als spezifisches Objekt erkennen und kategorial zuordnen kann, die ersten physiologischen Reaktionen ein. Die Abkürzung der kortikalen Interpretation bringt jedoch den Vorteil der Zeitersparnis nur zum Preis einer ungenauen Interpretation der Wahrnehmungsreize hervor. Der seit den

---

64 CGL: Visueller Teil des Metathalamus

Untersuchungen von LeDoux als »quick and dirty« bekannte Pfad direkter thalamischer Verschaltung der Retina mit der Amygdala ist daher gegenüber der langsamen, kognitiven Verarbeitung der visuellen Kortices fehleranfälliger (vgl. LeDoux 2000, S. 129–155).

Die informationstheoretische Perspektive zeigt, dass sensorische Systeme paralleler Informationsverarbeitung permanent eine Vielzahl von Reizen verarbeiten und interpretieren. Die Systeme der parallelen Informationsverarbeitung fungieren außerhalb des erfahrungsmäßigen und bewusst reflektierbaren Bereichs der seriellen Informationsverarbeitung. Von dort aus beeinflussen sie, wie am Beispiel der visuellen Verschaltungen der Amygdala gezeigt wurde, über die Einleitung vegetativer Impulse, wie der Erhöhung des Blutdrucks und der Herzschlagfrequenz, die Ausschüttung von Stresshormonen und Neurotransmittern, wie Adrenalin und Noradrenalin, das affektive Erleben und das Reagieren auf Situationen, noch bevor – und mitunter ohne dass – die affektauslösenden Reize vom seriell verarbeitenden reflexiven Bewusstsein erfasst werden. Aus diesem Grund hebt Mertens die in der modernen Psychoanalyse gegebene Notwendigkeit einer Reflexionsebene der therapeutischen Interaktion hervor, die nicht ausschließlich bei der Betrachtung der auf der seriellen Ebene der Informationsverarbeitung fungierenden verbalen Kommunikationskanäle verharrt, sondern sich, über die semantische Ebene hinausgehend, zudem über das gestische, mimische und motorische Agieren erstreckt. Aufgrund des gegenüber den verbalen Kommunikationskanälen um ein Vielfaches erhöhten Verarbeitungsvolumens der parallelen Informationsverarbeitung ist hier mit einer Ebene der Wahrnehmung zu rechnen, die sich bis in den subliminalen Wahrnehmungsbereich hinein erstrecken kann. Auf der Ebene von Motorik, Mimik, Gestik und Prosodie werden trotz der Bemühung des Analytikers um Neutralität stets Signale und Hinweisreize ausgesendet, die vom Patienten vor dem Hintergrund affektiver, in impliziten Gedächtnisstrukturen repräsentierter Erfahrung interpretiert werden. Da diese affektiven Reaktionen auf das Verhalten des Analytikers dem reflexiven Bewusstsein des Patienten unter Umständen nicht zugänglich sind und von diesem daher auch nicht zum Gegenstand der dialogischen Erforschung gemacht werden können, erfordert ihr bewusster Einbezug in die therapeutische Interaktion vom Therapeuten die stetige Beachtung nonverbaler Kommunikationskanäle:

> »Dazu muss er die Kompetenz besitzen, nicht nur die semantischen Inhalte seiner Interventionen und deren mögliche Auswirkungen auf seinen Patienten zu reflektieren, sondern sich selbst auch hinsichtlich seiner körpersprachlichen und nichtverbalen Signale und deren möglichen Auswirkungen angesichts spezifischer Idiosynkrasien seines Patienten beobachten zu lernen« (Mertens 2009, S. 48).

2.6 Die implizite Beziehungsregulation in der therapeutischen Dyade

Der Einbezug nonverbaler Kommunikationskanäle in den Behandlungsverlauf der analytischen Therapie manifestiert sich auf der impliziten Ebene durch die Interaktion und durch die Beziehungsregulation in der therapeutischen Dyade. Auf der expliziten Ebene geschieht dies durch die Verbalisierung impliziter, nichterfahrungsmäßiger Aspekte des Interagierens und des affektiven Ausdrucks des Patienten durch den Analytiker.

»Wichtig ist bei diesen Überlegungen, dass die affektiven Austauschprozesse innerhalb der Beziehungsregulierung nicht identisch mit den Vorgängen von Übertragung und Gegenübertragung in der Mikrowelt simulierter Als-ob-Prozesse zu sein brauchen. Um sie auf diese Ebene der psychoanalytischen Mikrowelt zu transportieren, dem bewussten Erleben zuzuführen, um sie schließlich mit Hilfe eines nichterwartungskonformen Rollenverhaltens des Analytikers zu verändern, ist zunächst eine Emotionsregulierung im Hier und Jetzt notwendig, d. h. ein unmittelbares emotionales Mitgehen und sich dennoch Nicht-Anstecken-Lassen von den mitunter heftigen Emotionen des Patienten« (Mertens 2009, S. 47).

Die Emotionsregulierung und die Zuführung der affektiven Austauschprozesse innerhalb der Beziehungsregulierung zu einer Ebene des bewussten Erlebens erfolgt mit dem Ziel ihrer gemeinsamen Reflexion im therapeutischen Dialog. Dieser Vorgang erfordert die Verbindung implizit repräsentierter affektiver Reaktionsmuster mit einer expliziten Ebene des Erlebens. Die Verknüpfung impliziter Strukturen mit den verbal organisierten, erfahrungsmäßigen Ebenen des Bewusstseins erfordert ein gegenüber der klassischen Psychoanalyse erweitertes Verständnis der Beziehungsebenen zwischen Patient und Therapeut:

»Die psychoanalytische Betonung der Beziehung bedeutet also nicht nur, dass Therapeut und Patient miteinander kommunizieren oder sich mit Respekt begegnen, dass der Therapeut über Einfühlung verfügt u. ä. m., sondern vielmehr dass ein Therapeut gekonnt mit den beiden Beziehungsebenen, die verschiedenen Gedächtnissystemen entspringen, umgehen können muss: mit der unmittelbaren Beziehungsregulierung auf der Ebene emotionaler Regeln und mit dem Als-ob der Mikrowelt der prinzipiell symbolisierbaren und reflektierbaren Übertragungen. Beide Ebenen durchdringen sich gegenseitig, wobei die unmittelbare Beziehungsregulierung vor allem bei Patienten mit strukturell oder regressiv reduzierten kognitiven und sozioemotionalen Ich-Funktionen von zentraler Bedeutung ist« (ebd., S. 48).

2. Implizite Behandlungsmethoden in der Psychoanalyse

Daniel Stern untersuchte, ausgehend von seinen entwicklungspsychologischen Forschungen an Säuglingen und Kleinkindern, die in vielen Therapieverläufen auftretende Problematik der im therapeutischen Dialog nicht ergründbaren frühkindlichen Ursprünge von psychischen Störungen. Stern kommt zu dem Ergebnis, dass der Zugang zu diesen Ursprüngen in den Therapien meist nicht aufgrund von Verdrängung, sondern wegen der fehlenden Übertragung der impliziten Erinnerung in den verbalen Modus versperrt bleibt (vgl. 2007a, S. 363ff.). Er beschreibt die verschiedenen Ausdrucksformen vitaler Expression in Mimik, Gestik, Tonlage und Körperhaltung des Patienten als Ausdruck von »Vitalitätsformen« und hebt ihre in diesem Zusammenhang gegebene besondere Bedeutung für den therapeutischen Prozess hervor. Die Einbeziehung dieser Ausdrucksformen und die korrekte Einbettung ihres impliziten Informationsgehaltes in den therapeutischen Dialog erfordern dabei vom Therapeuten eine besondere Form der *beziehungsmäßigen Sensibilität* (vgl. Mertens 2007, S.149f.).

> »Die Grundvorstellung ist die, dass Therapeuten sich selbst (empathisch) so, wie es möglich und klinisch hilfreich ist, in die durch die gelebte Bewegung evozierte Erfahrung des Patienten hineinversetzen und sie als Ausgangspunkt für den Dialog nutzen sollten – mit dem Ziel, eine Vitalitätsform zu beleben, die diesen oder jenen Aspekt der gesamten gelebten Erfahrung ins Bewusstsein führen wird« (Stern 2011, S. 164).

Die Fokussierung der Aufmerksamkeit des Therapeuten auf eben diese Ausdrucksformen vitaler Impulse seines Patienten und die hierauf aufbauenden Formen der therapeutischen Intervention münden in eine Form des therapeutischen Dialogs, »der vielleicht weiter führt, schneller ist oder anderswo endet« (ebd., S. 157). Stern untersuchte die Wirksamkeit dieser Form der Intervention im klassischen psychoanalytischen Setting:

> »Dieser körperlich-geistige Dialog des impliziten Erlebens, der neben der reflektierten verbalen Verarbeitung herläuft, gestattet dem Psychoanalytiker und seinem auf der Couch liegenden Patienten tiefe Einblicke in das Implizite und öffnet einen gemeinsamen intersubjektiven Raum, obwohl sie einander nicht von Angesicht zu Angesicht sehen (BCPSG[65] 2010)« (Stern 2011, S. 159).

Als Grundlage für diese Form des körperlich-geistigen Dialogs nennt er die Verankerung der therapeutischen Intervention in der gemeinsamen Erfahrung der Gegenwart, die er in seinem Konzept des »Gegenwartsmoments« beschreibt.

---

[65] Boston Change Process Study Group

Als Gegenwartsmoment wird die ineinandergreifende Überlappung der phänomenologischen Bewusstseinsmomente beider Beteiligter in einem im Hier und Jetzt gegebenen Erfahrungsmoment beschrieben, der, wenn er sozial reflektiert wird, in einen gemeinsamen, intersubjektiven Bewusstseinsmoment mündet:

»Diese Gemeinsamkeit ist der intersubjektiv bewusste Inhalt des Gegenwartsmoments. Er kann ins Langzeitgedächtnis eingehen, Teil der Assoziationsnetzwerke werden und vielleicht – bei intensiver Arbeit – zu einem Grad verbalisiert werden, der therapeutisch nutzbar zu machen ist. Das intersubjektive Bewusstsein, das sich an Gegenwartsmomente bindet, eignet sich gut zum Umgang mit dem reichen impliziten Wissen, das sich in Psychotherapien ansammelt und Menschen verändert« (Stern 2007b, S. 141).

Der Gegenwartsmoment wird von Stern als die kleinste klinisch bedeutsame Einheit der psychischen Erfahrung beschrieben. Der Gegenwartsmoment bezeichnet das unmittelbare, phänomenologische Erlebnis des subjektiven Jetzt. Er dient im therapeutischen Prozess als introspektiver Ausgangspunkt für alle Verbalisierungen, Abstraktionen und Generalisierungen, wobei er sich weniger als Punkt im Ablauf des Zeitflusses, sondern eher als Kontinuum oder als chronologischer Verlauf der subjektiven Erfahrung vollzieht.[66] Die subjektive Erfahrung des Gegenwartsmoments ergibt sich dabei aus der Beziehung zwischen den gegenwärtig wahrgenommenen exterozeptiven Sinneseindrücken, die in ihrem Zusammenwirken mit präformierten Strukturen und früheren Erfahrungen das aktuelle Erleben der Gegenwart hervorbringen (vgl. Stern 2007b, S. 146).

Das phänomenologische Erleben der Gegenwartsmomente wird immer dann Gegenstand des therapeutischen Dialogs, wenn Übertragungs-Gegenübertragungs-Prozesse im selben Moment, in dem sie geschehen, angesprochen und dialogisch untersucht werden. Da implizite Repräsentationen und prozedural verankerte regulatorische Muster permanent die Prozesse der Übertragung in der therapeutischen Beziehung und im Alltag prägen und bestimmen, plädiert Stern dafür, den Gegenwartsmomenten, in denen sie sich aktualisieren, in psychoanalytischen Therapien einen größeren Stellenwert einzuräumen. Gegenwartsmomente in Übertragungs-Gegenübertragungs-Prozessen bergen ein weit größeres Potenzial als die Funktion eines Sprungbrettes für die episodische Rekonstruktion von vergangenen Erlebnissen in sich: Sie bieten die Möglichkeit

---

66 Hier zeigt sich die Entsprechung des psychoanalytischen Verständnisses von Zeit nach Stern mit dem auf Dogen beruhenden Zeitverständnis der Soto-Schule: Zeit wird dort ebenso als organisches Geschehen bzw. als ereignishaftes Verlaufen aufgefasst (vgl. Elberfeld 2006, S. 235–239 sowie Kap. 1.11.»Zazen bei Dogen«).

zur Analyse von implizit repräsentiertem Gedächtnismaterial, das der expliziten Erinnerung und ihrer Erforschung im therapeutischen Dialog auf anderem Weg nicht zugänglich wäre. Bei zunehmender Fokussierung des therapeutischen Prozesses auf Gegenwartsmomente wird jedoch die Bedeutung der Sprache zugunsten des unmittelbaren motorischen Gesamtausdrucks des Patienten relativiert. Sprache präsentiert sich vor dem Hintergrund dieser Betrachtungen nur mehr als ein Bestandteil des motorischen Gesamtagierens des Patienten:

> »Je stärker das implizite Wissen in den Vordergrund rückt, desto wichtiger wird der nonverbale Bereich. Alle Gegenwartsmomente, die einen intersubjektiven Kontakt implizieren, hängen mit Aktionen zusammen: Blickkontakt, Veränderung der Körperhaltung, eine Geste, ein bestimmter Gesichtsausdruck, eine Veränderung der Atmung, des Tonfalls oder der Festigkeit der Stimme. Man vergisst, dass die gesamte paralinguistische Konturierung gesprochener Laute auf motorischen Akten beruht, die von einem Zuhörer, der an der vokalen propriozeptiven Erfahrung des Sprechers teilhat, wahrgenommen werden« (ebd., S. 153).

Ebenso wie die Fokussierung der gleichschwebenden Aufmerksamkeit des Analytikers auf den verbalen Bereich zugunsten einer ganzheitlicheren Aufmerksamkeit auf die Gesamtheit des direkten Agierens in der intersubjektiven Erfahrung des Gegenwartsmoment erweitert wird, wird der Primat der episodischen Rekonstruktion von Erinnerung in der klassischen Form der Psychoanalyse zugunsten des affektiv motivierten Gesamtausdrucks des Patienten im Hier und Jetzt relativiert:

> »Patienten verändern sich nicht nur, weil verdrängte Inhalte entsprechend dem klassischen archäologischen Modell bewusst gemacht werden, sondern ebenso, wenn bislang psychisch noch nie erlebte Emotionen in Worte gefasst werden können, Unaussprechliches transformiert wird, neue Erlebnismöglichkeiten für den Patienten konstruiert werden. Während für die Bewusstmachung des Verdrängten überwiegend das intrapsychische Erleben des Patienten vorrangig ist, haben für die transformierende Arbeit Ko-Konstruktionen in einem tendenziell intersubjektiv erlebten Feld den Primat« (Mertens 2011, S. 826).

Der Gegenwartsmoment wird als unmittelbare Erfahrung beschrieben, indem Fragmente der Erinnerung im Hier und Jetzt aktiviert werden. Im Gegensatz zur Abstraktion expliziter Gedächtnisinhalte in der Sprache können im intersubjektiven Erlebnis des Gegenwartsmoments implizite Reaktions- und Verhaltensmuster direkt verändert werden, mitunter ohne dass diese Veränderung in ihrem vollen Umfang dem Bewusstsein des Patienten zugänglich ist.

Dies kann zum einen durch die Entstehung einer neuen Erinnerung geschehen, die der früheren gegenübergestellt werden kann. In diesem Fall können im Zuge einer stetigen Wiederholung der neuen Erfahrung die implizit gelernten Muster der älteren Vergangenheit Schritt für Schritt durch die in der jüngeren Vergangenheit des Therapieverlaufs gemachten korrektiven Erfahrungen ersetzt werden. Zum anderen können die neuronalen Netzwerke der impliziten Erfahrungs- und Reaktionsmuster direkt verändert werden, indem die reale, sich in Echtzeit ereignende Erfahrung des Gegenwartsmoments durch ihre von den etablierten Mustern abweichende Form auf diese einen modifizierenden Einfluss ausübt (vgl. Stern 2007b, S. 224ff.).

Durch das beziehungsmäßige Agieren von Patient und Therapeut, das sich in der intersubjektiven Erfahrung von Gegenwartsmomenten niederschlägt, wird demnach eine Modifikation implizit verankerter Muster des Verhaltens und Erlebens beim Patienten bewirkt, die sich neben der verbalen Analyse und Bearbeitung von expliziten Gedächtnisinhalten ereignet. Diese Veränderung vollzieht sich im Zeitverlauf des Hier und Jetzt und basiert, im Gegensatz zu dem parallel ablaufenden verbalen Austausch zwischen beiden, stets auf dem unmittelbaren Erleben des gegenwärtig gegebenen Therapiegeschehens.

> »Die Unterschiede zwischen implizit/explizit, nonverbal/verbal, anerkennend/verstehend sowie Erleben/Bedeutung können unter dem Aspekt ihrer Beteiligung an therapeutischer Veränderung zusammengefasst werden. In Gesprächstherapien kann man das Deuten, die Erzeugung von Bedeutung und die Narrativierung als beinahe unspezifisches, sich anbietendes Vehikel betrachten, das es dem Patienten und dem Therapeuten ermöglicht, ›zusammen etwas zu tun‹. Dieses ›gemeinsame Tun‹ bereichert das Erleben und führt Veränderungen im Miteinander-Zusammensein herbei, und zwar durch die beschriebenen impliziten Prozesse. Als Erörterungs- oder Explikationsformen können zudem auch die verbale Bedeutungserzeugung und die Narrativierung zu Auslösern therapeutischer Veränderung werden. Der Fluss des expliziten Verstehens wird sozusagen in das implizite ›gemeinsame Tun‹ und das veränderte implizite Wissen eingebettet« (ebd., S. 231).

2.7 Das implizite Unbewusste im Licht der semiotischen Progression

Mertens erörtert die Erweiterung der archäologisch orientierten Suchhaltung in der klassischen Psychoanalyse um die intersubjektive Konzeptualisierung der modernen Psychoanalyse, die Prozesse der wechselseitig verschränkten Gefühlswelten beider Beteiligter in der therapeutischen Dyade betont. Er erörtert die Entwicklungsorientierung in der modernen Psychoanalyse, die im Sinne einer patientenorientierten Grundhaltung die Methoden der unmittelbaren korrektiven Beziehungserfahrung und die Behandlung von Mentalisierungs- und Symbolisierungsdefiziten in das Spektrum ihrer Interventionsmethodik mit einschließt:

> »Entwicklungsorientiert und zugleich maximal analytisch vorzugehen, würde [...] bedeuten, dass sich der Analytiker prozessorientiert eine Vorstellung darüber macht, welche Entwicklungsschritte für seinen jeweiligen Patienten am meisten förderlich sind, um Ängste zu überwinden, neue Beziehungserfahrungen zu erleben, bislang nie Erfahrenes und Tabuiertes zulassen zu können, aber auch sich von Einstellungen und Bindungen lösen zu können, die die Entwicklung bislang beeinträchtigt haben, sich neue Kompetenzen anzueignen, und dies alles unter Berücksichtigung erträglicher Zumutungen für das Selbstwertgefühl und Selbstbild des Patienten und unter strikter Vermeidung von Retraumatisierungen. Es geht hierbei auch darum, die Fähigkeit des Gedächtnisses zu einer Rekontextualisierung oder zu einer kreativen Metaphernbildung einzuschätzen bzw. den Patienten in dieser generativen Kompetenz zu unterstützen (vgl. Borbely 2011; Modell 2011)« (Mertens 2011, S. 827).

Die Förderung der generativen Kompetenz zur Metaphernbildung kann der Behandlung von Mentalisierungs- und Symbolisierungsdefiziten dienen und in diesem Zusammenhang als Methode zur Erschließung des nichterfahrunsmäßigen Unbewussten beschrieben werden. Die Behandlung von Symbolisierungsdefiziten ist, wie die unmittelbare Veränderung nicht explizit repräsentierter Wahrnehmungs- und Verhaltensmuster durch die intersubjektive Beziehungserfahrung im Gegenwartsmoment, eine sich auf implizite Inhalte der Psyche fokussierende Behandlungstechnik der Psychoanalyse.

Da implizit repräsentierte Inhalte des Gedächtnisses und aus der frühen Kindheit stammende affektive Reaktionsmuster oftmals nicht explizit repräsentiert sind, müssen sie, um Eingang in den expliziten Prozess des therapeutischen Dialogs finden zu können, vom Therapeuten mit der semantischen Ebene verbunden werden. Hierfür müssen die entsprechenden Affektindikatoren des Patienten jedoch zunächst vom Therapeuten selbst erfühlt und erlebt werden. Hierbei gilt es für den Therapeuten, neben seiner besonderen Aufmerksamkeit für nonverbale Äußerungen von Affekten auf missglückte oder fehlende Affektäußerungen des Patienten zu achten. Um unausgesprochene Spannungen, Leere und Wut des Patienten zu erkennen, soll der eigene Körper als Resonanzraum verwendet werden. Bei der anschließenden Verbindung des Erspürten mit explizit Ausgesprochenem werden Bild- und Wortvorstellungen zu einer sich aus dem gefühlten Hier und Jetzt ergebenden Sprache verknüpft. In dieser durch lebendige Metaphern in ihrer Sichtbarkeit und Fühlbarkeit unterstützten Sprache kann der Therapeut das unausgesprochene Erleben des Patienten mit explizit erfassbaren Terminologien verbinden. Der Therapeut vermittelt, indem er implizite Vorgänge mit einer expliziten Semantik verbindet, zwischen den implizit repräsentierten, nichterfahrungsmäßigen Teilen der Persönlichkeitsstruktur des Patienten und den erfahrungsmäßigen, bewusst erlebenden, reflexiven Teilen dessen Persönlichkeit. Unbewusstes, unvergessenes Wissen wird auf diesem Weg der Ebene der bewussten Erfahrbarkeit zugänglich gemacht und das Nichterfahrungsmäßige mit dem erfahrungsmäßigen Bereich verbunden.

> »Symbolisierung, Neusymbolisierung, Umcodierung, Mentalisierung nichtbewusster impliziter Beziehungsregeln bzw. subsymbolischer emotionaler Schemata heißen in der Regel die neuen Zauberwörter, die Psychoanalytiker in den letzten Jahren benutzt haben [...], um die verschiedenen Vorgänge innerhalb einer ›impliziten Behandlungspraxis‹ (vgl. Ermann 2005) zu charakterisieren, die zum Aufbau neuer Selbst-, Objekt- und Interaktionsrepräsentanzen führen, indem leibliche, vegetative, handlungsmäßige, emotional sensomotorische Erfahrungen mit gefühlshaft getragenen Bild- und Wortvorstellungen verknüpft werden und damit für die Entstehung einer bildhaften und sprachlichen Repräsentanzenbildung Schritt für Schritt gesorgt wird« (Mertens 2007, S. 152).

Der Vorgang der Verknüpfung emotional sensomotorischer Erfahrungen mit gefühlshaft getragenen Bild- und Wortvorstellungen kann mit dem von Deserno konzipierten Modell der vier Symbolsysteme beschrieben werden. Der Begriff Symbolisierung wird dabei als überspannend über die Begriffe Mentalisierung und Repräsentation verwendet werden. Ausgehend von Freuds Symbolverständnis beschreibt Deserno den Vorgang der Symbolisierung als Vorgang der Bildung der inneren psychischen Realität. Diese entsteht in der Interaktion mit der faktischen Realität und setzt sich aus zu dieser relational gebildeten Repräsentanzen von Körperlichkeiten und sozialen Interaktionen zusammen. Die Symbole der psychischen Realität können demnach als Verkörperung der Differenzierung und damit der Fragmentierung einer ursprünglich einheitlichen Erfahrungswelt beschrieben werden. Diese Verkörperungen repräsentieren dabei entweder einzelne Fragmente oder fungieren als mehrere Fragmente überspannende Einheiten, die die individuelle Erfahrung des zwischenmenschlichen Interaktionsraums mit dem überpersönlichen, semantischen Bereich der gesellschaftlichen Kommunikation verbinden. Die Fragmente bilden eine für jeden Menschen spezifische Struktur der Unterteilung des sich ursprünglich in der frühkindlichen Entwicklungsphase als ungeteiltes Ganzes vollziehenden Stroms des Erlebens und konstituieren auf diese Weise seine individualspezifische, innerpsychische Realität. In diesem Sinne bilden Symbole kleinste und größere Einheiten in einer in unzählige Vielheit fragmentierten und damit individuell strukturierten innerpsychischen Relation zur äußeren Realität:

> »Hier kehrt im Sinne eines gemeinsamen Nenners die Funktion des Symbols wieder, Erfahrungen, die vormals ungetrennt waren, durch die voranschreitende Entwicklung, durch Differenzierung getrennt wurden, schöpferisch zu überbrücken, so dass das Symbol wieder eine neue Einheit darstellt (Deri 1984)« (Deserno 2006, S. 350).

Die verinnerlichte Erfahrung frühkindlicher zwischenmenschlicher Interaktion, abgebildet in einer Struktur von Repräsentanzen, wird in der Szene der therapeutischen Interaktion sichtbar. Nichtsprachliche affektive Resonanzphänomene der Szene aktivieren innere Beziehungsmuster. Die im Zuge früher Interaktion gemachte Erfahrung fungiert in der Gestalt einer etablierten »symbolischen Form« als Disposition für das spätere Erleben. Szenen sind in diesem Sinne die »Aktualisierung von Repräsentanzen« und ereignen sich stets vor dem Hintergrund der »Formbestimmtheit unserer Erfahrungen« (ebd.). Die aktuelle Szene kann daher in der Therapie als Brücke zur inneren Struktur des Patienten genutzt werden; als Ausdruck der Repräsentanzen früher Erfahrungen bietet sie die Möglichkeit, die etablierte Struktur im Zuge ihrer Bearbeitung zu transformieren.

2.7.1 Die vier symbolischen Modi

Deserno unterscheidet vier Ebenen der Repräsentanzenbildung:
1. Sensomotorisch-interakives, vorsymbolisches Symbolsystem
2. Expressiv-präsentatives Symbolsystem
3. Sprachlich-diskursives Symbolsystem
4. Diskursformationen

Die Unterteilung des affektiven Impulsstromes des Säuglings im Zuge der Markierung und Spiegelung einzelner Elemente durch die primäre Bezugsperson kann als Vorgang der Entstehung einer intersubjektiv vermittelten Subjektivität beschrieben werden. Im Prozess der unbewussten Identifizierung werden die ursprünglich von der Mutter stammenden affektiven Reaktionen durch assoziatives Lernen Teil des sich ausdifferenzierenden Repräsentanzensystems des Kindes und damit Teil seiner Selbstrepräsentanz. »Die Affektspiegelung kann als Ursprung der Symbolfunktion gesehen werden; sie läuft unter interaktiv-intersubjektiven Bedingungen ab« (Deserno 2006, S. 351).

»Stellt man sich die von Freud eingeführte psychische Realität nicht nur als Gegensatz zur materiellen Realität vor, sondern als symbolische Realität, dann wird ihre vermittelnde und transformierende Aktivität erkennbar. Symbolisierung ist beziehungsabhängig und dient von Anfang an der Affektregulierung bzw. der veränderbaren Verknüpfung von Kognitionen und Affekten. Sie ermöglicht den Übergang von einer unmittelbaren interaktiven Regulierung der primären Affekte zu ihrer repräsentationsvermittelten Regulierung und Modifizierung« (ebd., S. 356).

Die sensomotorisch-interaktive Ebene ist als unterste Ebene der Symbolisierung der physiologischen Organisation unterworfen. Die Vorgänge dieser Ebene vollziehen sich im direkten unmittelbaren Erleben, es sind protosensorisch-organismische Erfahrungen, die auf der somatosensorischen Ebene abstrahiert und mit nonreflexivem Verhalten beantwortet werden. Auf dieser Ebene geschieht das Erleben der Wirklichkeit direkt, der Affektstrom ist in sich ununterschieden, die Objekte sind nicht voneinander differenziert.

Der präsymbolische Bereich wird dem nichterfahrungsmäßigen Bereich des Unbewussten zugeordnet, das expressiv-präsentative Symbolsystem, das den Beginn der Symbolisierung darstellt, umspannt den Übergang vom nichterfahrungsmäßigen zum erfahrungsmäßigen Bereich (vgl. Mertens 2007, S. 146). Symbol und Symbolisiertes, Intellekt und Sinnlichkeit sind auf der expressiv-präsentativen Abstraktionsebene nicht getrennt, die Deutung vollzieht sich emotional, die Expression erfolgt gestisch, mimisch oder lautlich. Die expressiv-präsentative Ebene reicht über den metaphorischen Bereich der Primitivsprache, die keine syntaktischen oder semantischen Elemente enthält, in den Bereich expliziter Darstellung und damit in den erfahrungsmäßigen Bewusstseinsbereich hinein. Auf der Ebene bildhafter Sprache und szenischer Darstellung sind hier das Konkrete und das Metaphorische vermischt, es herrscht Zweideutigkeit sowie Verschiebung und Verdichtung vor.[67]

---

[67] Mertens subsumiert verschiedene Auffassungen von Verschiebung und Verdichtung und arbeitet heraus, dass diese Begriffe über ihre klassische psychodynamische Bedeutung als Abwehrtätigkeit hinaus kognitionspsychologisch als Begriffe der Informationsverarbeitung verstanden werden müssen. Verdichtung zeigt sich dabei als »ein höchst dynamischer, integrativer Vorgang, welcher der Anpassung aktueller Erlebnisse mit vergangenem Gedächtnismaterial dient« (2003, S. 56). Verdichtung wird als Ersetzung oder Substitution aufgefasst. »Bei der Ersetzung (Verschiebung) wird die Verarbeitung neuer Informationen verzögert, bei der Verdichtung hingegen beschleunigt. Verdichtung und Ersetzung (Verschiebung) sind somit antithetische Prozesse« (ebd., S. 57f.).

Gemeinsam mit der Bildsprache markieren das Traumerleben, die Gestaltassoziation und das musikalische Erleben den Übergang zum erfahrungsmäßigen Bereich, dieser umfasst weiterhin das sprachlich-diskursive Symbolsystem und die Ebene der Diskursformationen. Das sprachlich-diskursive System beinhaltet die sprachsymbolisch repräsentationalen Interaktionsformen, das Denken auf dieser Ebene vollzieht sich begrifflich, analytisch, proportional-linear unter dem vorherrschenden Prinzip der formalen Logik. Hier sind Mittel und Träger der Interpretation, Symbol und Gegenstand der Symbolisierung unterschieden. Die Ebene der Diskursformationen dagegen bezeichnet eine höhere Ebene der Organisation. Auf dieser Ebene wird festgelegt, auf welche Weise die unterschiedlichen Symbolsysteme angewendet werden.

2.7.2 Die Symbolisierung der innerpsychischen Realität

Die Symbolisierungsniveaus können als Schritte der Mentalisierung aufgefasst und als semiotische Progression bezeichnet werden. Die vier Symbolsysteme beschreiben die Transformation der faktisch gegebenen Wirklichkeit eines sich innerpsychisch vollziehenden affektiven Impulsgeschehens. Auf den vier Ebenen der Symbolsysteme wird diese Transformation gemäß den unterschiedlichen Niveaus ihrer Abstraktion unterschieden. Betrachtet man die Symbole der unterschiedlichen Ebenen als graduelle Transformationen einer faktisch gegebenen innerpsychischen Realität, offenbart sich die Tatsache, dass diese parallel zu jeder Ebene ihrer symbolischen Abstraktion in einer von ihrer mentalen Abbildung unabhängigen Form existiert. In dieser unabhängigen Form ist die innerpsychische Wirklichkeit des affektiven Impulsstromes in sich ununterschieden.

Die Betrachtung der Affektspiegelung und Markierung beim Säugling zeigt, auf welche Weise mittels der Spiegelung der kindlichen Affekte auf dem Gesicht der Mutter die Grundlagen für die ersten Differenzierungen im affektiven Erleben des Säuglings geschaffen werden. Das Kind besitzt die Disposition, Affekte, die es auf dem Gesicht der Mutter sieht, auf sich selbst zu beziehen. Mit der akzentuierten und damit leicht künstlich wirkenden Darstellung der Affekte ihres Kindes schafft die Mutter die Grundlage für ihr Kind, in dem mimischen Geschehen auf ihrem Gesicht die gespiegelten von den nicht gespiegelten Affekten zu unterscheiden. Die in spielerischer Übertreibung hervorgehobenen Affekte werden vom Kind als die eigenen erkannt und durch ihre Spiegelung im Strom des eigenen Erlebens markiert. Im Zuge der Markierung und Spiegelung einzelner Affekte lernt das Kind von seiner Mutter, einzelne Affektzustände in dem sich ursprünglich unmarkiert vollziehenden Strom seines affektiven Erlebens zu unterscheiden. Dies führt zu einer Hervorhebung bestimmter Elemente im affektiven Erleben des Kindes. Die akzentuierte Unterteilung des ursprünglich in sich undifferenzierten Stroms des frühkindlichen Erlebens bildet die Voraussetzung für die Verkörperung der Affekte in Form von mimischen, gestischen und später sprachlichen Symbolen.

Die im Zuge des frühkindlichen Lernvorgangs der Affektspiegelung hervorgehobenen Elemente des innerpsychischen Affektstroms des Kindes, werden im Zuge der referenziellen Verankerung mit seperat existierenden, implizit repräsentierten Gedächtnisinhalten verknüpft. Diese seperat konsolidierten Erfahrungsmomente werden aufgrund ihrer kontingenten Verknüpfung mit dem affektiven Expressionsverhalten des Säuglings wiederholt gemeinsam mit dem jeweiligen Affektausdruck mitaktiviert und gemäß dem Hepp'schen neuronalen Wachstumsprinzip – Cells that fire together wire together – im Gedächtnis etabliert. Das sich auf diese Weise ausgestaltende System relational zum sich primär ereignenden Affektgeschehen aktivierender Repräsentanzen kann als sekundäre Repräsentanzstruktur beschrieben werden:

»Daher wird der getrennt repräsentierte markierte Emotionsausdruck als eine sekundäre Repräsentanzstruktur fungieren, die jedesmal, wenn die Gruppe der mit dem vorliegenden Emotionszustand korrespondierenden Reizhinweise auf den inneren Zustand im Säugling aktiviert wird, über Verknüpfungsbahnen ebenfalls aktiviert wird. Folglich führt das Einsetzen eines Emotionszustandes zur automatischen Aktivierung dieser ›protosymbolischen‹ sekundären Emotionsrepräsentation im Gewahrsein des Babys und ermöglicht es ihm, den dispositionellen Emotionszustand sich selbst zuzuschreiben« (Fonagy et al. 2008, S. 188).

Die von ihrer mentalen Abbildung unabhängige Existenz einer faktisch gegebenen Realität des affektiven Impulsgeschehens, das in seiner ursprünglichen, undifferenzierten Form parallel zu den Ebenen seiner symbolischen Abstraktion besteht, zeigt sich in der therapeutischen Interaktion in Form von unmentalisierten Erfahrungen und niemals markierten Affektzuständen, die nicht in der sekundären Repräsentanzstruktur des Patienten verankert wurden:

»Im weitesten Sinn werden diese definiert als elementare Empfindungen, die noch nicht symbolisiert sind, noch keine verbalisierbaren oder bildhaft erlebbaren und ausdrückbaren Gefühle darstellen, keine erfahrbare Signalangst generieren, sondern stattdessen wie Fremdkörper in der Psyche erfahren werden oder als körperliche Zustände, die sich als Symptome, z. B. in Form von Schmerzen manifestieren« (Mertens 2007, S. 146f.).

Ebenso wie die faktisch gegebene innerpsychische Wirklichkeit parallel zu ihrer Symbolisierung existiert, sind die vier Ebenen ihrer Abstraktion nebeneinander aktiv. Ein sprachlicher Ausdruck der alltäglichen Kommunikation kann daher statt von seiner sprachsymbolischen Bedeutung von seiner präsentativen oder senso-motorischen Protosymbolik dominiert werden, so wie ein Traum anstatt von der bildlichen Darstellung von der sensomotorischen Ebene bestimmt sein kann.

> »Die alltägliche Verständigung ist von einem hochkomplexen Ineinandergreifen verschiedener symbolischer Modi abhängig. Die Lebendigkeit eines Dialogs beruht auf dem situativ-flexiblen Gebrauch der symbolischen Modi; sie liegt im Freiheitsgrad des symbolischen Ausdrucks« (Deserno 2006, S. 356).

2.7.3 Die Metapher als Brücke zum nichterfahrungsmäßigen Unbewussten

Die Metapher stellt in der vorrangig autobiografisch orientierten, klassischen Form der Psychoanalyse eines der wichtigsten Mittel der therapeutischen Intervention dar (vgl. Buchholz 1993, S. 172ff.), ihre besondere Bedeutung für die implizite Behandlungsmethodik erschließt sich bei der Betrachtung des organisatorischen Potenzials der Metapher: »Die Metapher ist wichtigstes Denkwerkzeug; sie organisiert unsere Erfahrung aus dem Hintergrund nachhaltig und oft ohne unser Bewusstsein« (Buchholz/Gödde 2005, S. 674).

Buchholz leitet die weitreichende Bedeutung der Metapher für den therapeutischen Kontext aus einer frühkindlichen Entwicklungsgeschichte des Mentalen ab, die sich, wie er mit den Worten von Dornes ausdrückt, »von der Empfindung über das Bild zum Wort« (Dornes 1997, S. 14f.) ereignet (vgl. Buchholz 2005a, S. 239). Die vor der Bildsprache erworbenen, sensomotorisch-affektiven Schemata münden in den Aufbau seelischer Innenwelten in Form von Bildsequenzen, die entwicklungsgeschichtlich die Basis für die spätere Entwicklung kognitiver Schemata darstellen: »Aus diesem Entwicklungsmodell geht also die Existenz einer Sprache vor dem Sprechen hervor, was den Vorrang des Bildes und der Metapher vor dem Begriff akzentuiert« (Buchholz 2005a, S. 240). Die Metapher kann hiervon ausgehend als Ausweg aus dem Dilemma zwischen dem in neurologischer Anatomie verwurzelten, impliziten Erleben des Patienten und seiner Fähigkeit des reflexiven Verstehens der eigenen Emotionalität betrachtet werden (vgl. Buchholz 2005b, S. 193).

Betrachtet man die Unterteilung des Unbewussten in einen erfahrungsmäßigen und in einen nichterfahrungsmäßigen Bereich, indem man die vier Symbolsysteme auf die Unterscheidung von expliziten und implizit repräsentierten Gedächtnisinhalten bezieht, so zeigt sich die besondere Bedeutung der Metapher für jene Form der Intervention, bei der der Therapeut unaussprechliche Erfahrungen des Patienten mit einer sich aus dem lebendigen Hier und Jetzt ergebenden Sprache verbindet. Um nonverbale Äußerungen und Affektindikatoren des Patienten in Form motorischer und mimischer Cues explizit benennen zu können, gilt es für den Therapeuten, diese zunächst im Resonanzraum seines eigenen Körpers zu erspüren. Bei der anschließenden Verbindung des Gefühlten mit Worten drückt der Therapeut seine präsymbolisch-sensomotorisch-differenzierten Affektwahrnehmungen und Empfindungen auf der expressiv-präsentativen oder auf der sprachlich-diskursiven Abstraktionsebene aus.

Unmentalisierte Erfahrungen und Affektzustände, die im undifferenzierten Impulsstrom der frühen Kindheit des Patienten niemals markiert wurden, sind auf der sensomotorisch-protosensorischen Erfahrungsebene zu verorten. Diese können, genauso wie Affekte und Erfahrungen, die in einer späteren vorsprachlichen Phase erlebt wurden und in sensomotorisch-differenzierten Repräsentanzen bzw. in einer expressiv-präsentativen Form von mimisch-gestischen und motorischen Symbolen verkörpert sind, nur dann in einer semantisch expliziten Form der Symbolisierung vom Patienten angenommen werden, wenn sie diesem in einer fühl- und erlebbaren Sprache dargeboten werden (vgl. Mertens 2007, S. 153).

Besonders in einer durch Metaphern in ihrer Sichtbarkeit und Fühlbarkeit unterstützen Sprache kann in der impliziten Behandlungspraxis das für den Patienten unaussprechliche Erleben mit der semantischen Ebene verbunden werden. Die Metapher ist als Element der Bildsprache Teil des expressiv-präsentativen Symbolsystems. Dieses stellt den Beginn der Symbolisierung dar und birgt, da es in den erfahrungsmäßigen Bereich hineinreicht, den Übergang vom nichterfahrungsmäßigen zum erfahrungsmäßigen Bereich in sich (vgl. Mertens 2007, S. 146). Über den metaphorischen Bereich der Primitivsprache, die keine syntaktischen oder semantischen Elemente enthält, sind der implizite, emotional intuitive Erfahrungsbereich und der Bereich expliziter Darstellung miteinander verbunden. Als therapeutisches Mittel der Verbindung des erfahrungsmäßigen und des nichterfahrungsmäßigen Bereichs kann die Metapher metaphorisch als »Brücke über den Rubikon« beschrieben werden.

Ihre bildlich-gestalthafte Qualität erlaubt es, Erfahrungen und Affekte, die aufgrund ihrer impliziten Repräsentation nur emotional und intuitiv erfasst werden können, sprachlich abzubilden und ihnen damit eine explizit erfassbare Gestalt zu verleihen. Frühe, für das spätere Erleben und Verhalten prägende Erfahrungen sowie als psychische Fremdkörper erlebte, sich ausschließlich körperlich manifestierende Zustände unmentalisierter Affekte sind aufgrund ihrer niemals ausgebildeten expliziten Repräsentanzen für die bewusste Betrachtung nicht zugänglich und bleiben daher vor jeder introspektiven Reflektion verborgen. Aufgrund ihrer für das reflektierende Bewusstsein unsichtbaren Struktur vollzieht sich ihr Einfluss im Verborgenen. Sobald ihre implizite sensomotorisch-emotional erlebbare Gestalt jedoch im Zuge ihrer metaphorischen Beschreibung explizit verkörpert wurde, sind ihre symbolischen Verkörperungen ein der Reflexion zugänglicher, introspektiv erfassbarer Bestandteil des erfahrungsmäßigen Bereichs des bewussten Erlebens. Da die Metapher als sinnlich-symbolische Form des Ausdrucks Intellekt und sensomotorische Sensibilität in einer psychosomatischen Erfahrung, in der das Symbol und das Symbolisierte nicht unterschieden sind, verbindet, kann sie als Brücke über den Rubikon zwischen der impliziten Repräsentation früher Erfahrungen, dem ausschließlich körperlichen Erleben von unmentalisierten affektiven Zuständen und dem vorwiegend auf der Abstraktionsebene sprachlich-diskursiver Verkörperung fungierenden, introspektiv-reflektierenden Bewusstsein dienen.[68]

Die weitreichende Bedeutung der metaphorischen Bildsprache für die implizite Behandlungspraxis zeigt sich weiterhin an der Unmöglichkeit einer direkten »Übersetzung« von Inhalten des impliziten Gedächtnisbereichs in explizite Wissensinhalte:

»Der Terminus der therapeutischen Umschrift oder der Symbolisierung des Impliziten sollte also mit Vorsicht gebraucht werden. Denn implizite Erinnerungen können niemals explizites Wissen werden. Aber der Analytiker kann die Manifestationsformen des impliziten Wissenssystems mit expliziten Repräsentationen zumindest verbinden« (Mertens 2007, S. 154).

Anders als auf der sprachlich-diskursiven Ebene ist in der bildhaften Sprache das Konkrete mit dem Metaphorischen vermischt, es herrscht Zweideutigkeit sowie Verschiebung und Verdichtung vor. Die symbolische Gleichsetzung der bildhaften Sprachebene begünstigt die Verbindung von impliziten Strukturen und den expliziten Symbolen ihrer Verkörperung. Ein aussagekräftiges, aus dem aktuellen intersubjektiven Empfinden des gegenwärtigen Moments inspiriertes,

---

68 Dass der Rubikon an dieser Stelle auch in der Richtung nonverbal-bildhafter Symbolik überschritten werden kann, zeigt sich am Potenzial von Bildern und Träumen, das Unsagbare ausdrücken zu können: »Präsentative Symbolik stellt dar, was nicht ›sagbar‹, außerhalb der verbalen Äußerung liegt; hier strukturiert sich unsere Erfahrung in emotionalen ›Bildern‹, wie wir sie im Traum, Mythos, in der Tonkunst finden. Dagegen ist Diskursivität, die Äußerung in logischen Abfolgen, das Merkmal sprachlicher Symbolik. Beide Formen der Symbolik greifen ergänzend ineinander« (Deserno 2006, S. 348).

sprachliches Bild kann daher zugleich dem empathischen Erleben des Therapeuten auf anschauliche Weise Ausdruck verleihen und vom Patienten in einem identifikativen Prozess mit dessen eigenen Empfindungen verbunden werden. Die interpretative Leinwand der Metapher wird im therapeutischen Dialog als intuitiv generierte Projektionsfläche angeboten, auf die der Patient, dank der auf der expressiv-präsentativen Abstraktionsebene vorherrschenden Ungetrenntheit von Symbol und Symbolisiertem, sein eigenes Erleben und Empfinden übertragen kann. Im Zuge dieser Übertragung können im Prozess symbolischer Gleichsetzung nichterfahrungsmäßige, implizit repräsentierte Gedächtnisstrukturen und sensomotorisch erlebte, unmentalisierte affektive Empfindungen mit erfahrungsmäßigen, explizit repräsentierten Strukturelementen verbunden werden.

Der klassischen Psychoanalyse war stets die Brücke zwischen dem Unbewussten und dem Bewusstsein zu eigen, sie machte psychodynamisch wirksame, verdrängte Gedächtnisinhalte im Zuge ihrer dialogischen Erforschung dem bewussten Erleben zugänglich. Hinsichtlich der Vielfalt ihrer Behandlungsmethoden stehen der Psychoanalyse jedoch viele Möglichkeiten der Überbrückung von unbewussten und bewussten Bereichen der Psyche zur Verfügung. Ihnen allen ist gemeinsam, dass Inhalte des Unbewussten nach ihrer Überführung ins Bewusstsein schwerlich wieder verdrängt werden können. Im Zuge der Entwicklung impliziter Behandlungsmethoden wurde die klassische Psychoanalyse um eine weitere Möglichkeit zur Überbrückung der Grenze zwischen unbewussten und bewussten Persönlichkeitselementen ergänzt. Diese wurde in den vorangegangenen Ausführungen als Verbindungsmöglichkeit von impliziten, nichterfahrungsmäßigen Strukturen mit expliziten, erfahrungsmäßigen Repräsentanzen dieser Strukturen beschrieben. Die Verkörperung impliziter Strukturelemente durch explizite Symbole stellt in ihrem gelungenen Falle eine im Bewusstsein dauerhaft verankerte Verbindung zwischen dem nichterfahrungsmäßigen und dem erfahrungsmäßigen Bereich der menschlichen Psyche dar.

2.8 Zusammenfassung

Vor dem Hintergrund der Differenzierung des erfahrungsmäßigen und nichterfahrungsmäßigen Unbewussten zeigt sich im Hinblick auf die dieser Arbeit zugrundeliegende Forschungsfrage ein grundlegendes Unterscheidungsmerkmal zwischen der zenbuddhistischen Meditation und der psychoanalytischen Behandlungspraxis: Hinsichtlich des Blickpunktes der beiden Methoden zugrundeliegenden Problemstellung heben Zen-Buddhismus und Psychoanalyse auf unterschiedliche Ebenen des menschlichen Bewusstseins ab.

2. Implizite Behandlungsmethoden in der Psychoanalyse

Die Beziehungsregulation in der therapeutischen Dyade zielt darauf ab, implizit verankerte, dysfunktionale Wahrnehmungs- und Verhaltensmuster entweder durch das unmittelbare Erleben einer korrektiven Beziehungserfahrung direkt zu modifizieren oder sie über die Erfahrung von Gegenwartsmomenten zunächst intersubjektiv erlebbar und sodann durch ihre therapeutische Deutung gemeinsam reflektierbar zu machen. In diesem Fall werden die impliziten Verhaltens- und Reaktionsmuster des Patienten mit verbalen Repräsentanzen verbunden und auf diese Weise der bewussten Wahrnehmung und der Reflexion des Patienten zugänglich gemacht.

Ebenso ist die auf das nichterfahrungsmäßige Unbewusste ausgerichtete implizite Behandlungspraxis der Psychoanalyse auf Affekte des Patienten ausgerichtet, die aufgrund früher Entwicklungsproblematiken nicht symbolisiert wurden. Unmentalisierte Affekte bilden, ebenso wie vorsprachlich erlebte, traumatische Erfahrungen, Fremdkörper in der Psyche des Menschen. Ihre Existenz in einer faktisch gegebenen affektiven Realität steht ihrer fehlenden Abbildung auf den Ebenen der symbolischen Abstraktion dieser Realität gegenüber. Essenzielle unmentalisierte Bestandteile des innerpsychischen Affektgeschehens agieren als vitale Impulse, die sich in körperlichen Zuständen äußern und in psychischen und psychosomatischen Symptomen manifestieren (vgl. Mertens 2007, S. 146f.). Die aus unmentalisierten Affektzuständen resultierende Symptomatik der Patienten deutet auf die faktische Gegebenheit eines innerpsychischen Stromes affektiver Impulse hin, der sich unabhängig von jeder Form seiner Differenzierung und den aus ihr hervorgehenden Ebenen der semiotischen Progression vollzieht. Die Existenz der im Zuge von Affektspiegelung und Markierung nicht markierten und somit auf keiner Ebene der symbolischen Abstraktion verkörperten Affekte zeigt ihre im Hier und Jetzt gegebene Präsenz in Form der Symptomatik des Patienten, obwohl sie in dessen begrifflich-reflexiven Bewusstsein nicht existieren.

Der Zen-Buddhismus zielt in seiner Lehre und Praxis im Gegensatz zur Psychoanalyse nicht auf Defizite in der innerpsychischen Struktur der Symbolsysteme ab, er richtet sich auf den im menschlichen Bewusstsein grundsätzlich gegebenen Irrtum, symbolische Abbildungen der faktisch gegebenen Realität mit der Wirklichkeit selbst zu verwechseln. Das vom begrifflichen Denken dominierte Bewusstsein des Menschen unterteilt den faktisch gegebenen Strom der sensorischen Impulse des wahrnehmenden Bewusstseins, ausgehend von den im Zuge vorsprachlicher und sprachlicher Entwicklung erworbenen Differenzierungsmustern, in spezifische Elemente. Diese Elemente erfahren ihre symbolische Verkörperung auf den Ebenen der semiotischen Progression. Das Bewusstsein identifiziert und verwechselt die symbolischen Abbilder mit dem faktisch gegebenen Strom der Wahrnehmung und ist aus diesem Grund nicht in der Lage, diesen in seiner ursprünglichen und in sich undifferenzierten Form zu erleben. Diese direkte und in sich undifferenzierte Ebene der Wahrnehmung kann daher als unbewusst beschrieben werden. In diesem Sinne kann der Zen-Buddhismus den Auslegungen von Suzuki entsprechend als Methode zur Erschließung des Unbewussten bezeichnet werden.

Im Gegensatz zur zenbuddhistischen Meditationspraxis verbindet die psychoanalytische Behandlungspraxis unmentalisierte Elemente des affektiven Impulsgeschehens sowie implizit verankerte, beziehungsmäßige Wahrnehmungs- und Reaktionsmuster mit Elementen expliziter Symbolik. Die Psychoanalyse unterstützt damit sprachbasierte Unterscheidungen psychischer Vorgänge und fördert die Fähigkeit des Patienten zur Differenzierung des innerpsychischen Impulsgeschehens.

Die Differenzierungen psychischer Prozesse werden im Zuge ihrer symbolischen Abbildung semantisch verkörpert und in eine Struktur expliziter Repräsentanzen übertragen. Der Patient identifiziert die ihm vom Therapeuten angebotene semantische Symbolik mit spezifischen Momenten seiner unmittelbaren sensomotorischen Selbstwahrnehmung. Im gelungenen Fall werden die Repräsentanzen der sensomotorischen Eindrücke mit diesen anhaltend in Verbindung gebracht und in der innerpsychischen Symbolstruktur etabliert. Die analytische Intervention wirkt in diesem Sinne in *strukturbildender* Art und Weise auf die Psyche des Patienten ein. Im Handbuch psychoanalytischer Grundbegriffe von Mertens und Waldvogel (2008) wird die von der Psychoanalyse intendierte Wirkung der Behandlung auf die Psyche des Patienten definiert:

> »Das Ziel der Psychoanalyse im engeren Sinne ist eine strukturelle Veränderung der Persönlichkeit, die durch die psychoanalytische Behandlung erreicht werden soll. Unter struktureller Veränderung wird dabei eine Umorganisation der Persönlichkeit verstanden, die tiefgreifend und dauerhaft ist und den Betroffenen in die Lage versetzt mit den Chancen, Aufgaben und Belastungen, die in seinem Leben auftreten, auf eine im Rahmen seiner Fähigkeiten und äußeren Begrenzungen bestmögliche Weise umzugehen« (Grande 2008, S. 860).

Anders als in der dialogischen Erforschung unbewusster Prozesse, richtet sich die implizite Behandlungspraxis der Psychoanalyse jedoch nicht auf innerhalb der psychischen Struktur existierende, psychodynamisch verdrängte Elemente des affektiven Erlebens, sondern auf nicht symbolisierte, essenzielle Bestandteile des Affektgeschehens sowie auf implizit repräsentierte beziehungsmäßige Verhaltens- und Reaktionsmuster des Patienten, die nicht in der Struktur symbolischer Repräsentanzen enthalten sind. Die fehlenden Strukturelemente werden ausgehend von der präsymbolischen Ebene ihres sensomotorischen Erlebens über die Ebene der expressiv-repräsentativen Symbolik der metaphorischen Bildsprache mit dem sprachlich-diskursiven Symbolsystem und damit mit der explizit-reflexiv fungierenden Ebene des Bewusstseins verbunden. Die therapeutische Intervention zielt demnach darauf ab, nicht reflektierbare Impulse des innerpsychischen Affektstromes mit höheren Ebenen ihrer Abstraktion zu verbinden. Affektive Elemente, die der protosymbolischen Ebene semiotischer Progression zugeordnet sind, werden, um sie dem reflexiven Bewusstsein zugänglich zu machen, über die zweite Ebene der Abstraktion aufsteigend mit der dritten Ebene der symbolischen Abstraktion verbunden.

Der Zen-Buddhismus dagegen versucht, den Strom des innerpsychischen Impulsgeschehens dem Einfluss des reflexiven Bewusstseins zu entziehen, um ihn in seiner ursprünglich gegebenen Gestalt zu erleben. Diese ereignet sich jenseits der Einflüsse des begrifflichen Denkens und außerhalb jeder Form der symbolischen Abstraktion. Zen arbeitet daher, anders als die Psychoanalyse, die protosymbolisch-sensomotorisch-interaktives Erleben über das expressivpräsentative Symbolsystem mit dem sprachlich-diskursiven Abstraktionsniveau verbindet, nicht semiotisch progressiv, sondern strebt im Sinne der semiotischen Progression eine den Abstraktionsebenen entgegenläufige Entwicklung des Bewusstseins an.

Diese Entwicklung des Bewusstseins erstreckt sich über die Symbolsysteme hinweg abwärts bis zum niedrigsten Niveau der Abstraktion und dieses transzendierend bis zu einem Punkt der direkten, von jeder kategorialen Differenzierung unberührten Wahrnehmung des Hier und Jetzt. Im Zuge dieser Bewusstseinsentwicklung wird die begrifflich perzeptuell strukturierte Selbstwahrnehmung des Übenden in die direkte Erfahrung des sensorischen und sensomotorischen Wahrnehmungsbereichs überführt. Dieser der semiotischen Progression entgegengesetzte Weg der Transformation von kategorial bestimmter, indirekter Wahrnehmung zum unmittelbaren Erleben des gegenwärtigen Moments führt von der Ebene sprachlich-diskursiver Abstraktion zur protosymbolischen Bewusstseinsebene des Erlebens. Auch im Sinne einer der semiotischen Progression entgegenläufigen, auf eine unmittelbare Ebene der Wahrnehmung abzielende Entwicklung des Bewusstseins überbrückt die repräsentativ-präsentative Abstraktionsebene die präsymbolische und die sprachlich-diskursive Abstraktionsebene. Diese stellt daher auch in der zen-buddhistischen Praxis ein Bindeglied zwischen dem begrifflich-reflexiv bestimmten Bewusstsein und der unmittelbaren Wahrnehmung der Gegenwart dar. Aus diesem Grund erfolgt im Zen-Buddhismus die Unterweisung des Schülers durch den Lehrer unter der vielfältigen Bezugnahme

2.8 Zusammenfassung

auf Elemente des repräsentativ-präsentativen Abstraktionsniveaus. Metapher, Geste und sensomotorisch-interaktive Erfahrung (wie das befremdlich anmutende Anbrüllen oder Schlagen des Schülers) werden daher in vielen Lehrbeispielen der zen-buddhistischen Literatur als ein pädagogisches Instrument des Lehrers beschrieben, das fortgeschrittenen Schülern im entscheidenden Moment ihres Übungsweges zum finalen Durchbruch verhelfen konnte. Ein drastisches Beispiel einer sensomotorischen Erfahrung, die in Kombination mit einer gestischen Belehrung von Chü-chih als Lehrmittel eingesetzt wurde, ist im 3. Beispiel des Mumonkan überliefert. Chü-chih lehrte in der Tradition von T'ein-lung das sogenannte »Ein-Finger-Zen«:

> »Anstatt aller Belehrung hob er nur schweigend einen Finger und führte so zur Erleuchtung. Nun geschah es das ein Jünger ihn nachahmte. Von Auswärtigen befragt, hob er wie sein Meister den Finger. Als Chü-chih davon erfuhr, schnitt er ihm mit einer Klinge den Finger ab. Laut aufschreiend vor Schmerz lief der Jünger davon. Chü-chih rief ihm nach. Der Knabe schaute um und sah den Meister, der wieder den Finger hob. Da erwachte er zur Erleuchtung und begriff, daß bloßes Nachahmen nicht genügt. Die Erfahrung muss im Inneren aufbrechen« (zit. n. Dumoulin 1985, S. 163).

Chü-chih verweist durch das schweigende Heben des Fingers anstelle der verbalen Belehrung auf den nichtsprachlichen Bereich des Unbewussten hin, dieser kann nur durch die direkte Wahrnehmung der unmittelbaren Wirklichkeit des gegenwärtigen Moments dem Bewusstsein zugänglich gemacht werden. Dieser Bereich der Wahrnehmung ist durch die Abwesenheit des Symbols gekennzeichnet. Durch die Nachahmung des Meisters durch den Schüler wird der Hinweis auf das Nicht-Symbolisierbare wieder zum Symbol stilisiert, der Schüler hebt den Finger, ohne im Besitz der Erfahrung zu sein, auf die die Finger des Meisters ursprünglich verwiesen hatte. Der Meister entreißt dem Schüler dieses Symbol durch das Abschneiden des Fingers und setzt an seine Stelle die unmittelbare sensomotorische Erfahrung der Abwesenheit desselben, den Schmerz. Als der Schüler schreiend davonläuft, ruft Chü-chih ihn und hebt den Finger, verweist erneut auf die nichtsprachliche Natur der Wirklichkeit, die jenseits ihrer symbolischen Abbildung existiert.

In der die Ebenen semiotischer Progression einbeziehenden Betrachtung des Zen-Buddhismus zeigt sich der Grund für die Notwendigkeit einer Weitergabe der Lehrinhalte von »Herz zu Herz«. Die starke Betonung der Bedeutung der unmittelbaren Übermittlung der Lehre in der direkten Interaktion von Lehrer und Schüler gegenüber einer Überlieferung der Lehre durch die Schriften hat in der Geschichte des Zen-Buddhismus mehrmalig zu drastischen Momenten der Vernichtung von Lehrbüchern und zu einer den Zen-Buddhismus kennzeichnenden Abkehr vom Schriftgelehrtentum geführt. Aus der Tatsache, dass das angestrebte Ziel der zen-buddhistischen Praxis die in sich undifferenzierte, unsymbolisierte, direkte Ebene des Erlebens ist, erklärt sich hinsichtlich der Betrachtung der symbolischen Modi, warum diese Form von Bewusstsein nicht symbolisch verkörpert und daher auch nicht schriftlich fixiert werden kann.

Da die Einheit der Wirklichkeit nicht mit Worten beschrieben werden kann, sondern nur dem unmittelbaren sensorischen und sensomotorischen Erleben zugänglich ist, kann die Übermittlung der Lehre des Zen-Buddhismus nur in der unmittelbaren Begegnung von Lehrer und Schüler und damit in letzter Konsequenz nur außerhalb jeder Form der symbolischen Fixierung der Lehrinhalte auf einer protosymbolischen Ebene des Bewusstseins stattfinden. Verbale Umschreibungen der unaussprechbaren Erfahrung der Einheit der Wirklichkeit sind in der Literatur des Zen-Buddhismus oftmals in einer kreativen und blumigen Form metaphorischer Bildsprache überliefert. Die besondere Bedeutung der Metapher für die schriftliche Überlieferung der zen-buddhistischen Lehre erschließt sich dabei im Hinblick auf die Ebenen der semiotischen Progression. Das repräsentativ-präsentative Symbolsystem der metaphorischen Bildsprache wird in der zen-buddhistischen Lehre ebenso wie in der impliziten Behandlungspraxis der Psychoanalyse als Brücke zwischen der protosymbolischen und der sprachlich-diskursiven Ebene des Bewusstseins genutzt. Auf der repräsentativ-präsentativen Ebene herrscht »symbolische Gleichsetzung – Symbol und Symbolisiertes sind nicht getrennt« (Deserno 2006, S. 353). Das repräsentativ-präsentative Symbolsystem stellt bezüglich der unterschiedlichen Abstraktionsniveaus der Wirklichkeit den Beginn jener bewusstseinsbeherrschenden Verwechslung von Symbol und symbolisierter Wirklichkeit dar, auf deren Auflösung die zen-buddhistische Meditationspraxis gerichtet ist. Da auf der repräsentativ-präsentativen Ebene symbolischer Verkörperung Symbol und Symbolisiertes nicht getrennt sind, kann die Bildsprache den protosymbolischen Bereich des direkten Erlebens der sprachlich-diskursiven Ebene des reflexiven Bewusstseins in Form von sich der unaussprechbaren Erfahrung unmittelbarer Wahrnehmung ideenhaft annähernden, bildhaften Imaginationen näherbringen.

Die vorangegangenen Betrachtungen zusammenfassend kann an dieser Stelle der Untersuchung ausgesagt werden, dass an der Gegenüberstellung der zen-buddhistischen Lehre und der impliziten Behandlungspraxis der Psychoanalyse ein für beide Systeme geltendes Unterscheidungsmerkmal aufgezeigt werden kann. Dieses zeigt sich augenscheinlich an der besonderen Bedeutung, die der metaphorischen Bildsprache sowohl in der zen-buddhistischen Lehre, wie auch in der Psychoanalyse zugeschrieben wird. Die Metapher, betrachtet vor dem Hintergrund der semiotischen Progression, zeigt sich in beiden Systemen als eine Brücke, die den Bereich des in sich undifferenzierten, symbolisch nicht verkörperten Erlebens mit der Ebene des begrifflich-diskursiv geprägten, reflexiven Bewusstseins verbindet. Es konnte aufgezeigt werden, dass diese Brücke in beiden Systemen in *entgegengesetzter Richtung* überschritten wird.

Zen wirkt mit den Mitteln der metaphorischen Bildsprache, dem formallogisch unlösbaren Paradoxon und der Achtsamkeitsübung des Shikantaza auf das reflexive Bewusstsein ein, um den Bereich des nichtsprachlichen Unbewussten zu erschließen. Um die Wahrnehmung des Übenden von jeder kategorialen und konzeptionellen Voreingenommenheit befreien zu können, ist die Praxis des Zen-Buddhismus darauf ausgerichtet, die innerpsychische Struktur der auf Unterscheidungen basierenden Repräsentanzen zu transzendieren. Zen kann in diesem Sinne als *strukturtranszendierend* bezeichnet werden. Die implizite Behandlungspraxis der Psychoanalyse dagegen verbindet undifferenzierte und nichtsymbolisierte affektive Impulse und implizit verankerte Reaktions- und Wahrnehmungsmuster der Psyche mit repräsentativ-präsentativen und sprachlich-diskursiven Symbolelementen. Sie fördert dadurch die Fähigkeit des Patienten zur sprachbasierten Differenzierung psychischer Prozesse. Die diese Differenzierungen verkörpernden Repräsentanzen können, im gelungenen Fall der hier beschriebenen Interventionsmethode, vom Patienten in dessen innerpsychische Struktur integriert werden. Die psychoanalytische Therapie wirkt in diesem Sinne in einer *strukturbildenden* Art und Weise auf die Psyche des Patienten ein. Als Moment der Abgrenzung beider Systeme kann der Zen-Buddhismus demnach als *strukturtranszendierende* Meditationspraxis der auf *spezifische Defizite in der Symbolisierungsfähigkeit des Patienten einwirkenden, strukturbildenden* Interventionsmethode der Psychoanalyse gegenübergestellt werden.

3. Strukturspezifische Wirkungen der psychodynamischen Intervention

Nachdem im vorangegangenen Kapitel die Differenzierung und die von ihr ausgehende Symbolisierung des innerpsychischen Stroms des affektiven Erlebens besprochen und der zen-buddhistischen Lehre gegenübergestellt wurde, konnte die Psychoanalyse, den Ausführungen über ihre implizite Behandlungstechnik folgend, als strukturbildende Interventionsmethode der strukturtranszendierenden Praxis des Zen-Buddhismus gegenübergestellt werden. Im folgenden Kapitel soll nun zum einen diese These weiterführend diskutiert und zum anderen der Aspekt der Ich-Losigkeit in der zen-buddhistischen Lehre von der Psychoanalyse abgegrenzt werden.

Um diese Fragestellungen zu untersuchen, wird zunächst der psychoanalytische Strukturbegriff unter Bezugnahme auf die psychoanalytische Objektbeziehungstheorie erörtert. Aufgrund des vielfältigen Theorienpluralismus in der Psychoanalyse ist es nicht möglich, die Psychoanalyse als einheitliches Interventionsmodell zu beschreiben. Eine detaillierte konzeptuelle Gegenüberstellung aller Schulen der psychoanalytischen Therapie mit der Methode der Zen-Meditation ist aufgrund des begrenzten Rahmens dieser Arbeit nicht möglich. Die Wirkungsweise der analytischen Intervention auf die Psyche wird daher an dieser Stelle anhand eines Behandlungsmodells und anhand des ihm zugrundeliegenden Strukturbegriffs dargestellt.

Da in diesem Kapitel neben der weiterführenden Diskussion der aus den Ausführungen des vorangegangenen Kapitels abgeleiteten These die Diskussion des zen-buddhistischen Begriffs der Ich-Losigkeit im Fokus der Betrachtung steht, sind die Konzepte der psychoanalytischen Objektbeziehungstheorie, deren perspektivischer Ausgangspunkt das Verständnis des Selbst in der Beziehung zu den Objekten[69] seiner Umwelt ist, am besten geeignet, um der zen-buddhistischen Lehre gegenübergestellt zu werden.

---

69 »Der Begriff Objekt geht auf das griechische *Antikeimenon*, d.h. das Gegenüberliegende,

Da entsprechend der vorangegangenen Erörterung der Beziehung zwischen Affekt und innerpsychischer Strukturbildung in diesem Kapitel das Erleben des Selbst und der Umwelt im Blickpunkt der Betrachtung steht, wird die objektbeziehungstheoretische Konzeption von Otto F. Kernberg an dieser Stelle untersucht werden. Das Zusammenwirken von Affekt, Selbst und Objekt im Prozess der Strukturbildung ist der Ausgangspunkt des die objektbeziehungstheoretischen Ansätze von Klein und Mahler integrierenden Modells von Kernberg, das, mit dem Modell von Sandler und Sandler, als der klarste und systematischste Ansatz innerhalb der objektbeziehungstheoretisch geprägten Psychoanalyse bezeichnet werden kann (vgl. Mertens 2007, S. 123).

Der Zen-Buddhismus wurde im ersten Kapitel dieser Arbeit als eine von religiöser Erfahrung geprägte Form der Weltanschauung beschrieben. Um die erkenntnistheoretische Position der zen-buddhistischen Weltanschauung im Rahmen der konzeptuellen Gegenüberstellung von Zen und Psychoanalyse zu diskutieren, wird an dieser Stelle auf die erkenntnistheoretische Position des systemtheoretischen Konstruktivismus Bezug genommen. Dieser basiert auf der konstruktivistischen Auffassung der systemtheoretischen Konzeption nach Parsons[70] und kann somit als der erkenntnistheoretische Ausgangspunkt der Objektbeziehungstheorie nach Kernberg bezeichnet werden. So schreibt Kernberg über die Entwicklungsphase seines objektbeziehungstheoretischen Strukturbegriffs:

»Dies führt mich jedoch zurück ins Jahr 1959, als ich während meines einjährigen Aufenthalts in Baltimore am Psychiatrischen Institut der Universität of Maryland eine Vorlesung von Talcott Parsons besuchte, der u. a. Folgendes feststellte: ›Was wir im Rahmen von Identifizierungen verinnerlichen, ist nicht die Identifikation mit einem Objekt, sondern mit einer Beziehung zwischen Objekt und Selbst.‹ Dieser Satz war für mich der Schlüssel zum Verständnis des Aufbaus der inneren Welt der Objektbeziehungen und ihrer allmählichen Kristallisierung in drei intrapsychischen Strukturen« (Kernberg 2006b, S. 260).

---

das sich in den Weg Stellende zurück auf den Gegenstand des Wahrnehmens und Denkens, das dem Subjekt, dem Zugrundeliegenden, griechisch *Hypokeimenon* das Gegenüberstehende [ist], wie es im Verhältnis des Erkennenden zu seinen Zuständen und Akten des Denkens, Fühlens, Wünschens und Wollens gegeben ist« (Haesler 1994, S. 41).

70 In diesem Zusammenhang wird auf die Bedeutung der Parson'schen Systemtheorie für die Konzeption des objektbeziehungstheoretischen Strukturbegriffs nach Kernberg und für die objektbeziehungstheoretische Position des systemtheoretischen Konstruktivismus Bezug genommen. Die Bedeutung der Theorie von Parsons in den Sozialwissenschaften wird an dieser Stelle nicht diskutiert werden.

Die Beschreibung der systemtheoretischen Konzeption der psychischen Strukturbildung wird nun der Erläuterung der Objektbeziehungstheorie vorangestellt. Mit dem erkenntnistheoretischen Modell des systemtheoretischen Konstruktivismus werden sodann thematisch relevante Aspekte der metapsychologischen Konzeption von Ignacio Matte-Blanco in Beziehung gesetzt. Die Charakterisierung des dynamischen Unbewussten durch die Theorie von Matte-Blanco stellt ebenfalls eine wichtige Grundlage der objektbeziehungstheoretischen Konzeption von Kernberg dar (vgl. ebd., S. 251–256). Sie wird aufgrund ihrer grundlegenden Bedeutung für den Ansatz von Kernberg und wegen ihrer für die vorliegende Forschungsfrage gegebenen Relevanz vor der Erläuterung der Objektbeziehungstheorie von Kernberg besprochen werden. Kernberg zur Folge vollzieht sich die Kristallisierung jeder Form von Objektbeziehung in der Verbindung von drei psychischen Strukturelementen: Selbstrepräsentanzen und Objektrepräsentanzen, verbunden durch einen Affekt, bilden die grundlegenden Einheiten der psychischen Struktur (vgl. ebd., S. 260). Die erkenntnistheoretische Beziehung von Selbstrepräsentanzen und Objektrepräsentanzen wird sich dabei aus der Erläuterung des systemtheoretischen Konstruktivismus erschließen. Ihre sich unter der Einwirkung des Affekts vollziehende Fusion zu dyadischen Einheiten wird darauf aufbauend anhand der objektbeziehungstheoretischen Konzeption der innerpsychischen Strukturbildung nach dem Modell von Kernberg beschrieben werden. Neben seiner grundlegenden Bedeutung für die Objektbeziehungstheorie von Kernberg kann dem systemtheoretischen Konstruktivismus ein die gesamte moderne Psychoanalyse prägender Einfluss zugesprochen werden (vgl. Mertens 2007, S. 142). Neben seiner Bedeutung für die Objektbeziehungstheorie nach Kernberg bildet der systemtheoretische Konstruktivismus auch ein theoretisches Fundament der Theorie der semiotischen Progression nach Deserno und wird daher mit den vorangegangenen Erläuterungen in Beziehung gesetzt. Das Modell der symbolischen Modi beschreibt die graduellen Unterschiede zwischen Wirklichkeit konstruierender Sprache und der direkten Erfahrung dieser Wirklichkeit. Die Bedeutung der Symbolisierung für das Fühlen, Denken und Wahrnehmen des Menschen erschließt sich aus der Betrachtung der konstruktivistischen Gesichtspunkte dieser Vorgänge:

>»Was immer wir wahrnehmen, und wie immer wir handeln, es ist immer schon symbolvermittelt bzw. durch Desymbolisierung, d. h. den Rückgriff auf ›frühere‹ Modi der Symbolisierung bzw. auf präsymbolische Repräsentation beeinflusst [...] Am Konstruktivismus orientiert, gehe ich davon aus, dass sich mit der Entwicklung der Symbolisierung und ihren Funktionen auch die ›Vermögen‹ der akademischen Psychologie, Denken, Erinnern, Fühlen, Phantasie etc. entfalten« (Deserno 2006, S. 352).

Neben der soeben dargelegten grundlegenden Bedeutung für die Psychoanalyse lässt sich die erkenntnistheoretische Perspektive des systemtheoretischen Konstruktivismus mit der zen-buddhistischen Lehre von der Ich-Losigkeit, die die Leerheit der personalen Identität formuliert, in Beziehung setzen. Die erkenntnistheoretische Perspektive des systemtheoretischen Konstruktivismus bildet daher den geeigneten Sprachraum für die konzeptuelle Darstellung der psychoanalytischen Behandlungspraxis, wie auch für deren Gegenüberstellung mit der zen-buddhistischen Meditationspraxis:

> »Wir hatten gesehen, wie die Lehre von den *skandhas*[71] darauf ausgerichtet ist, eine ›permanente Seelensubstanz‹ zu umgehen und statt dessen den Menschen als dynamische Selbstorganisation von energetischen Prozessen zu begreifen« (Brück 1998, S. 130).

Das systemtheoretische Modell der Strukturbildung wird nun unter dem Gesichtspunkt seiner Beschreibung des sich von seiner Umwelt als eigenständige Existenz unterscheidenden personalen Ichs erläutert werden. Die Unterscheidung von Selbst und Umwelt ist, wie darauf aufbauend gezeigt werden wird, in der buddhistischen Lehre der Ich-Losigkeit ein ebenso grundlegendes Moment, wie in der objektbeziehungstheoretischen Konzeption der psychischen Strukturbildung. Sie stellt gemäß dem Verständnis des Zen-Buddhismus jene fundamentale Barriere dar, die, damit eine von den Kategorien des begrifflichen Denkens unbeeinflusste Form der Wahrnehmung realisiert werden kann, überwunden werden muss. Wie die folgenden Ausführungen zeigen werden, muss die Grenze von personalem Ich und Umwelt aus der erkenntnistheoretischen Perspektive des systemtheoretischen Konstruktivismus jedoch als Fundament der psychischen Strukturbildung und damit als Grundlage jeder Form der Objektbeziehung betrachtet werden.

3.1 Erkenntnistheoretische Grundlagen des Strukturbegriffs nach Kernberg

An dieser Stelle wird nun, ausgehend von der erkenntnistheoretischen Perspektive des systemtheoretischen Konstruktivismus die Ausdifferenzierung psychischer Strukturen beschrieben werden. Dabei soll im Besonderen der

---

[71] Die fünf Anhaftungsgruppen: Körperlichkeit, Gefühl, Wahrnehmung, Geistesformation, Bewusstsein.

im vorangegangenen Kapitel untersuchte Vorgang der Differenzierung und Symbolisierung innerpsychischer Affektivität mit dem Begriff des die gesamte Wahrnehmungswirklichkeit umspannenden Bewusstseins in Beziehung gesetzt werden. Die auf die Wahrnehmung innerpsychischer Vorgänge fokussierende Untersuchung des vorangegangenen Kapitels wird zu diesem Zweck um die Erörterung des Wahrnehmens und Erkennens von Objekten der Umwelt ergänzt werden. Ebenso wie die symbolische Verkörperung einzelner Affekte in den unterschiedlichen Abstraktionsebenen auf der Voraussetzung der Unterteilung eines faktisch gegebenen Stroms von affektivem Erleben basiert, liegt der Symbolisierung von Objekten die Unterteilung einer faktisch gegebenen Wirklichkeit zugrunde: Die innerhalb des Wahrnehmungsfeldes vorgenommene Differenzierung zwischen dem wahrnehmenden Subjekt und seiner Umwelt und die Unterteilung dieser Umwelt in einzelne Objekte bilden die grundlegende Voraussetzung für jede Form der Symbolisierung der Objekte. Die Symbolisierung von Objekten basiert in diesem Sinne, ebenso wie die Symbolisierung des affektiven Erlebens, auf der geistigen Unterteilung einer faktisch gegebenen, unabhängig von ihrer symbolischen Verkörperung bestehenden Wirklichkeit.

Entsprechend der im vorangegangenen Kapitel beschriebenen Interpretation von innerpsychischen Wahrnehmungsvorgängen wird sich der zen-buddhistische Terminus der Anhaftung vor dem Hintergrund der systemtheoretischen Perspektive als Vorgang darstellen, in dem das Bewusstsein nicht nur die innerpsychische, sondern ebenso die Wahrnehmung der äußeren Wirklichkeit in voneinander unterschiedene Wahrnehmungsobjekte unterteilt und ihre begrifflichen Abbildungen mit den voneinander differenzierten, sensorischen Sinneseindrücken identifiziert. Gemäß der zen-buddhistischen Lehre kann das Bewusstsein die sich in der kausalen Wirkungskette des abhängigen Entstehens offenbarende Leerheit (Sunyata) der Objekte deshalb nicht erkennen, weil das begriffliche Denken an den Unterscheidungen anhaftet, indem es sie mit begrifflichen Konstrukten identifiziert. Die sich jenseits der artifiziellen Unterscheidungen des begrifflichen Denkens befindende Wirklichkeit liegt hinter jeder Form einer innerpsychischen, symbolischen Struktur verborgen. Die ursprüngliche Natur der Wirklichkeit kann ausschließlich im lebendigen Moment der Gegenwart erfahren werden und entzieht sich damit jeder Form ihrer kategorialen Einordnung:

>»Der bereits erwähnte südindische Philosoph Nagarjuna führt jede substantialistische Position mit logischen Argumenten *ad absurdum* und demonstriert damit die Unmöglichkeit einer eigenen positiven Anschauung *(drsti):* Die Wirklichkeit

kann nicht in Sprache erfaßt werden, weil Sprache in ihre eigenen Kategorien projiziert und damit stets Wirklichkeit konstruiert *(prapanca)*. Absolute Wahrheit ist nur jenseits sprachlicher Kategorien in einem meditativen Zustand direkt *(dhyana)* erfahrbar« (Brück 1998, S. 194).

Die Projektion der Sprache in ihre eigenen Kategorien wird nun als die artifizielle Unterteilung einer faktisch gegebenen Einheit der Wirklichkeit beschrieben werden. Hierfür wird, ausgehend von der Parsons'schen Beschreibung psychischer Systeme, die systemtheoretische Konzeption der Wahrnehmung von Selbst und Umwelt erläutert.

3.1.1 Das Wahrnehmungsmodell des radikalen Konstruktivismus

Die Erkenntnistheorie des systemtheoretischen Konstruktivismus basiert neben der Grundlage der Parsons'schen Systemdefinition auf dem Wahrnehmungsmodell des radikalen Konstruktivismus. Dieses Wahrnehmungsmodell wird, da es die philosophische Grundlage der systemtheoretischen Erkenntnistheorie ist, vor der Erläuterung der Definition des Systems nach Parsons beschrieben. Das Wahrnehmungsmodell des radikalen Konstruktivismus begründet seine Argumentation auf drei grundlegenden Positionen: Der entwicklungs-psychologischen, der instrumentalistischen und der physiologischen Position. Die drei Positionen der konstruktivistischen Argumentation werden zu Beginn dieses Abschnitts dargestellt.

Der konstruktivistische Ansatz hinterfragt die Übereinstimmung der Begriffe des menschlichen Denkens mit den objektiven Gegebenheiten der Wirklichkeit. Er untersucht die Prozesse menschlichen Denkens und Erkennens sowie die ihnen zugrunde liegenden Urteile. Der Vorgang der Wahrnehmung wird dabei als aktiver Prozess der Konstruktion und nicht als passive Abbildung der Umwelt beschrieben. Aus der Voraussetzung, dass Wahrnehmung und Wissen als subjektive Konstruktionen des Geistes beschrieben werden können, ergibt sich die Schlussfolgerung, dass für den menschlichen Verstand objektives Wissen generell nicht zugänglich ist. Die Wahrnehmungswirklichkeit des Einzelnen wird damit zu einer subjektiven Konstruktion des Betrachters, die nicht anhand objektiver Kriterien überprüft werden kann.

Das erkenntnistheoretische Modell des radikalen Konstruktivismus baut auf dem Modell des Entwicklungspsychologen Jean Piaget auf. Piaget zufolge bilden sich durch Erfahrungen, die in Interaktionen mit der Umwelt gemacht werden, bestimmte sensorische und sensomotorische Schemata[72] heraus. Sie sind erlernte Muster, die Wahrnehmung mit Verhalten koppeln. Funktionieren diese in der Vergangenheit erlernten Muster in einer spezifischen Situation der Gegenwart, wird die äußere Realität assimiliert, neue Situationen werden dann mit bereits verfügbaren Mustern beantwortet. Die aktuelle Erfahrung wird dabei mit einer vorangegangenen Erfahrung identifiziert und als »bekannt« kategorisiert. Die Reaktion basiert dann auf dem Handlungsschema, das sich in bekannten Situationen als passend erwiesen hat, die Unterschiede in der Außenwelt werden dabei innerpsychisch als Nicht-Unterschiede gehandhabt. Funktionieren bestehende Schemata in einer aktuellen Situation nicht, müssen die innerpsychischen Muster umstrukturiert werden. Dieser Prozess der Umstrukturierung wird der entwicklungspsychologischen Konzeption Piagets folgend Akkommodation genannt.

> »Die Assimilation und Akkommodation gehen von einem chaotischen Zustand der Undifferenziertheit zu einem Zustand der Differenziertheit mit korrelativen Koordinationen über. Die ursprünglichen Richtungen der Assimilation und Akkommodation sind natürlich einander entgegengesetzt. Die Assimilation ist konservativ und möchte die Umwelt dem Organismus so unterordnen, wie sie ist, während Akkommodation Quelle von Veränderungen ist und den Organismus den sukzessiven Zwängen der Umwelt beugt« (Piaget 1950, S. 339).

Auch wenn die entwicklungspsychologischen Thesen von Piaget vor dem Hintergrund heutiger Forschungsbefunde mitunter kritisch diskutiert werden, kann seine erkenntnistheoretische Position auf spezifische Prozesse der Wahrnehmung übertragen werden. Die menschliche Wahrnehmung stellt sich, unter Gesichtspunkten der neurobiologischen Perspektive betrachtet,

---

[72] »Der vom britischen Psychologen Sir Frederic Bartlett (1932) in die Gedächtnispsychologie eingeführte Begriff ›Schema‹ bezeichnete ursprünglich ein spezifisches Erinnerungsfeld einer Person, darauf aufbauend wird der Begriff ›Skript‹ als Handlungsschema bzw. als Ablauf mehrerer Handlungsschritte beschrieben, die von einem Schema initiiert werden: ›Kognitive Psychologen sprechen von einem Schema, um damit eine ›verallgemeinerte geordnete Wissensstruktur‹ zu bezeichnen, die aus vorausgegangenen Erfahrungen mit einem Ereignis, einem Objekt oder einer Person entstanden sind.‹ (Mietzel 2007, S. 233) Das Schema-Konstrukt ist dabei vor allem von Piaget und Neisser entwickelt worden, aus dem Schema-Konstrukt abgeleitete Wahrnehmungsmodelle spielen u.a. eine wichtige Rolle in der theoretischen Unterfütterung der kognitiven Verhaltenstherapie, wobei das Schema-Konstrukt wichtige Bestandteile der Objektbeziehungstheorie widerspiegelt: ›[...] die schematische Orientierung ähnelt auf den ersten Blick verblüffend dem Credo der psychoanalytischen Objektbeziehungstheoretiker« (Mertens 1994, S. 63).

als ein Prozess der Konstruktion dar, bei dem in der Vergangenheit etablierte Wahrnehmungsmuster auf aktuelle Situationen angewendet werden. Da die Bewältigung der elektrischen Impulse einen hohen neuronalen Aufwand erfordert, greift das Gehirn auf frühere sensomotorische Ereignisse und die damit verknüpften Bewertungsprozesse zurück. »Wir können ohne Übertreibung sagen, dass bei komplexen Wahrnehmungen unser Gedächtnis das wichtigste Wahrnehmungsorgan ist« (Roth 2003, S. 84). Etablierte Wahrnehmungsmuster wirken dabei in Form von Top-Down-Vorgängen von höheren Ebenen der Assoziationskortizes auf die von den Sinnesorganen ausgehende Bottom-Up-Aktivierung der primären sensorischen Kortexareale ein. Die auf höheren Ebenen der Abstraktion und Mustererkennung etablierten Wahrnehmungsmuster hemmen fortwährend spezifische neuronale Cluster des sensorischen Inputs. Im Falle einer überwiegenden Passung der Formation der top-down-gehemmten Zellverbände mit der Gestalt der vom sensorischen Input aktivierten Neuronenverbände gelangt die Bottom-Up-Information gar nicht erst in das Bewusstsein: Unterschiede zur bekannten Situation werden innerpsychisch als Nichtunterschiede gehandhabt:

> »This suppression simply involves countering excitatory presynaptic inputs (from representational units to neurons encoding prediction-error) with top-down presynaptic inputs, mediated by inhibitory interneurons. When the representations at any level can be explained by top-down predictions from the level above, prediction-error is minimized and the representations are internally consistent over levels. The aim of this process is to optimize parsimonious explanations for what caused sensory input (Friston 2003) and establish sensory predictions to guide action and behaviour (Friston et al. 2009)« (Carhart-Harris/Friston 2010, S. 1269).

Der radikale Konstruktivismus schließt an die erkenntnistheoretische Position von Piaget an, stellt jedoch jegliche Übereinstimmung oder Ähnlichkeit der Wirklichkeit mit den Konstruktionen des Bewusstseins infrage. Die instrumentalistische Argumentation begründet den radikalen Zweifel am Wahrheitsgehalt unserer Wahrnehmung, ohne dabei die offensichtliche Funktionalität unserer Weltsicht oder die Vorteile unseres logischen Denkens zu bestreiten:

> »Die instrumentalistische Orientierung, nach der ›Wissen‹ nicht ein Selbstzweck ist, sondern stets ein Mittel, zu Zielen zu gelangen, die der Erlebende sich jeweils selber wählt, eröffnet einen Weg, das Paradoxon des Wissensbegriffs zu vermeiden« (Glaserfeld 2003, S. 15).

3.1 Erkenntnistheoretische Grundlagen des Strukturbegriffs nach Kernberg

Die instrumentalistische Theorie beschreibt Wissen als ein Instrument, dessen Aufgabe es ist, seinen Zweck zu erfüllen, ohne dabei Anspruch auf objektive Gültigkeit erheben zu müssen. Befähigt uns unser Wissen zu erfolgreichem Handeln, so war es für diesen Zweck viabel.[73] Die für den Instrumentalismus relevante Bedeutung des Begriffs der Viabilität zeigt sich anhand seiner Verwendung in der Evolutionstheorie: Die Evolution wirkt durch Auslese, die Merkmalsausprägungen eines Lebewesens erweisen sich dann als viabel, wenn der Organismus so lange überlebt, dass er sein Erbgut weitergeben kann. Dabei richtet sich die Wirkungsweise der Auslese auf Unzulänglichkeiten. Sie erfasst nur die Lebewesen, die aufgrund ihrer spezifischen Merkmalsausprägungen so wenig mit ihrer Umwelt zurechtkommen, dass sie sterben, bevor sie sich fortpflanzen können. Alle Organismen, die vor ihrem Tod Nachkommen zeugen konnten, sichern dagegen den Fortbestand ihrer Art. Der Satz »survival of the fittest« bedeutet demnach nicht, dass die Auslese die »Besten« auswählt, sondern dass sie die »Schwächsten« aussortiert. »Die Selektion ist ein im Grunde *mechanisch* wirkendes Prinzip. Dies aber bedeutet, daß jede Finalität, jeder Endzweck der Natur ausgeschlossen ist« (Wuketits 1988, S. 50). Der Prozess der Auslese schafft die Voraussetzung für die Artenvielfalt: Indem sie sich lediglich auf die Ungangbarkeiten richtet, lässt sie eine Vielzahl von Arten mit den unterschiedlichsten Überlebensstrategien nebeneinander bestehen. Analog erweist sich das Konstrukt, das jemand von seiner Umwelt hat, dann als viabel, wenn es ihn zu erfolgreichem Handeln in spezifischen Situationen befähigt. Ist eine Handlung erfolgreich, wird dadurch jedoch keine Übereinstimmung des Konstrukts mit den objektiven Gegebenheiten bewiesen:

> »Ein Salamander muss nicht die Welt korrekt erkennen, um eine Fliege zu fangen, und wir müssen den physikalischen Raum nicht so abbilden, wie er tatsächlich ist, um uns in ihm zurechtzufinden« (Roth 2003, S. 86).

Auch über den Grad der Übereinstimmung mit der Realität kann aufgrund der Tatsache, dass wir uns in ihr zurechtfinden, nichts ausgesagt werden. Viabilität eines Konstrukts bedeutet demnach nicht mehr, als dass das Bild, das sich jemand von der Welt gemacht hat, sich im situationsspezifischen Kontext nicht als vollkommen unzulänglich erwiesen hat. Mit der instrumentalistischen Sichtweise wird jeder Anspruch auf objektive Wahrheit bezüglich der subjektiv

---

[73] »›Viability‹ hieß ursprünglich ›Gangbarkeit‹ eines Weges und wurde in der Entwicklungsgeschichte für die Überlebensfähigkeit von Arten, Individuen und Mutationen verwendet« (Glasersfeld 2003, S. 18).

konstruierten Wahrnehmungswirklichkeit aufgegeben, der Unwahrheitsanspruch bleibt jedoch bestehen, denn sobald die individuelle Wirklichkeitskonstruktion im situationsspezifischen Kontext als unpassend erkannt wird, kommt es zum Prozess der Akkommodation (vgl. Simon 2006, S. 70f.). Da der Organismus aufgrund der neuronalen Abgeschlossenheit der sensorischen Modalitäten keinen Zugang zu Bereichen hat, die außerhalb seines eigenen Erfahrungsfeldes liegen, misst sich die Effektivität der entwickelten Orientierungsstrategien jedoch ausschließlich im kognitiven Bereich. Die Frage, ob die neuen Handlungs- und Orientierungsstrategien zur Umwelt passen und sich als geeignet erweisen, die an sie gestellten Anforderungen zu erfüllen, kann vom Individuum nur auf der Ebene subjektiver Kognition beantwortet werden (vgl. Glasersfeld 1997, S. 202–210).

3.1.2 Erkenntnistheoretische Aspekte des systemtheoretischen Konstruktivismus

Die für den radikalen Konstruktivismus grundlegende Auffassung menschlicher Wahrnehmung beinhaltet bereits im Ansatz die systemische Perspektive. Unter der Voraussetzung, dass Wahrnehmung und Wirklichkeitskonstruktion als aktive psychische Prozesse nicht von der Umwelt geradlinig-kausal determiniert werden, betrachtet die auf der Parsons'schen Definition basierende Systemtheorie das System Psyche als eigenständig operierende Einheit. Die erkenntnistheoretische Position des systemtheoretischen Konstruktivismus entwickelte sich durch die Anwendung der Theorie des radikalen Konstruktivismus in der strukturalistischen Systemtheorie. Schon vor der Einbeziehung der Theorie des radikalen Konstruktivismus in die systemtheoretische Konzeption unterschied die strukturalistische Systemtheorie ein System aufgrund der von ihm durchgeführten Operationen von seiner Umwelt. Die Definition – Action is System – geht auf den Sozialwissenschaftler Parsons zurück, der das System Psyche anhand seiner Funktion, der Beobachtung der Umwelt und der Selbstbeobachtung als eigenständige operative Einheit kennzeichnete. Das »Persönlichkeitssystem« und das »Kultursystem« werden nach Parsons als geschlossene Handlungssysteme analytisch unabhängig vom Organismus betrachtet (vgl. Parsons 1976, S. 234). Die auf Parsons zurückgehende Definition des Systems als operative Einheit hatte ungeachtet der Bedeutung des Konzepts von Parsons in den Sozialwissenschaften einen maßgeblichen Einfluss auf die Objektbeziehungstheorie von Kernberg und auf die erkenntnistheoretische Position des systemtheoretischen Konstruktivismus (vgl. Kernberg 2006b, S. 260).

Parsons prägte die Bedeutung des Kybernetik-Begriffs[74] als Steuerung der Operationen eines Systems durch beeinflussende Operationen eines anderen Systems. Die Systemtheorie nach Parsons sah die System-Umwelt-Beziehung durch einen Wechsel von Störung und Gleichgewicht bestimmt. Das System versucht, seine Stabilität zu bewahren, indem es auf die Störungen des Gleichgewichts zwischen ihm und der Umwelt mit Veränderung der Systemstruktur reagiert. Aufgrund dieser Gleichgewichtsvorstellung und Erkenntnissen der thermodynamischen Physik, denen zufolge ein geschlossenes System Entropie erzeugt, wurde die Vorstellung geschlossener Systeme jedoch verworfen und durch die Theorie offener Systeme ersetzt. Biologische, soziale und psychische Systeme wurden durch eine die Systemstruktur verändernde Input-Output-Beziehung zu ihrer Umwelt gekennzeichnet.

Die Theorie offener Systeme warf jedoch die Frage auf, warum die Output-Operation des psychischen Systems durch entsprechenden Input nicht verlässlich determiniert werden kann. Diese sich aus der Input-Output-Theorie ergebende Erklärungslücke sollte mithilfe der Black-Box-Theorie geschlossen werden. Da sich der kybernetische Steuerungsmechanismus jedoch auf spezifische Konstanzen reduzierte, basierte die strukturalistische Systemtheorie auf der Vorstellung einer starren, mechanischen Kopplung zwischen System und Umwelt. Der Erklärungswert dieser Konzeption war aufgrund der Komplexität des psychischen Systems und der daraus resultierenden Vielzahl handlungsrelevanter Konstanzen relativ begrenzt: Das mechanische Input-Output-Modell war mit der Erklärung der Verbindung zwischen den Kategoriesystemen überfordert (vgl. Narr 1969, S. 55–61). Durch die Einbeziehung der Theorie nichttrivialer Maschinen des Konstruktivisten Heinz von Förster wurde die strukturalistische Systemtheorie zur modernen Systemtheorie weiterentwickelt. Die Theorie Försters besagt, dass lebende Systeme in ihrer Operationsweise mit nichttrivialen Maschinen verglichen werden können. Ihre Operationsweise muss von der Operationsweise trivialer Maschinen unterschieden werden. Bei trivialen Maschinen stehen Input und Output in einer unveränderbaren Beziehung zueinander. Werden sie bei ihrer Operationsweise beobachtet, lässt sich erkennen, dass der gleiche Input jeweils zum gleichen entsprechenden Output führt. Triviale Maschinen sind aufgrund der Vorhersehbarkeit ihrer Reaktionen analytisch determinierbar. Nichttriviale Maschinen dagegen lassen sich dadurch kennzeichnen, dass ihre Operationen zur

---

74 Cybernetes bezeichnet ursprünglich den Steuermann eines Schiffes, die Kybernetik ist die Wissenschaft der Steuerung von technischen, sozialen und psychischen Systemen. Das steuernde System löst dabei durch Operationen mit geringerem Energieaufwand beim gesteuerten System Operationen mit höherem Energieaufwand aus.

Veränderung ihrer Systemstruktur führen können. Ihre Reaktionen basieren, im Gegensatz zu jenen trivialer Maschinen, auf einer sich verändernden Struktur und können deshalb nicht vorausgesagt werden. Derselbe Input kann bei nichttrivialen Maschinen zu unterschiedlichen Output-Reaktionen führen. Nichttriviale Maschinen sind folglich analytisch nicht determinierbar (vgl. Foerster 1993, S. 244–252). Vor dem Hintergrund der Definition des psychischen Systems nach Parsons und im Hinblick auf die Theorie nichttrivialer Maschinen von Förster offenbart sich der Vorgang der innerpsychischen Strukturbildung demnach als das zentrale, die Reaktionsweise des psychischen Systems auf seine Umwelt determinierende Moment:

»Zwar betonen die meisten Objektbeziehungstheoretiker – am wenigsten allerdings die klassischen Kleinianer – die Einflüsse der realen Beziehungen auf die Entwicklung der Persönlichkeit, doch gibt es hierbei große Unterschiede, inwieweit diese Beziehungen mit der Mutter-Kind-Beziehung bereits enden oder ob auch die weiteren Beziehungserfahrungen mit ihren vielfältigen Transformationen, ihren assimilierenden und akkomodierenden Lernerfahrungen in späterer Kindheit, Adoleszenz, jungem Erwachsenenalter Thema werden« (Mertens 2010, S. 21).

Die Flexibilität der Struktur kann als eine grundlegende Voraussetzung für die Anpassungsfähigkeit an sich verändernde Umwelten und damit auch als Voraussetzung für die Therapiefähigkeit eines Patienten beschrieben werden. Der Grad der strukturellen Flexibilität sowie das Maß ihrer Beschränkung in der objektbeziehungstheoretischen Konzeption von Kernberg werden in der anschließenden Erörterung der von ihm formulierten Strukturniveaus diskutiert werden. Die in der Theorie nichttrivialer Maschinen beschriebene Fähigkeit psychischer Systeme, die eigene Struktur zu verändern, beruht, ungeachtet des vom jeweiligen Entwicklungsstadium abhängigen Spielraums der möglichen Veränderung, auf der Fähigkeit psychischer Systeme, sich auf sich selbst zu beziehen: Sie beobachten und beurteilen die eigenen Operationen. Im psychischen System ist sozusagen »eine selbstreferentielle Schleife eingebaut« (Luhmann 2004, S. 98). Ausgehend vom Parsons'schen Systembegriff und entsprechend den Ausführungen von Förster definiert die moderne Konzeption der Systemtheorie das System als »die Differenz zwischen System und Umwelt« (ebd., S. 66). Die Definition des Systems als Differenz basiert auf der konstruktivistischen Interpretation des Spencer-Brown-Kalküls. Der Mathematiker Spencer-Brown weist in seinem Werk *Laws of Form* (1969) nach, dass jede logische Struktur, also auch die Wahrnehmungs- und Handlungsstruktur von Systemen, auf Unterscheidungen beruht.

»Wenn in einem Kalkül, das mehrere Bezeichnungen beabsichtigt, diese an irgendeiner Stelle verwechselt werden, dann werden sie überall verwechselt, und wenn sie verwechselt werden, werden sie nicht unterschieden, und wenn sie nicht unterschieden werden, können sie nicht bezeichnet werden und das Kalkül trifft daher keine Bezeichnung« (Spencer-Brown 1997, S. 18).

Das System unterscheidet zwischen dem inneren und dem äußeren Wahrnehmungsbereich. Jedes in der Umwelt wahrgenommene Phänomen wird vom übrigen äußeren Wahrnehmungsbereich aufgrund spezifischer Kriterien unterschieden. Nur wenn etwas von seiner Umgebung unterschieden werden kann, kann es vom Bewusstsein überhaupt als spezifisches Phänomen wahrgenommen werden. Jeder Unterscheidung innerhalb des äußeren Bereichs liegt die Unterscheidung zwischen Innen und Außen zugrunde. Die erste Unterscheidung (zwischen System und Umwelt) ist also in der zweiten (zwischen spezifischem Phänomen und Umwelt) bereits enthalten:

»Es gibt keinen Unterschied zwischen Selbstreferenz und Beobachtung. Denn derjenige, der beobachtet, muss sich selbst von dem, was er beobachtet, unterscheiden. Er muss zu sich selbst schon ein Verhältnis haben, um sich unterscheiden zu können« (Luhmann 2004, S. 72f.).

Bei jedem Wahrnehmungsereignis nimmt das System die Unterscheidung zwischen System und Nicht-System in sich hinein. Das Hineinkopieren der Systemgrenze in den sich innerhalb des psychischen Systems befindenden Wahrnehmungsbereich wird als Vorgang des Reentrys bezeichnet. Der Vorgang des Reentrys ereignet sich auch bei der Beobachtung innerer Phänomene. Der externe Beobachter geht bei der Konstruktion der »äußeren Wirklichkeit« von der Unterscheidung zwischen System und Umwelt aus, der interne Beobachter dagegen von der Unterscheidung zwischen sich und allen Beobachtungen interner Phänomene. Ausgehend von dieser Unterscheidung erstellt er die Konstruktion der eigenen Identität.

»Mit anderen Worten, so wie wir ein Modell einer Welt konstruieren, es externalisieren und es von da an so behandeln, als wäre seine Existenz unabhängig von dem, was wir tun, so konstruieren wir auch ein Modell der Entität, die wir unser Ich nennen, und externalisieren es, so daß es schließlich zu ›einem Ding unter anderen Dingen‹ wird« (Glasersfeld 1997, S. 203).

Da die Grundlage jeder Beobachtung Selbstreferenz ist, ist der Vorgang des sich selbst Unterscheidens der »blinde Fleck« der Beobachtung. Er wird als Grundlage jeder weiteren Unterscheidung vorausgesetzt und kann vom Beobachter nicht hinterfragt werden. Ein System bestimmt seine Identität, indem es sich selbst beobachtet und sich von dem Teil seines Wahrnehmungsfeldes, den es aufgrund spezifischer Qualitäten als nicht zum System gehörend definiert, unterscheidet. Die auf der Unterteilung des Wahrnehmungsfeldes beruhende Definition des wahrnehmenden Subjekts und der von ihm wahrgenommenen Umwelt stellt sich damit als subjektive Konstruktion dar. Diese Konstruktion liegt jedem Wahrnehmungsvorgang zugrunde. Das System operiert also systemintern mit der Unterscheidung zwischen Innen und Außen. Der Reentry-Vorgang führt daher letztendlich zur Paradoxie des Begriffs der Identität: »Sie ist die Einheit einer Differenz, in der sie selbst als Einheit wieder vorkommt« (Krause 1999, S. 120).[75]

Um die Konstruktion »äußere Wirklichkeit« und »innere Wirklichkeit« differenziert darstellen zu können, trifft das System Psyche weitere Unterscheidungen, die den Wahrnehmungsbereich, sprich den sensorischen Strom der Sinneseindrücke, in verschiedene Bereiche, Unterbereiche und Objekte gliedern. Dabei trennt es spezifische Teile des Wahrnehmungsfeldes anhand subjektiv gewählter Kriterien vom »Rest« seiner Erlebniswirklichkeit ab, um sie klassifizieren und kontextspezifisch einordnen zu können. Die durch frühere Unterscheidungen entstandene Struktur der individuellen Wirklichkeitskonstruktion wirkt sich dabei in determinierender Weise auf später folgende Unterscheidungs- und Strukturierungsprozesse aus.

Die bereits bestehenden operativen Schemata verleihen dem System Stabilität und Dauer, wirken aber gleichzeitig als begrenzende Faktoren für die Entstehung neuer Konstruktionen. Durch das Wechselspiel von Akkommodation und Assimilierung wirken vergangene Erfahrungen stets am aktuellen Erfahrungsprozess mit. Die Wahrnehmungswirklichkeit wird von der hierarchischen Struktur ihrer Ordnungsprinzipien bestimmt. Dabei kontrolliert die Basis der Systemhierarchie alles, was auf den ontogenetisch später etablierten und daher untergeordneten Hierarchiestufen wahrgenommen wird. Eine organisationsfreie, unmittelbare Wahrnehmung ist aufgrund der Strukturdeterminiertheit des Systems nicht möglich (vgl. S.J. Schmidt 1987, S. 17–19):

> »Diese Konstruktion wird nicht nur von den Grenzen und Bedingungen unserer menschlichen Wahrnehmungsapparate bestimmt, sondern sie wird auch bestimmt

---

75 Um sich in diesem Rahmen auf die für die Thematik besonders relevanten Aspekte der systemtheoretischen Erkenntnistheorie zu beschränken, wird an dieser Stelle auf die weiterführenden Ausführungen der unterschiedlichen Beobachterpositionen, sprich die Unterscheidung des Beobachters erster vom Beobachter zweiter Ordnung, verzichtet werden. Weiterführend hierzu: S.J. Schmidt 1987, S. 19ff., sowie Krause 1999, S. 89ff.

von den Bedingungen, Möglichkeiten und Grenzen, Wahrgenommenes sinnhaft/ bedeutungs-haft zu organisieren. [...] Ein vernachlässigtes, hungerndes Kind baut eine völlig andere innere Welt, ein völlig anderes Abbild der Außenwelt und ihrer Objekte auf als ein in sich zufriedenes, von der Welt gehaltenes und Vertrauen in die Verläßlichkeit und in die Möglichkeit der Verständigung mit der Welt erlebendes Kind. Solche frühen Erfahrungen liefern gleichsam Modelle von Welterfahrung, auf denen sich in der weiteren Entwicklung nachfolgende Formen und Möglichkeiten der Welterfahrung aufbauen und die spätere Welterfahrung in relevanter Weise mit organisieren. Vergangenheit wird somit zu einer wesentlichen Determinante dessen, wie spätere Gegenwart erlebt, aufgenommen und innerlich integriert, d.h. konstruiert wird« (Haesler 1994, S. 93).[76]

3.2   Die Charakterisierung des Unbewussten nach Matte-Blanco

Nach der Erörterung der erkenntnistheoretischen Position des systemtheoretischen Konstruktivismus wird nun der dargestellte Begriff der Differenzierung unter dem Fokus auf die Unterscheidung von Selbst und Nicht-Selbst vor dem Hintergrund der Charakterisierung des dynamischen Unbewussten nach dem Modell von Matte-Blanco diskutiert werden. In diesem Zusammenhang werden jedoch ausschließlich jene Aspekte der Theorie von Matte-Blanco aufgezeigt, die zum einen für die Gegenüberstellung des zen-buddhistischen Begriffs der Ich-Losigkeit mit der psychoanalytischen Sichtweise der Grenze von Selbst und Umwelt Relevanz besitzen und zum anderen dazu notwendig sind, den zen-buddhistischen Begriff der Ich-Losigkeit mit dem Konzept eines

---

[76] Auf die Terminologie der strukturellen Kopplung wird, ebenso wie auf die systemtheoretische Konzeption der Kommunikation und der drei Humansysteme aufgrund ihrer begrenzten Relevanz für die psychoanalytische Objektbeziehungstheorie an dieser Stelle nicht eingegangen. Das radikal-konstruktivistische Konzept der operationalen Geschlossenheit, das die strukturelle Kopplung von System und Umwelt impliziert, wird in der Objektbeziehungstheorie von Kernberg in seiner radikalen Formulierung nicht übernommen. Entscheidend für die nachfolgenden sich auf klinische Aspekte der Objektbeziehungstheorie konzentrierenden Ausführungen sind an dieser Stelle in erster Linie die Beschreibungen des Spencer-Brown-Kalküls und des Reentry-Vorgangs sowie die daraus abzuleitenden erkenntnistheoretischen Schlussfolgerungen. Weiterführend zur systemtheoretischen Theorie der operationalen Geschlossenheit und zur strukturellen Kopplung: Maturana 1987; Luhmann 2004; Simon 2006. Weiterführend zur systemtheoretischen Konzeption der Kommunikation und der Definition der drei Humansysteme: Luhmann 1981, 1988, 1992, 2004; Maturana 1994.

psychodynamischen Unbewussten in Bezug zu setzen. Das Modell von Matte-Blanco wird in diesem Zusammenhang also dazu verwendet, sowohl einen Brückenschlag zwischen dem erkenntnistheoretischen Konzept des systemtheoretischen Konstruktivismus und der psychodynamischen Objektbeziehungstheorie zu vollziehen, wie auch die zen-buddhistische Lehre der Ich-Losigkeit mit beiden Theorien zu verbinden.

Matte-Blanco stellt das psychodynamische Unbewusste entsprechend den Prinzipien und Terminologien der Mengenlehre dar. Er beschreibt dabei die im Unbewussten wie auch im Bewusstsein vorherrschenden Prinzipien als bi-logische Strukturen (vgl. 1986, S. 251f.). Die Bi-Logik sieht dabei ein Zusammenspiel von asymmetrischer und symmetrischer Logik im Ablauf psychischer Prozesse vor. Asymmetrische Prozesse werden dabei als Differenzierung gekennzeichnet. Sie unterscheiden Elemente der Psyche aufgrund ihrer Qualitäten von anderen Elementen und teilen sie in Mengen oder Klassen ein. Zwischen den Mengen besteht ein asymmetrisches Verhältnis, sie sind entsprechend der unterschiedlichen Qualitäten der in ihnen enthaltenen Elemente voneinander differenziert. Symmetrie stellt sich dagegen als Prinzip der Gleichheit oder der Einheit dar. Elemente, die in symmetrischen Beziehungen zueinander stehen, werden nicht voneinander unterschieden (vgl. Matte-Blanco 1959, S. 1–5).

Prozesse des begrifflich-kategorialen Denkens werden, da sie auf Abgrenzung und Unterscheidung beruhen, als vorwiegend asymmetrische Vorgänge dargestellt. Emotionen dagegen, die zur Generalisierung und im Unbewussten zur unendlichen Expansion tendieren sind aufgrund ihres geringeren Grades an Differenziertheit als symmetrisch zu beschreiben. Obwohl Emotionen nach dieser Sichtweise als Minus-Variante des Denkens bezeichnet werden können, erhalten die Vorgänge der Wahrnehmung, des begrifflichen Denkens und Erinnerns erst durch sie ihre Bedeutung. Die meisten mentalen Prozesse spiegeln demnach ein Zusammenspiel von Symmetrie und Asymmetrie wider, wobei sich das Prinzip der Symmetrie in allen Abwehrvorgängen wiederfindet. Psychopathologische Erscheinungen werden dem Modell der Bi-Logik folgend auf das zu starke Vorherrschen von Symmetrie oder Asymmetrie zurückgeführt (vgl. Mertens 2007, S. 144f.)

Matte-Blanco stellt das Unbewusste als Kontinuum vom Asymmetrischen zum Symmetrischen dar. Die Größe der Klassen erhöht sich in tieferen Schichten des Unbewussten, sodass mit steigender Tiefe jeweils mehr Elemente in symmetrischen Beziehungen zusammengefasst werden, bis hin zur tiefsten Ebene des Unbewussten, die unter der absoluten Vorherrschaft der Symmetrie alle Elemente in einem Zustand der unterschiedslosen Einheit in einer Menge vereinigt:

»The unconscious seems to be, on the whole, quite capable of differentiating between sets, and this means that it employs asymmetrical relations; whereas within the set or class it seems to abide by the principle of symmetry. [...] As unconscious manifestations become ›deeper‹, the classes or sets formed are larger, hence the principle of symmetry applies to ever larger collections of objects which in simply bivalent logic are grouped as subsets. The end of the road is one large set or collection. In this set according to the principle of symmetry, anything is identical to anything else, and cannot be differentiated from it. In such a case, thinking – or mental life, probably is impossible. Total symmetry is identical to complete unconsciousness, and perhaps (in this context) even to absence of mind« (Matte-Blanco 1975, S. 150).

Ebenso wie sich die größere der Klassen gemäß dem Prinzip des Anstiegs symmetrischer Beziehungen in tieferen Ebenen des Unbewussten erhöht, verringert sich die neben der Zahl der asymmetrisch zueinander gestellten Objekte auch die Asymmetrie der Relation zwischen den Elementen einer Klasse sowie zwischen dem Element und seiner Klasse soweit, bis auf tieferen Ebenen des Unbewussten das Element einer Klasse schließlich für die ganze Klasse steht (vgl. Matte-Blanco 1998, S. 279ff.).

»On the one hand, each stratum is well differentiated from those above or below, in the sense that in general what occurs in one stratum does not occur in those strata which are above or below. For instance, in the first stratum there is a well-delimited grasp of concrete, almost isolated objects, relations, or situations, while in the second stratum there is a great amount of interrelation between the elements of this stratum. The third stratum establishes, through symmetrization, identities between individuals, this does not occur in the first two« (ebd., S. 55).

Ausgehend vom relativ hohen Grad der asymmetrischen Relationen in den bewusst ablaufenden Prozessen des alltäglichen Denkens nimmt der proportionale Anteil der Symmetrie an dem Zusammenwirken von Asymmetrie und Symmetrie in der bi-logischen Verschränkung psychischer Prozesse in dem Ausmaß zu, in dem die Einwirkung tieferer Schichten des Unbewussten auf diese zunimmt. Dieser Anstieg symmetrischer Relationen kann sowohl in den psychodynamischen Vorgängen der Abwehr als auch im Traumgeschehen und in Prozessen der freien Assoziation beobachtet werden. So kann im bewussten Alltagsdenken symmetrische Relation dazu führen, dass ein Objekt einer Klasse mit allen Attributen der Klasse assoziiert wird. Einer Mutter könnte demnach als Element der Klasse »Mütter« die Eigenschaft der Fürsorglichkeit zugeschrieben werden, ungeachtet der Tatsache, ob diese Eigenschaft an ihr beobachtet werden kann oder nicht. Im Traum dagegen kann unter dem vorwiegenden Einfluss symmetrischer Relationen das Objekt für die ganze Klasse stehen, eine Mutter kann dort alle Mütter symbolisieren. In der freien Assoziation, die in der Psychoanalyse wie auch in den bildenden Künsten und den Literaturwissenschaften von großer Bedeutung ist, kann, ebenso wie im Traum unter dem Primat symmetrischer Relation das Attribut eines Objekts auf eine Klasse verweisen und damit alle Elemente der Klasse symbolisch verkörpern. So kann beispielsweise die Skulptur einer Vase als artifizielle Verkörperung der mütterlichen Fruchtbarkeit angesehen werden und so die Klasse der Mütter prototypisch repräsentieren. In psychodynamischen Vorgängen der Abwehr kann die Verschränkung bi-logischer Strukturen mitunter auch am widersprüchlichen Bedeutungsgehalt symmetrischer und asymmetrischer Relationen beobachtet werden: Ein Angstneurotiker weiß um die Grundlosigkeit seiner Angst, wird jedoch trotzdem von dieser befallen und in seinem Verhalten von ihr massiv beeinflusst.

> »The answer to this question seems to be that the effect of the therapy consists of annulling the invasion of such processes into the surface. [... A]nalytic therapy succeeds, if seen from this angle, in so far as it severs the direct influence or invasion of ›symmetrical logic‹ in preconscious or conscious grasp of reality« (Matte-Blanco 1975, S. 167).

Mit steigendem Anteil des direkten invasiven Einfließens der symmetrischen Relationen in das Bewusstsein kann sich die Wahrnehmungsveränderung bis hin zum psychotischen Halluzinieren erstrecken. In diesen Fällen kann es zum Verlust der asymmetrischen Beziehung zwischen der metaphorisch-bildsprachlichen Bedeutungsebene und dem konkret Gegebenen und dadurch bedingt im Agieren des Patienten zum Verlust des Realitätsbezugs und zum Ausagieren konkretistischer Abwehr kommen. Matte-Blanco beschreibt dies am Beispiel einer Patientin, die sich vor dem drohenden Verlust der Grenze zwischen ihrem Selbst und der Umwelt und der damit verbundenen Angst vor Selbstauflösung zu schützen versuchte, indem sie verzweifelt in der Außenwelt nach einer Grenze suchte. Die Patientin verspätete sich um Stunden zur Therapiesitzung, da sie über Hundert Meilen gefahren war, um die mexikanische Grenze zu erreichen. Das Verschwimmen von Differenzen auf tieferen Ebenen des Unbewussten mündet auf der tiefsten Schicht in die unterschiedslose Einheit aller Elemente. Vermischungen von Symbol und Wirklichkeit weisen, ebenso wie das Fehlen von Grenzen im Innen und Außen, in der Symptomatik der schizophrenen Psychose auf das Prinzip der symmetrischen Logik hin, das letztendlich auf der tiefsten Ebene des Unbewussten alle asymmetrischen Relationen aufhebt:

»From this point ›downwards‹ the amount of symmetrization is so great that thinking, which requires asymmetrical relations, is graetly impaired. The conceptual end is the pure indivisible mode, where everything is everything else, and where relations between things are all theoretically contained in any single thing which the intellect can grasp. The endless number of things tend to become, mysteriously, only one thing« (Matte-Blanco 1998, S. 54).

Eric Rayner setzt die Beschreibung der mystischen Einheit der psychischen Elemente von Matte-Blanco mit der in der Methode der Zen-Meditation angestrebten Veränderung des Bewusstseins, die im Zustand des Satori ihre vollkommene Verwirklichung erfährt, in Beziehung:

»It is of note that Matte Blanco's mode of thought in this puzzling region bears striking resemblances to Zen and perhaps other mystic disciplines; and he was in fact quite aware of this. [...] Satori or enlightenment is the achievement of close to a oneness with infinity. ›In the state of enlightenment there are no categories, no words, no time, no things‹ is a crude approximation to a teaching of Zen masters« (Rayner 1995, S. 79).

Rayner zieht damit die Parallele zwischen der im Zen durch die Loslösung von der Identifikation mit dem personalen Selbst verwirklichten Erfahrung einer von den Kategorien des begrifflichen Denkens unabhängigen Form der Wahrnehmung und der Beschreibung der tiefsten Schicht des psychodynamischen Unbewussten in der Psychoanalyse. Rayners Auslegungen entsprechend weist der Psychoanalytiker und zen-buddhistische Autor Paul Cooper auf die Verbindung der von Matte-Blanco konzeptualisierten Verschränkung symmetrischer Einheit und asymmetrischer Differenz mit dem Konzept von Form und Leere im Zen-Buddhismus hin. In diesem Zusammenhang beschreibt er die Präsenz und das psychodynamische Zusammenwirken beider Prinzipien in den Prozessen der alltäglichen Wahrnehmung:

»From the perspective of ordinary thinking, we encounter asymmetrical relations more frequently than symmetrical relations. While eqally present, the symmetrical aspects of experience remain formless in the dark of uncosciousness« (Cooper 2010, S. 134).

Die parallele Existenz von Einheit und Differenz wird im Zen-Buddhismus in den Versen des Herz-Sutras beschrieben. Die Gleichsetzung der im Sinne der asymmetrischen Logik antagonistischen Gegensätze »Form« und »Leere« lässt sich mit Matte-Blancos Beschreibung von Gegensätzen unter dem Gesichtspunkt der symmetrischen Logik in Beziehung setzen: »The one is the opposite of the other. Unconcious logic treats opposites as if they were identical« (Matte-Blanco 2005, S. 1468). Das Herz-Sutra hat einen den Zen-Buddhismus und darüber hinaus große Teile des gesamten Mahayana-Buddhismus prägenden Einfluss, es wird in Klöstern von Tibet bis Japan täglich rezitiert (vgl. Brück 1998, S. 192):

> »O Shariputra!
> Hier (gilt): Form ist Leere und Leere ist ebenso Form.
> Form ist nicht verschieden von Leere,
> Leere ist nicht verschieden von Form.
> Was Form ist, das ist Leere,
> was Leere ist, das ist Form«
> (Vers 2, zit. n. Brück 2000, S. 230).

Der Begriff der asymmetrischen Relation beschreibt das ihm zugrundeliegende Prinzip der Differenz im Hinblick auf die mahayana-buddhistische Lehre von der Einheit der Gegensätze, die letztendlich das begrifflich-kategoriale Denken als Illusion bezeichnet, sehr treffend: Die Kategorien des begrifflichen Denkens beruhen, wie aus dem Kalkül von Spencer-Brown abgeleitet werden kann, auf Unterscheidungen. Kategorielle Unterscheidungen, wie die zwischen Leere und Form, Selbst und Umwelt, implizieren das Vorliegen unabhängig voneinander bestehender Entitäten. Das Prinzip der Asymmetrie dagegen betont den Aspekt der Relation: Der Begriff der Leere kann nur etwas bezeichnen, da er von Form unterschieden werden kann. Die Kategorie der Form hat daher ohne die Gegebenheit von Leere ebenso wenig Inhalt, wie die Kategorie des Selbst ohne die Gegebenheit einer Umwelt, zu der sie sich in asymmetrischer Relation definieren kann. Differenzen sind im Sinne Matte-Blancos, wie auch entsprechend der Lehre des Zen-Buddhismus, stets als Relationen zu beschreiben. Leere und Form sind keine für sich bestehenden Entitäten, sie offenbaren sich damit letztendlich als artifizielle Konstrukte, die Aspekte der symmetrischen Einheit der Wirklichkeit aufgrund ihrer unterschiedlichen Qualitäten in asymmetrischen Relationen beschreiben und sie auf diesen Unterscheidungen beruhend in voneinander differenzierten Mengen und Klassen vereinen.

3.3 Die Abgrenzung des Selbst und die psychotische Identitätsdiffusion

Das nonduale Prinzip der Gegensätze zu Einheiten verbindenden symmetrischen Logik, das in der Wahrnehmung alltäglichen Wachbewusstseins stets mit asymmetrischen Verschränkungen zusammenfällt, hatte Matte-Blanco ursprünglich bei der Untersuchung der Logik in von schizophrenen Psychosen beeinflussten Denkvorgängen entdeckt. An den scheinbar unlogischen, widersprüchlichen Aussagen und Handlungen psychotischer Patienten konnte er das Prinzip der symmetrischen Logik beobachten, da hier das Verhältnis der bi-logischen Verschränkung zu geringeren Teilen von asymmetrischen Differenzen bestimmt wird und somit auffälliger zutage tritt, als in den psychischen Prozessen des nichtpathologischen oder des neurotischen Wachbewusstseins:

>»When examining the matter more closely I became aware that such principles referred essentially to the characteristics of the system Ucs and that schizophrenic thinking was only a particular application of them« (Matte-Balanco 1959, S. 1).

Als Folge des invasiven Einwirkens symmetrischer Relationen auf das Bewusstsein seiner Patienten beobachtete Matte-Blanco ein zunehmendes Schwinden asymmetrischer Differenzierung bei schwereren Graden ihrer Symptomatik. Der Grad des Verlusts an Differenzierung weitet sich dabei vom vergleichsweise milden Grad des Zurücktretens asymmetrischer Relationen in der neurotischen Abwehr der Projektion, bei der bestimmte Elemente der eigenen Psyche auf das Gegenüber übertragen und sodann als Attribute desselben erlebt werden, in psychotischen Wahrnehmungszuständen auf den Verlust der Differenz zwischen Selbst und Umwelt aus: »At superficial levels one can speak of projection at deep levels it seems more precise to speak of nondistinction between self and not-self.« (Matte-Blanco 1998, S. 275) Ausgehend von dem von ihm in der Symptomatik der Schizophrenie beobachteten Verlust der mentalen Grenze zwischen Selbst und Nicht-Selbst, zog Matte-Blanco Rückschlüsse auf die Struktur des Selbst, die nach seinem Modell, ebenso wie dem zuvor dargestellten Kalkül des Mathematikers Spencer-Brown zufolge, als Differenz beschrieben werden kann:

>»In projective and introjective identification symmetrizations can occur so that, for instance, in psychosis the whole self can even disappear from location in the body into the external world. In less severe states, at least aspects of the self can likewise disappear. [...] Thus, though essentially assymmetrical, the self is undoubtedly a bi-logical structure« (Rayner 1995, S. 116).

Die relationale Beschreibung des Selbst als asymmetrische Struktur, der symmetrische Relationen zugrunde liegen, legt ebenso wie die Beschreibung des Selbst als Differenz zwischen Ich und Umwelt in der Erkenntnistheorie des systemtheoretischen Konstruktivismus, Rückschlüsse auf die Lehre der Ich-Losigkeit nahe: Die im Zen-Buddhismus intendierte Loslösung von der Identifikation des Bewusstseins mit dem personalen Selbst offenbart sich als die Überschreitung der fundamentalen Grundlage des begrifflich-kategorialen Denkens. In der Überschreitung der Subjekt-Objekt-Grenze wird die jeder begrifflichen Unterscheidung zugrundeliegende Differenz aufgelöst. Die uneingeschränkte Verwirklichung einer Form der Wahrnehmung, die als vollständig unabhängig vom begrifflich-kategorialen Denken bezeichnet werden kann, kann folglich nur unter der Voraussetzung der Realisierung des Bewusstseinszustands der Ich-Losigkeit vollzogen werden. Das zen-buddhistische Ziel der Überschreitung des begrifflich-kategorialen Denkens hin zu einer von diesem unbeeinflussten Form der direkten und unmittelbaren Wahrnehmung der Gegenwart, welches im zweiten Kapitel dieser Arbeit der Psychoanalyse gegenübergestellt wurde, kann demnach mit dem in diesem Kapitel zu diskutierenden Prinzip der Ich-Losigkeit gleichgesetzt werden: Beide Aspekte der zen-buddhistischen Lehre sind zwei Seiten derselben Medaille, zwischen ihnen besteht in letzter Konsequenz kein Unterschied.

Die Betrachtung des zen-buddhistischen Prinzips der Ich-Losigkeit aus der Perspektive der bi-logischen Charakterisierung des Unbewussten von Matte-Blanco wirft jedoch die Frage auf, ob der zen-buddhistische Bewusstseinszustand der Ich-Losigkeit mit der psychoanalytischen Beschreibung des Differenz-Verlustes zwischen Selbst und Umwelt in der schizophrenen Psychose vergleichbar ist. In diese Richtung weisen die Ausführungen von Christa Rhode-Dachser, die in ihrem Aufsatz »Todestrieb, Gottesvorstellung und der Wunsch nach Unsterblichkeit« (2009) im Rückgriff auf Matte-Blanco die Vorstellung einer christlich-mystischen Gotteserfahrung mit psychotischen Bewusstseinszuständen in Beziehung setzt:

> »Die tiefste Schicht des Unbewussten, das symmetrische Sein, ist im wahrsten Sinn des Wortes unbenennbar, ähnlich dem in der Genesis beschriebenen Urzustand, bevor Gott das Schöpfungswort sprach: ›Es werde Licht!‹ In diesem Augenblick entsteht die Schöpfung, das ›Seiende‹, als erste Differenz zum nichtsymbolisierbaren, unteilbaren ›Sein‹. In der Erfahrung des Menschen entspricht dem das existentielle Lebensgefühl ›Ich bin‹, ›Ich lebe‹ (Symington 2006, S. 194), im Gegensatz zur Potentialität des Nicht-Seienden, der Leere, des Verlöschen, des Todes. [...] Die Möglichkeit des schrankenlosen Zurücksinkens in das absolut symmetrische Sein, unter Einebnung aller Unterschiede bis hin zu dem von Leben

und Tod, ist eine Schrecken erregende Vorstellung, die sich vielleicht am ehesten mit der Weltuntergangsphantasie eines Psychotikers vergleichen läßt, nach der nur mehr das Nichts übrig bleibt« (S. 980f.).

Die daraus abzuleitende Frage nach der Existenz von Parallelen zwischen der Erfahrung der von begrifflichen Kategorien und den aus ihnen hervorgehenden Differenzen befreiten, unmittelbaren Erfahrung der Gegenwart im Zen-Buddhismus und dem Einbrechen oder dem Verlust der Ich-Grenzen in der schizophrenen Psychose wird nun weiterführend diskutiert werden. Da der Zen-Buddhismus den Übenden in einen Wahrnehmungszustand vor jeder kategoriellen Differenzierung zurückzuführen versucht, könnte die Existenz solcher Parallelen implizieren, dass auch in einer frühkindlichen Phase der psychischen Entwicklung vor der Bildung erster Kategorien psychotische Verschmelzungszustände vorherrschen. Diese These wäre aus einer ontogenetischen Interpretation des systemkonstruktivistischen Wahrnehmungsmodell ableitbar: Die grundlegende jeder Kategorienbildung vorausgehende Unterscheidung zwischen Selbst und Umwelt müsste dann als Akt der selbstreferenziellen Schließung erst im Bewusstsein vollzogen werden, bevor ein Erkennen und sich in der Umwelt orientieren überhaupt möglich wäre. Vor dem Vollzug der selbstreferenziellen Schließung würde im Bewusstsein unterschiedslose, im Sinne Matte-Blancos symmetrische Einheit vorherrschen, die im Rahmen der zen-buddhistischen Terminologie als frühkindlicher Zustand der Ich-Losigkeit beschrieben werden könnte. Der Einbruch oder der Verlust der Grenze zwischen Selbst und Umwelt in der schizophrenen Psychose würde dann zu Wahrnehmungszuständen führen, die mit dieser frühkindlichen Bewusstseinskonstellation der undifferenzierten Einheit mit dem gesamten Wahrnehmungsfeld in Beziehung stehen würden und somit als regressives Zurückfallen in diesen Zustand bezeichnet werden könnten.

Entwicklungspsychologische Aspekte des Modells von Kernberg legen derartige Vermutungen nahe. Kernberg geht, trotz diese Sichtweise kritisch hinterfragender Befunde der heutigen Säuglingsforschung, auch in seinen jüngsten Veröffentlichungen im Rückgriff auf entwicklungspsychologische Grundlagen von Magret Mahler und Mitarbeitern (1975) von einer frühkindlichen Phase der symbiotischen Verschmelzung aus, die ontogenetisch jeder Form der Kategorienbildung vorangeht und mit der psychotischen Auflösung der Ich-Grenzen in Verbindung gebracht werden kann (vgl. Kernberg 2009, S. 232). Die Assoziation psychotischer Identitätsdiffusion mit frühkindlichen Entwicklungsstadien wird im Anschluss an die Darstellung der Position Kernbergs kritisch diskutiert werden. Die in der zen-buddhistischen Lehre beschriebene Wahrnehmung der ich-losen

Einheit des Daseins kann, wie gezeigt werden wird, im Sinne Kernbergs als angeborene, Selbst und Umwelt nicht differenzierende Formation des Bewusstseins beschrieben werden. Der den Verlust der Realitätsprüfung implizierende Verlust der Ich-Grenzen in der schizophrenen Psychose wird Kernberg zufolge als Regression in diesen frühkindlichen Zustand der symbiotischen Verschmolzenheit mit der Umwelt interpretiert:

> »In der Unfähigkeit zur Realitätsprüfung spiegelt sich die mangelnde Differenzierung zwischen Selbst und Objektrepräsentanzen in Affektzuständen hoher Intensität, oder anders gesagt: Es handelt sich hier um eine strukturelle Persistenz der symbiotischen Phase, gewissermaßen ihre pathologische Übersteigerung« (ebd., S. 32).

3.3.1 Das objektbeziehungstheoretische Modell der Strukturgenese

Die erkenntnistheoretischen Grundlagen der Objektbeziehungstheorie lassen sich, den vorangegangenen Ausführungen folgend, aus der Darstellung des Übergangs von einem in sich undifferenzierten, strukturlosen Zustand der Psyche zum ontogenetisch frühesten Punkt der psychischen Strukturbildung erschließen.

> »Die psychoanalytisch orientierte Literatur beschreibt als Ausgangspunkt des Narzissmus den intrauterinen harmonischen Primärzustand. In dieser Lebensphase existiere das Kind in Harmonie, Sicherheit, Geborgenheit und es gäbe keinen Unterschied zwischen innen und außen oder Ich und Nicht-Ich« (Resch/Möhler 2006, S. 39).

Bereits Freud formulierte den ontogenetisch frühesten Moment der Unterteilung des vormals ungeteilten psychischen Raums in das personale Selbst und seine Umwelt als eine notwendige Voraussetzung für das fortlaufende Sich-Ausgestalten der Struktur im psychischen Raum:

> »Es ist eine notwendige Annahme, daß eine dem Ich vergleichbare Einheit nicht von Anfang an im Individuum vorhanden ist; das Ich muß entwickelt werden« (Freud 1914c, S. 142).

Kernberg beschreibt den der Entwicklung des Ichs vorangehenden Zustand der Undifferenziertheit des Psychischen als die ontogenetisch früheste Gestalt des

3.3 Die Abgrenzung des Selbst und die psychotische Identitätsdiffusion

Bewusstseins. In diesem von keinem Strukturelement zerteilten Zustand des Bewusstseins wird innerhalb des sich innerpsychisch vollziehenden, sensorischen Erlebnisstroms noch nicht zwischen dem Ich und dem Nicht-Ich unterschieden:

> »Zwei wichtige Schritte müssen im Verlauf der frühen Ichentwicklung kurz hintereinander vollzogen werden: erstens die Differenzierung zwischen Selbst- und Objektimagines und zweitens die Integration libidinös-bestimmter mit aggressiv-bestimmten Selbst- und Objektimagines« (Kernberg 1983, S. 190f.).

Der systemtheoretischen Erkenntnistheorie folgend wird nun die Differenzierung der Selbst- und Objektimagines als die grundlegende Voraussetzung der Strukturbildung untersucht werden. Es wird gezeigt, dass die Differenzierung der Selbst- und Objektimagines in der Objektbeziehungstheorie von Kernberg als Akt der selbst-referenziellen Schließung beschrieben werden kann:

> »Der erste Entwicklungsschritt wird teilweise in Abhängigkeit von der Reifung der primär-autonomen Apparate vollzogen; im Zuge der Entwicklung von Wahrnehmungsfunktionen und Gedächtnisspuren wird der Ursprung von Reizen immer genauer zugeordnet und werden allmählich Selbstimagines und Objektimagines voneinander abgegrenzt« (ebd., S. 191).

Kernberg sieht, in Anlehnung an Jacobson (1954, 1964), den primären Zustand des Selbst nicht durch die Differenz des Subjekts zu seiner Umwelt gekennzeichnet, sondern als einen Bewusstseinszustand, der lediglich durch das Zu- und Abnehmen von Spannungen als ein Stadium undifferenzierter Triebbesetzungen beschrieben werden kann:

> »Jacobson begriff den Ursprung des Ichs als eng mit den ursprünglich verschmolzenen Selbst- und Objektbildern verbunden – mit dem, was ich die ursprünglich undifferenzierten Selbst-Objekt-Vorstellungen in ihm nenne.« (1985, S. 336)

Als frühesten, sich von dem übrigen Wahrnehmungsfeld unterscheidenden Kern postuliert Kernberg die auf den undifferenzierten Bewusstseinszustand folgende Strukturformation einer verschmolzenen Mutter-Kind-Imago. Dieser erste Schritt des sich selbst im eigenen psychischen Raum Abgrenzens kann als frühester Akt der Selbstdefinition beschrieben werden. Das sich selbst als eigenständige Instanz von der Gesamtheit des Wahrnehmungsfeldes Unterscheiden markiert dabei jenen Moment, in dem der ursprüngliche und in sich undifferenzierte Bewusstseinszustand der differenzlosen Einheit beendet wird, um sich im Übergangszustand einer symbiotischen Selbst-Objekt-Imagination zu manifestieren. Dieser früheste Kern des personalen Selbst bildet sich als Niederschlag befriedigender und lustvoller Erfahrungen, die das Kind in einer gelingenden Mutter-Kind-Interaktion erlebt, und wird im Zuge seiner Anreicherung mit propriozeptiven und exterozeptiven Wahrnehmungseindrücken konsolidiert:

> »Aus diesem Kern entsteht die grundlegende zunächst noch zu einer Einheit verschmolzene Selbst-Mutter-Imago, auf der das Urvertrauen beruht. Urvertrauen bezieht sich also auf das Erleben – später auf das Erhoffen, Erwarten – einer lustvollen, befriedigenden Mutter-Kind-Beziehung« (1983, S. 191).

Die zur Selbst-Mutter-Imago geronnenen Erfahrungen seliger Verschmelzungszustände werden aufgrund der affektiven Qualität ihrer libidinösen Besetzung von jenen Momenten der Selbstentwicklung unterschieden, die sich im Zuge von schmerzvollen, angsterfüllten und frustrierenden Erfahrungen ereignen und sich in aggressiv-destruktiv besetzten, miteinander verschmolzenen bösen Selbst-Objekt-Imaginationen kristallisieren:

> »Auf der frühesten Ebene ist Wut das Zentrum der aggressiven Reaktion [...] Wenn sich ein äußeres ›böses Objekt‹ herauskristallisiert, d.h. wenn die Trennung von Selbst und Objektrepräsentanz stattgefunden hat, dann wandelt sich im Bereich der Aggression Wut in Haß (und damit in den damit untrennbar verbundenen Affekt des Neides)« (Kernberg 2009, S. 233).

Die angsterzeugende und desorganisierende Wirkung der aggressiv-destruktiv besetzten, bösen Selbst-Objekt-Imaginationen wird durch die gute Selbst-Objekt-Imago und das aus ihr resultierende Urvertrauen abgeschwächt oder neutralisiert. Dies stärkt wiederum das Vertrauen in die gute Selbst-Objekt-Imagination und trägt auf diesem Wege weiter zu ihrer Stabilisierung bei.

Überwiegen jedoch die angsterzeugenden bösen Selbst-Objekt-Imaginationen, entweder, weil die gute Selbst-Objekt-Imago in der Mutter-Kind-Interaktion nicht ausreichend stabilisiert werden konnte, oder weil das Kind Momenten von intensivem Schmerz oder schwerer Frustration ausgesetzt ist, kann der nächste Entwicklungsschritt behindert werden, der in der Differenzierung der guten Selbst-Objekt-Imago besteht. Die Differenzierung der guten Selbst-Objekt-Imago vollzieht sich, indem gute Selbstimaginationen in ihrer allmählichen Absonderung von den guten Objektimaginationen in den psychischen Raum diffundieren und sich dort als nur gute Selbstimaginationen und nur gute Objektimaginationen verfestigen. Die Formationen nur guter Selbstimaginationen werden sodann als die ersten vollständig vom Objekt differenzierten Kerne der psychischen Strukturbildung etabliert:

> »Wenn erst einmal die Differenzierung zwischen Selbst- und Objektimagines im Bereich der libidinös-bestimmten Ichkerne und später auch im Bereich der aggressiv bestimmten Ichkerne abgeschlossen ist, so ist damit ein entscheidender Entwicklungsschritt geschafft, dessen Bewältigung oder Nichtbewältigung die künftigen Psychotiker von den nicht-psychotischen Ichstrukturen unterscheidet« (Kernberg 1983, S. 191).

Wird der Entwicklungsschritt der Differenzierung von Selbst- und Objektimagines behindert, so verbleiben Selbst- und Objektimagines in ihrer Verschmelzung und werden nicht, oder nicht ausreichend, voneinander differenziert. In diesem Falle führt das Unvermögen, innerhalb des Wahrnehmungsfeldes die Grenzen zwischen Selbst und Nicht-Selbst zu konsolidieren, zur Symptomatik der psychotischen Identifizierung.

> »So beschrieb Edith Jacobson (1967, 1971) beispielsweise die omnipotenten Implikationen der psychotischen Identifikation, wenn die erneute Verschmelzung von Selbst und Objektrepräsentanz in idealisierten oder ekstatischen Zuständen eine Omnipotenz des Denkens bewirkt, die zusammen mit der Verleugnung der Realität eine wichtige Abwehrfunktion erfüllt und auf diese Weise einen idealisierten Zustand der Abwehr gegen Depression und sogar gegen schizophrene Fragmentierung aufrechterhält« (Kernberg 2009, S. 231).

Um drohenden Verschmelzungszuständen mit anderen entgegenzuwirken, entwickeln psychotische Patienten psychische Abwehrformationen, die eine Stabilisierung ihrer Affektintensität durch die Fragmentierung des Innenlebens und der zwischenmenschlichen Beziehungen bewirken. Diese Abwehrmechanismen der Spaltung schützen vor dem partiellen oder totalen Verlust der Ich-Grenzen, indem die mangelnde Differenzierung zwischen Selbst und Nicht-Selbst in der Latenz gehalten wird:

> »Mit den um Abspaltung zentrierten Abwehrmechanismen versuchen diese Patienten, sich vor dem Chaos zu schützen, das für sie in sämtlichen Objektbeziehungen vorherrschend ist und seinen Ursprung im Verlust der Ich-Grenzen hat, den der Patient in intensiven Beziehungen zu anderen erlebt« (ebd., S. 32).

Daraus ergibt sich für die therapeutische Intervention, dass die Deutung der Abwehr »bei Psychotikern eher zu einer Vertiefung der psychotischen Regression führt und dabei auch den basalen Defekt, nämlich die mangelhafte Differenzierung zwischen Selbst und Nicht-Selbst deutlicher hervortreten läßt« (Kernberg 1983, S. 209). Die psychotische Regression bezeichnet dabei den Zustand der Verschmelzung von Selbst- und Objektimagines unter der dominierenden Aktivierung der aggressiven und libidinösen Aspekte des frühkindlichen Erlebens (vgl. Kernberg 2006, S. 120). Dies impliziert Kernberg zufolge jedoch nicht, dass im Falle von psychotischen Strukturformationen ein aufdeckendes, psychoanalytisches Vorgehen in jedem Fall als kontraindiziert angesehen werden muss:

> »Der regressive Effekt von Deutungen der primitiven Abwehrformen in der Übertragung hält ja im allgemeinen nur kurzfristig an; auf längere Sicht kann eine intensive analytische Psychotherapie bei psychotischen Patienten durchaus deren Fähigkeit zur Unterscheidung zwischen Selbst und Nicht-Selbst weiterentwickeln und ihre Ichgrenzen stabilisieren« (1983, S. 210).

An der Ausprägung der psychotischen Symptomatik zeigt sich die grundlegende Bedeutung der innerpsychischen Abgrenzung von Selbst und Nicht-Selbst. Dieser Vorgang des sich selbst innerhalb des eigenen Wahrnehmungsfeldes von der Umwelt Unterscheidens wurde systemtheoretisch als Reentry-Vorgang beschrieben. Die Grenze zwischen Selbst und Nicht-Selbst präsentiert sich gemäß der Kernberg'schen Konzeption der innerpsychischen Strukturentwicklung als für die Orientierungsleistung in der Umwelt grundlegende Strukturformation. Die Wirkung der psychoanalytischen Therapie wird im Fall der schizophrenen Psychose von Kernberg als die Grenze zwischen Selbst und Umwelt stabilisierende Methode beschrieben. In der systemtheoretischen Terminologie kann die Differenzierung der Selbst-Objekt-Imaginationen zu voneinander unterschiedenen Selbst- und Objektimaginationen als Vorgang der selbstreferenziellen Schließung beschrieben werden:

> »Es gibt keinen Unterschied zwischen Selbstreferenz und Beobachtung. Denn derjenige, der beobachtet, muss sich selbst von dem, was er beobachtet, unterscheiden. Er muss zu sich selbst schon ein Verhältnis haben, um sich unterscheiden zu können« (Luhmann 2004, S. 72f.).

Die in der systemtheoretischen Konzeption als Erfahrungswirklichkeit dargestellte Wahrnehmungsleistung des psychischen Systems präsentiert sich auch von der Warte der objektbeziehungstheoretischen Perspektive als strukturdeterminierter Prozess. Die dynamische Selbstorganisation der psychischen Strukturbildung kann dabei als ein Vorgang beschrieben werden, der sich unter der primären Motivation des Affektgeschehens vollzieht (vgl. Kernberg 1985, S. 342).

>>Es ist bemerkenswert, dass in der ersten Stufe der Selbstentwicklung noch keine Trennung zwischen Selbst und Objekt erfolgt ist und eine Differenzierung nur nach dem vital-emotionalen Gehalt der ersten Welterfahrungen vorgenommen wird<< (Resch/Möhler 2006, S. 40).

Unter der Voraussetzung der Vorherrschaft von Lust und Befriedigung vor Angst, Frustration und Schmerz präsentiert sich das personale Selbst bei Kernberg als eine sich im psychischen Raum durch selbstreferenzielle Schließung erzeugende Strukturformation, die allen weiteren Prozessen der innerpsychischen Strukturbildung zugrundeliegt.

>>Das Selbst ist demnach eine Ichstruktur, die ihren Ursprung in Selbstvorstellungen hat, die in der undifferenzierten symbiotischen Phase im Kontext der Interaktion zwischen Säugling und Mutter, unter dem Einfluss sowohl befriedigender als auch frustrierender Erfahrungen konstituiert wurden. Gleichzeitig entwickelt sich auch das System Wahrnehmung-Bewußtsein hin zu breiteren Ichfunktionen: der sich entwickelnden Kontrolle über die Wahrnehmung, über die spontane Motorik, der Festlegung affektiver Gedächtnisspuren und dem System Vorbewußtsein. Das Selbst als psychische Struktur hat seinen Ursprung in zugleich libidinös und aggressiv besetzten Selbstvorstellungen. Kurz, es ist eine Ichfunktion und -struktur, die sich allmählich aus der Integration ihrer Teil-Selbstvorstellungen zu einer übergeordneten Struktur entwickelt, die andere Ichfunktionen wie Gedächtnisstrukturen und kognitive Strukturen einverleibt und zu dualistischen Merkmalen führt, die in Freuds *Ich* implizit vorhanden sind<< (Kernberg 1985, S. 340).

Nachdem die Grenze von Subjekt und Objekt im psychischen Raum errichtet wurde, liegt sie, wie gezeigt wurde, als basale Strukturformation der Psyche jeder Form der Selbstwahrnehmung, ebenso wie jeder Form der Umweltwahrnehmung zugrunde. Das psychische Konstrukt des Selbst repräsentiert dabei den Teil des Wahrnehmungsfeldes (bzw. jene Elemente des sensorischen Erlebnisstromes), mit dem sich das Bewusstsein identifiziert. Der andere Teil des Wahrnehmungsfeldes wird als dem Selbst nicht zugehörig erachtet und mit dem Konstrukt der Außenwelt identifiziert.

Sind die Grenzen des Selbst in stabiler Form etabliert, kann das Bewusstsein die Selbst- und die Objektimaginationen, die gemäß ihren affektiven Qualitäten in libidinös-bestimmte und aggressiv-bestimmte gespalten sind, in ganzheitlichen Selbst- und Objektimaginationen integrieren. Kernberg zufolge existiert keine von der Entwicklungslinie der Objektbeziehungen unabhängige Entwicklungslinie des Selbst (vgl. ebd., S. 270f.). Das Selbst kann damit als eine sich im Zusammenspiel von kognitiven, affektiven und sozialen Eindrücken konsolidierende Struktur beschrieben und damit als dynamische Selbstorganisation gekennzeichnet werden:

> »Charakter – die auf der Ebene des Verhaltens sich manifestierende Identität eines Menschen – ist die dynamische Organisation von Verhaltensmustern, die einzigartig für ein bestimmtes Individuum sind. Charakter umfasst das Organisationsniveau von Verhaltensmustern sowie den Grad an Flexibilität oder Rigidität von Verhaltensmustern über unterschiedliche Umweltbedingungen hinweg. Identität wiederum (welche sich aus Selbstkonzepten und den Konzepten bedeutsamer anderer zusammensetzt) stellt jene psychische Struktur zur Verfügung die die dynamische Organisation des Charakters bestimmt« (Kernberg 2008, S. 8).

Diese von der erkenntnistheoretischen Position des systemtheoretischen Konstruktivismus ausgehende und für die Objektbeziehungstheorie nach Kernberg grundlegende Beschreibung des Selbst, stimmt, wie bereits beschrieben, mit der zen-buddhistischen Definition des personalen Selbst überein:

> »Wir hatten gesehen, wie die Lehre von den *skandhas*[77] darauf ausgerichtet ist, eine ›permanente Seelensubstanz‹ zu umgehen und statt dessen den Menschen als dynamische Selbstorganisation von energetischen Prozessen zu begreifen« (Brück 1998, S. 130).

Die objektbeziehungstheoretische Auffassung des Selbst entspricht dabei der zen-buddhistischen Auffassung des personalen Selbst. In der dynamischen Selbstorganisation der psychischen Strukturbildung werden sowohl die Konstruktion des personalen Selbst, wie auch die Konstruktion der Umwelt, von der basalen Strukturformation der Grenze zwischen Selbst- und Objektimaginationen ausgehend weiter ausdifferenziert. Da sich im autopoietischen System Psyche die systemkonstituierenden Vorgänge selbst hervorbringen, schließt Wahrneh-

---

[77] Die fünf Anhaftungsgruppen: Körperlichkeit, Gefühl, Wahrnehmung, Geistesformation, Bewusstsein.

mung an Wahrnehmung und Strukturbildung an Strukturbildung an.[78] Dabei baut jede Wahrnehmung auf der vorangegangenen sowie jede Strukturbildung auf der bereits bestehenden Struktur auf. Die sich hieraus ergebende Hierarchie der Konstruktionen bewirkt, dass die früheren Elemente und Formation der Systemstruktur determinierend auf alle späteren Vorgänge der Wahrnehmung und Strukturbildung einwirken (vgl. S.J. Schmidt 1987, S. 17–19).

> »Wissen wird vom lebenden Organismus aufgebaut, um den an und für sich formlosen Fluss des Erlebens soweit wie möglich in wiederholbare Ereignisse und relativ verläßliche Beziehungen zwischen diesen zu ordnen. Die Möglichkeiten, so eine Ordnung zu konstruieren, werden stets durch die vorhergehenden Schritte in der Konstruktion bestimmt« (Glasersfeld 1987, S. 212).

Der sich aus der Hierarchie der Konstruktionen ergebende Strukturdeterminiertheit der Psyche folgend, kann die Grenze zwischen personalem Selbst und Umwelt als die basale Grundlage jeder Form der Wahrnehmung und jeder Form der Strukturbildung betrachtet werden. Ist diese Grenze nicht stabil, so ist die Orientierungsleistung des psychischen Systems sowie seine Fähigkeit zu jeder weiteren konsistenten Strukturbildung stark eingeschränkt. Das Strukturniveau kann in diesem Fall, der Objektbeziehungstheorie nach Kernberg folgend, als psychotisches Strukturniveau beschrieben werden. Ausgehend vom Kalkül des Mathematikers George Spencer-Brown kann Erkenntnis nur auf der Basis von Unterscheidungen stattfinden. Die partielle Aufhebung der grundlegendsten Unterscheidung zwischen dem erkennenden Subjekt und seiner Umwelt führt zu Konfusion und Orientierungslosigkeit in der Umwelt, die sich in der Symptomatik der schizophrenen Psychose äußert:

> »Wenn in einem Kalkül, das mehrere Bezeichnungen beabsichtigt, diese an irgendeiner Stelle verwechselt werden, dann werden sie überall verwechselt, und wenn sie verwechselt werden, werden sie nicht unterschieden, und wenn sie nicht unterschieden werden, können sie nicht bezeichnet werden und das Kalkül trifft daher keine Bezeichnung« (Spencer-Brown 1997, S. 18).

---

[78] Autopoiese bezeichnet die dynamische Organisation des psychischen Systems, die, solange das System lebt, strukturelle Veränderungen in Gang hält (vgl. Maturana 1994, S. 166). Der Begriff Autopoiese impliziert die Vorstellung, dass ein lebendes System dadurch gekennzeichnet ist, dass es sich fortlaufend selbst erzeugt, indem es Operation an Operation anschließt: »Darauf beziehen wir uns, wenn wir die sie definierende Organisation *autopoietische Organisation* nennen (griech. *autos* = selbst; *poiein* = machen)« (Maturana 1987, S. 50).

In der Lehre der Ich-Losigkeit des Zen-Buddhismus dagegen wird die Transzendenz der Subjekt-Objekt-Grenze als der Eintritt in den Zustand des Satori beschrieben. Der Grund, aus dem Satori nicht mit psychotischem Erleben einhergeht, sondern in der buddhistischen Literatur einheitlich als Zustand außerordentlicher Klarheit beschrieben wird, ist, dass in diesem Bewusstseinsmoment die hinter der Struktur begrifflicher Konstruktionen liegende Wirklichkeit erkannt wird, ohne dass dabei die Struktur der Konstruktionen partiell verschwimmt oder vollständig aufgehoben wird. Die Grenze zwischen dem personalen Selbst und der Umwelt wird transzendiert, bleibt als grundlegende Formation der Struktur des begrifflich-kategorialen Denkens jedoch bestehen. Die Fähigkeit des menschlichen Bewusstseins zu einer Form der konstruktionsfreien Wahrnehmung, die nicht in die Psychose, sondern in die grundlegendste und zugleich einfachste Form des Erkennens führt, wurde vom Urheber der mathematischen Grundlage der Erkenntnistheorie des systemtheoretischen Konstruktivismus beschrieben:

»Um zur simpelsten Wahrheit zu gelangen, bedarf es, wie Newton wußte und praktizierte, *Jahre der Kontemplation*. Nicht der Aktivität. Nicht des Schlussfolgerns. Nicht des Kalkulierens. Nicht des eifrigen Tuns irgendeiner Art. Nicht des Lesens. Nicht des Sprechens. Nicht der Anstrengung. Nicht des Denkens« (ebd., S. 95).

Zusammenfassend kann demnach ausgesagt werden, dass der zen-buddhistischen Lehre der Ich-Losigkeit folgend, die Transzendenz der psychischen Struktur und damit die Transzendenz der Grenze zwischen dem personalen Selbst und der Umwelt zur Einsicht in die von den begrifflichen Kategorien unbeeinflusste Form der Wahrnehmung mündet, die als Zustand des Satori beschrieben werden kann. Das Verschwimmen, die partielle Aufhebung oder der Verlust dieser Grenze führt der Objektbeziehungstheorie zufolge zu psychotischen Wahrnehmungszuständen. Abgesehen von den erörterten strukturtranszendierenden, kontemplativen Zuständen konstruktionsfreier Wahrnehmung kann der objektbeziehungstheoretischen Konzeption entsprechend die gesamte sich im Bewusstsein vollziehende Wahrnehmung als strukturdeterminiert beschrieben werden. Dabei kann ausgesagt werden, dass entsprechend der Hierarchie der Konstruktionen jede höher organisierte Form der Strukturbildung auf einer ihr zugrundeliegenden Ebene der Strukturformationen beruht und damit jede weiterführende Differenzierung von Selbst und Umwelt auf dem Fundament der Unterscheidung zwischen dem Ich und der Umwelt basiert. Bezogen auf die Symptomatik der schizophrenen Psychose kann die psychoanalytische Therapie als ein diese Struktur stabilisierendes Verfahren der strukturtranszendierenden Methode der Zen-Meditation gegenübergestellt werden.

3.3.2 Kritik des Modells im Licht der Säuglingsforschung

Ob die von der Beschreibung psychotischer Wahrnehmungszustände abgeleitete Interpretation frühkindlicher Wahrnehmungszustände, die sich vor der Bildung erster kognitiver Kategorien und Wahrnehmungsschemata im Bewusstsein des Säuglings ereignen, vor dem Hintergrund heutiger entwicklungspsychologischer Forschungen zulässig ist, wird in diesem Abschnitt erörtert werden. Im Zuge der kritischen Reflexion kausaler Fehlschlüsse in der Psychoanalyse muss die ontogenetische Rekonstruktion frühkindlicher Entwicklungsphasen auf der Basis der psychoanalytischen Untersuchung der Ursachen von psychischen Störungen jedoch infrage gestellt werden (vgl. Mertens 2011, S. 814f.). Ob der frühkindliche Bewusstseinszustand vor der Bildung erster Repräsentanzen des Selbst und der Objekte dem Symptom der psychotischen Verschmelzung des Selbst mit den Objekten der Umwelt entspricht, wird daher nun vor dem Hintergrund jüngster Ergebnisse der Säuglingsforschung diskutiert. Bråten postuliert im Einklang mit der Entwicklungsforschung von Stern die seit Geburt des Kindes vorhandene Anlage zur Wahrnehmung des Anderen. Ihnen zu Folge legen die Ergebnisse der jüngsten Kleinkindforschungen nahe »dass der Säugling wahrscheinlich von Beginn des Lebens an die Fähigkeit für die ›altero-zentrische Partizipation‹ (Bråten 1998) besitzt, die von Trevarthen (1979) lange Zeit als ›primäre Intersubjektivität‹ bezeichnet wurde« (Stern 2010, S. XII). Die Fähigkeit zur alterozentrischen Partizipation beruht auf dem von Bråten postulierten angeborenen Mechanismus des »virtuellen Anderen«. Der virtuelle Andere bezeichnet eine unspezifisch-gemeinschaftliche Sichtweise, einen inneren Anderen, der als Gegenüber zum körperlichen Selbst in einer aktuell gegebenen Erfahrung durch einen tatsächlichen Anderen ersetzt werden kann: »Im Geist des Säuglings gibt es schon bei der Geburt einen virtuellen Anderen, der zum Vollzug durch tatsächliche Andere in der gefühlten unmittelbaren Umgebung einlädt und ihn zulässt« (Bråten 1993, S. 26). Der virtuelle Andere kann also sowohl als Fähigkeit wie auch als Raum verstanden werden, der mit dem unmittelbaren Erleben des gegenwärtigen Gegenübers ausgefüllt werden kann. Dieser kann im Zuge seines Agierens in einem vermutlich auf der Basis von Spiegelneuronen agierenden Bewusstseinsmoment, der von Bråten als alterozentrische Partizipation bezeichnet wird, erfahren werden:

> »Ich definiere die alterozentrische Partizipation also als die virtuelle Beteiligung des Ego am Handeln des Anderen, als wäre das Ego ein virtueller Miturheber der Handlung oder als würde es virtuell vom Standpunkt des Anderen an die Hand genommen« (2011, S. 838).

Stern benennt die alterozentrische Partizipation als grundlegende intersubjektive Fähigkeit, die Empathie, emotionale Ansteckung und Identifizierung ermöglicht (vgl. 2007b, S. 247). Die alterozentrische Partizipation umfasst damit die Fähigkeit, sich mit dem tatsächlichen Anderen aus einer virtuell gegebenen egozentrischen Perspektive heraus zu identifizieren und so an seinem Agieren subjektiv zu partizipieren. Das gemeinsame Partizipieren am Vollzug einer Interaktion kann als körperlich erlebte geteilte Erfahrung des Gegenwartsmoments erlebt werden: »Die dyadischen Schaltkreise in beiden verwandeln sich in einen (Proto-)Dialog-Schaltkreis, der sie beide als tatsächliche Beteiligte einschließt, die sich gegenseitig in präsentationaler Unmittelbarkeit spüren« (Bråten 2011, S. 836). Das Potenzial zu der von Stern beschriebenen gemeinsamen intersubjektiven Erfahrung von Gegenwartsmomenten entsteht im Zuge der sich ontogenetisch in mehreren Schichten entwickelnden Fähigkeit zur intersubjektiven Einstimmung. Die Grundlagen dieser Fähigkeit sind dabei im Mechanismus des virtuellen Anderen, Bråten zufolge, bereits von Geburt an gegeben, was für eine ursprünglich im Bewusstsein angelegte Fähigkeit, sich vom Anderen zu unterscheiden, und damit gegen eine autistische Phase bei Neugeborenen oder eine am Anfang des Lebens stehende, symbiotische Verschmolzenheit mit der Umwelt spricht. Bråten fasst die Ergebnisse der jüngsten Säuglingsforschung zusammen:

> »Primäre intersubjektive Einstimmung in einem gegenseitigen Subjekt-Subjekt-Format der Protokonversation und zwischenmenschlichen Gemeinsamkeit zeigt sich in den ersten Tagen, Wochen und Monaten des Lebens; sie weist auf gegenseitige Spiegelung und alterozentrische Partizipation hin, [...] wie wir feststellen können, setzt sie sich als dauerhafte operative Schicht (die allerdings beim Autismus gestört ist) während des ganzen Lebens fort und unterstützt auch die folgenden Schichten höherer Ordnung« (ebd., S. 855).

Diese Ergebnisse der entwicklungspsychologischen Säuglingsforschung stellen das ontogenetische Strukturmodell von Kernberg bezüglich des Aspekts der frühkindlichen Symbiose sowie die daraus ableitbaren Schlussfolgerungen infrage: Die aus der Darstellung des Zen-Buddhismus abgeleitete Charakterisierung der Zen-Meditation als Methode zur Überschreitung der Kategorien des rational-reflexiven Denkens und der von begrifflichen Unterscheidungen beeinflussten Wahrnehmung hin zum direkten Erleben jener Form des Bewusstseins, die hinter den Kategorien verborgen ist bzw. diesen Kategorien als ursprüngliche Natur des Geistes zugrunde liegt, legt die Möglichkeit der meditativen Erschließung einer Art und Weise der Wahrnehmung nahe, die ontogenetisch vor dem Beginn der Strukturgenese und damit vor jeder Form der Repräsentanzenbildung zu verorten wäre. Falls diese ursprüngliche Natur des Bewusstseins Aspekte psychotischer Verschmelzungszustände beinhalten würde und Parallelen zwischen dem zen-buddhistischen Bewusstseinszustand der Ich-Losigkeit und dem Verlust der Grenze zwischen Selbst und Umwelt in der schizophrenen Psychose bestünden, könnte die entwicklungspsychologische Säuglingsforschung unter Umständen hierfür Belege liefern. Da jedoch den Erörterungen von Bråten und Stern zufolge von derartigen Verschmelzungszuständen nicht ausgegangen werden kann, sollte eine ontogenetische Interpretation des mathematischen Kalküls von Spencer-Bown, die eine frühkindliche Entwicklungsphase bezeichnen würde, in der sich das Selbst aus einem in sich undifferenzierten, im Sinne Matte-Blancos vollständig symmetrischen Bewusstseinszustand hervortretend von der Umwelt abgrenzt, ebenso infrage gestellt werden, wie die Assoziation dieser Annahme mit einer Phase der frühkindlichen symbiotischen Verschmolzenheit von Selbst und Umwelt, wie sie in der Konzeption der Strukturgenese von Kernberg postuliert wird. Ausgehend von den vorliegenden Argumenten jüngster entwicklungspsychologischer Forschungen kann daher nicht auf die Existenz von Parallelen zwischen dem im Bewusstsein des Satori verwirklichten zen-buddhistischen Prinzip der Ich-Losigkeit und den Verschmelzungszuständen der schizophrenen Psychose geschlossen werden. Mertens diskutiert entwicklungsorientierte Aspekte der Psychoanalyse und lehnt den kausalen Rückbezug psychopathologischer Phänomene auf die aus ihrer Symptomatik abgeleiteten Phasen der frühkindlichen Entwicklung ab. In diesem Zusammenhang nennt er unter anderen kausalen Fehlannahmen der Psychoanalyse das Konzept des symbiotischen Entwicklungsstadiums:

»Eine logische Folge dieses kausalen Fehlschlusses ist der psychogenetische oder pathomorphe Fehlschluss: Bestimmte Entwicklungsergebnisse haben spezifische psychogenetische Grundlagen und entstehen in spezifischen Entwicklungsphasen. Aber Psychosen zum Beispiel lassen sich nicht auf eine undifferenzierte symbiotische Phase zurückführen« (Mertens 2011, S. 815).

Obwohl die ontogenetische Interpretation des Spencer-Brown-Kalküls vom Standpunkt entwicklungspsychologischer Forschung aus gesehen nicht bestätigt werden konnte und damit der ontogenetische Ausgangspunkt des systemtheoretischen Modells der strukturellen Entwicklung nicht eindeutig formuliert werden kann, ist in der heutigen entwicklungsorientierten Psychoanalyse das systemtheoretische Prinzip der dynamischen Strukturentwicklung eine wichtige theoretische Grundlage zum Verständnis der strukturellen Entwicklung der Psyche.

> »Immer stärker plädieren deshalb psychoanalytische Entwicklungsforscher neben der Einbeziehung von basalen kognitiven und sozioemotionalen Ichfunktionen für die Berücksichtigung der Grundgedanken der nichtlinearen, dynamischen Systemtheorie. Wie entstehen Ordnung und Komplexität aus dem Zusammenspiel unendlich vieler Komponenten? Mit ihrer Betonung des permanenten im Prozess befindlichen und vom Kontext abhängigen und beeinflussbaren Geschehen scheint sich diese Betrachtungsweise besonders gut für die Konzeptualisierung psychoanalytischer Entwicklungsphänomene zu eignen (vgl. z.B. Mayes 1999)« (Mertens 2011, S. 813).

Die hier erörterte systemtheoretische Interpretation des Spencer-Brown Kalküls kann unter dem Vorbehalt der Ausklammerung der ontogenetischen Interpretation des Reentry-Vorgangs als Ausgangspunkt für die Abgrenzung des zen-buddhistischen Prinzips der Ich-Losigkeit von der psychoanalytischen Therapiekonzeption dienen: Die grundlegende Bedeutung der Grenze zwischen Selbst und Umwelt kann durch die klinische Tragfähigkeit des Modells von Kernberg und Matte-Blanco bestätigt werden. Das Verschwimmen oder der Verlust der Selbstabgrenzung gegenüber der Umwelt führt bei Patienten mit der Symptomatik der schizophrenen Psychose, wie dargestellt wurde, zu massiven Beeinträchtigungen der Orientierungsfähigkeit in der Umwelt. Die Fähigkeit, das eigene Selbst von der Umgebung abzugrenzen, kann, ungeachtet von ontogenetischen Entwicklungsstufen der Identitätskonsolidierung, als grundlegende Voraussetzung des Erkennens und damit des sich Zurechtfindens in der Umgebung gelten. Erkenntnis ist nach dem Wahrnehmungsmodell des systemtheoretischen Konstruktivismus nur möglich,

> »weil sich Systeme auf der Ebene ihres Unterscheidens und Bezeichnens operativ schließen und auf diese Weise indifferent werden, gegen das, was als Umwelt ausgeschlossen ist. Die Einsicht, daß Erkenntnis nur durch Abbruch von operativen Beziehungen zur Außenwelt erreichbar sei, besagt deshalb nicht, daß Erkenntnis nichts Reales sei oder nichts Reales bezeichne; sie besagt nur, daß es für die Operationen, mit denen ein erkennendes System sich ausdifferenziert, keine Entsprechungen in der Umwelt geben kann, weil, wenn es so wäre, das System sich laufend in seine Umwelt auflösen und das Erkennen damit unmöglich machen würde« (Luhmann 1988, S. 51f.).

Aus den objektbeziehungstheoretischen Implikationen des erkenntnistheoretischen Modells des systemtheoretischen Konstruktivismus ergibt sich, wie dargestellt wurde, die Stabilisierung der Grenze zwischen Selbst und Umwelt als grundlegendes Behandlungsziel in der schizophrenen Psychose. Im Bezug auf diese Symptomatik kann die Psychoanalyse demnach ungeachtet des möglichen Vorliegens ontogenetischer Fehlschlüsse des Strukturmodells von Kernberg als strukturstabilisierende Form der Intervention gekennzeichnet und bezüglich der dieser Untersuchung zugrundeliegenden Forschungsfrage der strukturtranszendierenden Methode der Zen-Meditation gegenübergestellt werden.

3.4 Die Borderline-Persönlichkeitsstruktur

Ausgehend von milderen Schweregraden psychopathologischer Symptomatik beschreibt Kernberg neben dem psychotischen Strukturniveau zwei weitere Strukturniveaus, die eine erhöhte Anfälligkeit für psychische Störungen bedingen und auf einem Kontinuum hin zu einer stabilen und integrierten Formation der psychischen Struktur eingeordnet werden. Dieses Kontinuum reicht vom psychotischen Strukturniveau über die Borderline-Persönlichkeits-Organisation und die neurotische Persönlichkeits-Organisation bis zur normalen Persönlichkeits-Organisation und erlaubt die Einordnung der meisten psychischen Störungsbilder in einen ihrer Symptomatik zugrundeliegenden strukturellen Hintergrund. Von dieser strukturellen Einstufung der spezifischen Störungsbilder ausgehend, lässt sich dem Modell von Kernberg zufolge die Wirkungsweise psychoanalytischer Verfahren hinsichtlich ihrer Einwirkung auf die psychische Struktur beschreiben: unterschiedliche psychoanalytische Therapiemethoden, wie manualisierte Therapieverfahren, oder nicht-manualisierte, tiefenpsychologisch-fundierte Methoden und Formen der klassischen Psychoanalyse können auf ein und dem selben Strukturniveau eine hinsichtlich ihrer Wirkungsweise vergleichbare Veränderung erzielen (siehe neurotisches Strukturniveau). Somit können verschiedene Verfahren hinsichtlich ihrer Wirkung auf die psychische Struktur des Patienten zusammengefasst werden.[79] Gleichzeitig kann aber dasselbe Verfahren auf unterschiedlichen strukturellen Ebenen

---

[79] Die Zusammenfassung der einzelnen Therapieverfahren bezieht sich hierbei jedoch lediglich auf die Art und Weise der Einwirkung auf die psychische Struktur im Hinblick auf das von Kernberg formulierte Strukturmodell, ein Vergleich in Bezug auf das Maß oder die Nachhaltigkeit des erzielten Effekts der einzelnen Verfahren wird in diesem Zusammenhang nicht angestrebt.

zu unterschiedlichen Wirkungen führen (so wie die dem Borderline- oder dem neurotischen Strukturniveau angepasste Form der von Kernberg entwickelten übertragungsfokussierten Psychotherapie) (vgl. Kernberg et al. 2008, S. 22f.).

Um die Methode der psychoanalytischen Therapie ausgehend von dem strukturellen Hintergrund des zu behandelnden Störungsbildes zu beschreiben, wird in der nun folgenden Darstellung ausschließlich auf die Wirkung der therapeutischen Intervention auf die dem Störungsbild zugrunde liegende Formation der psychischen Struktur Bezug genommen. Diese vom Strukturmodell von Kernberg ausgehende Einschränkung der Differenziertheit in der Darstellung psychoanalytischer Therapieverfahren dient in diesem Zusammenhang der Fokussierung auf die vorliegende Forschungsfrage: Um zu klären, ob die Methode der Zen-Meditation als adäquater Ersatz für eine psychoanalytische Therapie gelten kann, soll die psychoanalytische Therapie lediglich in einer ihre Einwirkung auf die Psyche des Patienten kennzeichnenden Art und Weise beschrieben und der Methode der Zen-Meditation gegenübergestellt werden. Eine umfassende Charakterisierung der Wirkungsweise der therapeutischen Intervention vor dem Hintergrund struktureller Aspekte wurde daher an dieser Stelle einer differenzierten Darstellung der einzelnen Modelle, Schulen und Formen der psychoanalytischen Therapie sowie der spezifischen Darstellung der Phänomenologie einzelner Störungsbilder und der aus ihnen ableitbaren Möglichkeiten der Intervention vorgezogen. Da in dieser Arbeit in erster Linie die Wirkung psychoanalytischer Therapieverfahren der Wirkung der Zen-Meditation gegenübergestellt werden sollte, ist die Beschreibung der Wirkung psychoanalytischer Verfahren aus der strukturellen Perspektive gemäß dem Sparsamkeitsprinzip von Ockhams Rasor die am besten geeignete Methode, um die vorliegende Forschungsfrage zu beantworten. Das Strukturmodell von Kernberg kennzeichnet die Wirkungsweise psychoanalytischer Verfahren entsprechend dem Kontinuum der vier Strukturniveaus. Damit enthält es gegenüber der Vielzahl psychoanalytischer Therapieformen und Schulen und auch gegenüber der großen Vielfalt psychischer Störungsbilder die geringste Anzahl an einzubeziehenden Variablen und damit die geringste Zahl der aus diesen abzuleitenden Hypothesen.

Ausgehend vom schwersten Grad der strukturellen Störung, dem psychotischen Strukturniveau beschreibt das Modell von Kernberg drei weitere Niveaus psychischer Strukturformation, deren Gestalt auf dem Fundament einer weitgehend stabilen Grenze zwischen Selbst und Umwelt basieren. Kann die psychische Struktur eine stabile Unterscheidung zwischen Selbst und Umwelt gewährleisten, so können Objektbeziehungen als die grundlegenden Einheiten der psychischen Struktur stabilisiert werden. Diese entstehen, wenn sich das Selbst auf ein Objekt bezieht, wobei dieser Bezug als dyadische Einheit unter der Einwirkung eines

Affekts in der Struktur konsolidiert wird. Nach dem Schweregrad der vorliegenden Symptomatik folgen auf die Symptomatik der schizophrenen Psychose die Formen psychischer Störungen, die auf dem strukturellen Niveau der Borderline-Persönlichkeits-Organisation (BPO) entstehen. An dieser Stelle wird, um diese Form der strukturellen Problematik zu beschreiben, auf zwei von ihnen, die Borderline-Persönlichkeitsstörung und die Narzisstische Persönlichkeitsstörung näher eingegangen werden.[80] Im Falle der BPO ist die Grenze zwischen Selbst und Umwelt und mit ihr die Fähigkeit der Realitätsprüfung grundsätzlich intakt, wird jedoch bei schweren Ausprägungen der Symptomatik in Zuständen hoher Affektintensität vorübergehend brüchig. Das strukturelle Problem der BPO ist eine defizitär ausgeprägte Fähigkeit zur Integration ambivalenter Affekte in den Objektbeziehungen (vgl. Kernberg 1985, S. 263–277).

Positive und negative Affekte gegenüber ein und demselben Objekt können nicht in den Repräsentanzen der Beziehung zu diesem Objekt, den Objektrepräsentanzen, integriert werden. Ebenso wenig können ambivalente Affekte im Selbstbezug integriert werden. Selbstrepräsentanzen und Objektrepräsentanzen, die von intensiven Affekten gestaltet werden, müssen daher durch die Abwehrmechanismen der Spaltung in nur gute und nur schlechte Selbst- und Objektrepräsentanzen fragmentiert werden. Die Integration von Ambivalenzen ist auf der strukturellen Basis einer BPO nur in Zuständen mittlerer oder geringer Affektintensität möglich (vgl. Ermann 2010, S. 46ff.). Die rigide Trennung der ambivalenten Affekte, die in Zuständen hoher Affektintensität gegenüber ein und demselben Objekt oder gegenüber der als Selbstrepräsentanzen beschriebenen Aspekte des Selbst empfunden werden, kann nur durch den Einsatz der Abwehrmechanismen der Spaltung aufrechterhalten werden. Die Definition der affektiven Gegenpole, die der Abwehr der Spaltung zugrunde liegt, geht auf die von Freud formulierte Konzeption der Triebantagonisten Eros und Thanatos zurück:

> »Nach langem Zögern und Schwanken haben wir uns entschlossen, nur zwei Grundtriebe anzunehmen, den Eros und den Destruktionstrieb. [...] Das Ziel des ersten ist, immer größere Einheiten herzustellen und so zu erhalten, also Bindung, das Ziel des anderen im Gegenteil, Zusammenhänge aufzulösen und so die Dinge zu zerstören. Beim Destruktionstrieb können wir daran denken, daß als sein letztes Ziel erscheint, das Lebende in den anorganischen Zustand zu überführen. Wir heißen ihn darum auch Todestrieb« (Freud 1938d, S. 70f.).

---

80 Eine differenzierte Auflistung der auf dem Strukturniveau der BPO entstehenden Persönlichkeitsstörungen findet sich bei Kernberg 2012, S. 57/Tab. 6 sowie bei Caligor et al. 2010, S. 23/Abb. 2-1.

Die Beschreibung der Abwehr der Spaltung als den entscheidenden Mechanismus der BPO wurde maßgeblich von Melanie Klein geprägt, deren von dem von Freud konzipierten Antagonismus von Libido und Destruktion abgeleitetes entwicklungspsychologisches Modell der paranoid-schizoiden Position und der depressiven Position eine wesentliche Grundlage des Strukturmodells von Kernberg darstellt (vgl. Reich 2008, S. 702f.). In dem der Entwicklungsstufe der depressiven Position vorangehenden Stadium der paranoid-schizoiden Position beschrieb sie die Mechanismen der Spaltung in erster Linie als Abwehr gegen Angst, die von den als bedrohlich wahrgenommenen thanatalen Triebimpulsen hervorgerufen wird:

»Wie wir annehmen spaltet das Ich aktiv das Objekt und seine Beziehungen zu ihm und dies kann eine aktive Spaltung des Ichs selbst einschließen. Jedenfalls ist das Endresultat von Spaltungen eine Verteilung des Zerstörungstriebes, der als Quelle der Gefahr empfunden wird« (Klein 1946, S. 105).

Ebenso wie in dem von Melanie Klein beschriebenen entwicklungspsychologischen Modell fungieren die Mechanismen der Spaltung in dem von Kernberg entwickelten Konzept der BPO sowohl zum Zweck der Abwehr von Angst als auch zum Schutz von idealisierten Selbst- und Objektimaginationen. Kernberg stellt jedoch die von Geburt an gegebene, konstitutionell bedingte dualistische Triebkonstitution infrage (Kernberg 2009, S. 188f.). Er plädiert stattdessen für einen affektiven Antagonismus mit den ontogenetischen Basisaffekten der Wut und der sexuellen Erregung, aus denen die affektiven Qualitäten von Liebe und Hass hervorgehen. Liebe und Hass konsolidieren sich schließlich in den antagonistischen Triebsträngen von Libido und Aggression (vgl. Kernberg et al. 2008, S. 5–19). Die Wahrnehmung von Selbst- und Objektimaginationen ereignet sich somit als projektive Abbildung der endopsychischen Triebkonstitution (vgl. Klein 1930, S. 69). Selbst- und Objektimaginationen erscheinen als nur gute oder nur böse Partialobjektbeziehungen. Sie können aufgrund der die Borderline-Strukturformation bezeichnenden Isolation libidinöser und aggressiv-destruktiver Triebderivate niemals in ihrer ganzheitlichen affektiven Qualität erfahren werden: In der Symptomatik der Borderline-Störung oszillieren Selbst- und Objektwahrnehmung gemäß dem Prinzip der Spaltung zwischen erfüllenden, harmonischen Objektbeziehungen und einem idealisierten Selbstbild hin zu emotional isolierten, von gegenseitiger Ausbeutung und Verfolgung kontaminierten zwischenmenschlichen Beziehungen. Die Wahrnehmung dieser nur negativen Objektbeziehungen wird dann aus der Perspektive einer angsterfüllten Selbstimagination erlebt, deren Handlungen aufgrund ihrer bedürftigen

Hilflosigkeit von Zorn, Neid und destruktiver Aggression bestimmt werden. Die von der strukturellen Spaltung bedingte Oszillation der Affekte schlägt sich in bisweilen ungebremster Destruktivität nieder. Diese kann sich sowohl auf die Außenwelt als auch auf das eigene Selbst richten und in selbstzerstörerischen oder selbstverletzenden Handlungen ausagiert werden. Bereits geringfügige Störungen im fragilen Gleichgewicht der euphorisierenden Harmonie der als nur gut erlebten Partial-Objektbeziehungen werden daher mit impulsiv auftretender, zornerfüllter Zerstörungskraft und panischen Verlustängsten beantwortet.

»Dies erhöht die Anfälligkeit für Wahrnehmungsverzerrungen, da die äußere Realität durch eine rigide und unreife innere Struktur gefiltert (d.h. ihr angepasst) wird. Spaltung trägt also nicht zu einer erfolgreichen Anpassung an das Leben bei, sondern erklärt einen Großteil des emotionalen und interpersonalen Chaos sowie der Symptomatik von Patienten mit einer Borderline-Persönlichkeitsorganisation« (Kernberg et al. 2008, S. 14).

Die Wahrnehmungsgrundlage der von Moment zu Moment oszillierenden, nur guten oder nur negativen Lebenswirklichkeiten bietet dabei immer dann keinen Zugang zu den affektiven Qualitäten des antagonistischen Triebstranges, wenn dessen jeweiliger Gegenspieler in einem affektiven Peak-State aktiviert wurde. In diesen Zuständen hoher Affektintensität stellt sich die strukturelle Basis der BPO als eine auf den affektiven Augenblick fixierte Struktur dar, die eine Wahrnehmungswirklichkeit erzeugt, die den auf ihrer Grundlage handelnden Akteur dazu verurteilt, fortwährend im jeweils gegebenen Affektzustand gefangen zu sein, ohne diesen Zustand mit relativierenden affektiven Momenten aus der Vergangenheit in Verbindung bringen zu können. Das Schicksaal des Borderline-Patienten offenbart sich in den Zuständen hoher Affektintensität demnach als ein Gefangensein im jeweils gegeben Moment (vgl. Kernberg 1983, S. 193).

Die entwicklungspsychologische Theorie von Melanie Klein betont gegenüber der klassisch-triebtheoretischen Konzeption von Freud die Bedeutung des Einflusses der Fantasie unter der Einwirkung destruktiver Impulse von Aggression, Hass, Neid und der daraus resultierenden Angst (vgl. Mertens 2009, S. 139–141). Ihrem Modell zufolge präsentiert sich die Symptomatik der Borderline-Störung als ein im Widerstreit libidinöser und thanataler Triebimpulse hervorgebrachtes, fortlaufendes Ereignis der phantasmatischen Objekterzeugung, dem der sensorische Sinnesstrom vorrangig als eine sich im Bewusstsein vollziehende Projektionsfläche dient. Folglich kann das Wirken der Mechanismen der Spaltung vor allem als ein »Abwehrvorgang gegen die innere Realität« (Segal 1973, S. 33) beschrieben werden.

> »Phantasie und Realität sind hier im Grunde genommen ebenbürtige Wirklichkeiten; Phantasie ist psychische Realität und als solche nicht nur wirklichkeitsmächtiger, als die äußere, die intersubjektive Realität, sondern in diesem Sinne vor allem auch unverzichtbares genuines Struktur(ierungs)medium für den Aufbau des psychischen Innenraums« (Gast 1996, S. 173).

Die Wahrnehmung des Selbst und seiner Außenwelt wird dabei von den zentralen, die innerpsychischen und außerpsychischen Phänomenbereiche in der Ausübung ihrer phantasmatischen Allmacht gestaltenden Wirkmechanismen der Introjektion und Projektion geformt (vgl. Klein 1952, S. 123). Das Ineinandergreifen dieser Gestaltungsprinzipien des psychischen Raums erzeugt die Fiktion von Allmacht und Unabhängigkeit von der Umwelt, indem lustvolle Aspekte der Außenwelt im Zuge ihrer introjektiven Einverleibung in idealisierten Selbstimagines verortet werden, wobei gleichzeitig angsteinflößende oder unlustvolle Impulse in einer das frühkindliche Universum gestaltenden Abwehrbewegung projektiv in die Umwelt ausgestoßen werden (vgl. Hinshelwood 1993, S. 506ff.). Die introjektive Integration nur guter Objektrepräsentanzen und idealisierter Objektrepräsentanzen in die nur guten Anteile der Selbstrepräsentanzen erzeugt das verzerrte Selbstbild des pathologischen Größenselbst, das die strukturelle Gestalt der Narzisstischen Persönlichkeitsstörung beschreibt (vgl. Kernberg/Hartmann 2006, S. 128f.). Die Narzisstische Persönlichkeitsstörung basiert auf dem strukturellen Niveau der BPO. Obgleich sich in diesem Fall die Wahrnehmung von Selbst und Umwelt ausgehend von einer vorwiegend stabilen Grenze zwischen Selbst und Umwelt vollzieht, stellt sie sich hier dennoch als ein Vorgang dar, der vom willkürlichen Umgang mit dieser Grenze bestimmt wird und nur in eingeschränktem Maße als kognitionsbasiertes Geschehen bezeichnet werden kann (vgl. Kernberg 1985, S. 263). Massive Verzerrungen der Selbstwahrnehmung durch Projektion von Omnipotenzfantasien auf die Struktur des pathologischen Größenselbst stabilisieren die Selbstidealisierung ebenso wie die Entwertung von Objektbeziehungen und die Verleugnung der eigenen, aus Bindungswünschen entstehenden emotionalen Bedürftigkeit. Bedürftige Selbstanteile werden im Zuge der Abwehr der von ihrer Frustration hervorgerufenen Impulse von Neid, Hass, Angst und Aggression abgespalten (vgl. Gerisch 1996, S. 226f.).[81]

---

[81] »Die Unfähigkeit der narzisstischen Persönlichkeiten, abhängig zu sein, im Gegensatz zur anklammernden Abhängigkeit und zur ständigen Fähigkeit von Borderline-Patienten, breitgestreute Objektbeziehungen einzugehen, ist ein entscheidendes differentialdiagnostischen Merkmal zwischen narzisstischen Persönlichkeiten, die auf der Borderline-Ebene funktionieren, und gewöhnlichen Borderline-Patienten« (Kernberg 1975, S. 896).

»Diese Struktur wird besonders gegen Neid aktiviert. [...] Neid ist viel schlimmer als Hass. Wenn wir hassen, dann hassen wir das Böse und wollen es zerstören. Im Neid aber hassen wir das, was wir selber wollen. Wir hassen das Gute. Und einer der Effekte des Neides ist der Versuch, im anderen zu zerstören, was wir nicht haben können. Neid kann nie zufriedengestellt werden, denn unbewusst muss das, was beneidet wird, zerstört werden« (Kernberg 2012, S. 62).

Zum Schutz des Selbst und der Objektbeziehungen vor der eigenen Destruktivität wird die Persönlichkeitsstruktur mittels der Abwehrmechanismen der Spaltung, Projektion, Introjektion, Idealisierung, Verleugnung und halluzinatorischer Wunscherfüllung, die u. a. in der pathologischen Verschmelzung des Selbst mit den idealisierten und den nur guten Objektrepräsentanzen in der Formation des Größenselbst realisiert wird, stabilisiert. Hierbei verdichtet sich die wirklichkeitsgestaltende Abwehr der Spaltung vorrangig im Vorgang der projektiven Identifizierung. »Mittels projektiver Identifizierungen und Spaltungen versuchen Menschen unerträgliche Beziehungsmuster in anderen Personen unterzubringen« (Mertens 2009, S. 141). Die Auslagerung unerträglicher oder als bedrohlich erlebter Affekte des eigenen Erlebens kann als Vorgang beschrieben werden, in dem ungeliebte oder angsteinflößende Teile der Selbstimagines in die Umwelt ausgelagert und mit einem äußeren Objekt identifiziert werden. Die Projektion destruktiver Triebderivate auf das äußere Objekt bewirkt dabei, dass das Objekt nicht mehr als eigenständiges Individuum wahrgenommen, sondern als Projektionsfläche der abgespaltenen aggressiv-destruktiven Selbstrepräsentanzen erlebt wird:

»Klinisch bedeutet die projektive Identifikation, daß ein Impuls, den man nicht aushält auf das Objekt attribuiert wird und daß die Empathie mit diesem gefährlichen Impuls, der projiziert wurde, gewahrt bleiben kann; ferner eine unbewußte Tendenz, den entsprechenden Impuls in das Objekt hineinzulegen, sowie das Bedürfnis, das Objekt zu kontrollieren, das nun unter dem Effekt des projizierten Impulses steht. Dies alles wird begleitet von dem Streben nach omnipotenter Kontrolle« (Kernberg 2009, S. 234).

Die abgespaltenen, dependenten Selbstanteile treten jedoch in Momenten der Enttäuschung, Zurückweisung oder narzisstischer Kränkung plötzlich ins Blickfeld und münden in ein Abkippen der herbeifantasierten Grandiosität in eine Selbstwahrnehmung, die von dem Gefühl der totalen Wertlosigkeit bestimmt wird. Dieses nur negative Selbstbild ruft narzisstische Wut, Hass und Neid hervor. Das Ausagieren dieser aggressiven Impulse schlägt sich sodann in Destruktivität, der Entwertung des Gegenübers oder in Ausweichbewegungen des narzisstischen Rückzugs nieder. Zur Stabilisierung des pathologischen Größen-Selbst ist die narzisstische Persönlichkeit auf Bewunderung und Aufmerksamkeit von Außen angewiesen. Die Aufwertung durch andere wird oftmals mit charismatischem Charme eingefordert, der dazu dient, die mangelnde Beziehungsfähigkeit sowie die ihr zugrundeliegende Gefühlskälte zu verbergen. Mithilfe eines gewinnenden Wesens können so jene ausbeuterischen Beziehungen am Leben gehalten werden, die letzten Endes dazu dienen, den Narzissten vor dem mit dem Ausbleiben des Beifalls eintretenden, quälenden Bewusstsein der inneren Leere zu bewahren. Das pathologische Größen-Selbst beruht auf der Abwehr der Spaltung: Introjektion, Projektion und projektive Identifizierung formen und stabilisieren eine pathologische Persönlichkeitsstruktur, die sich im Verlauf ihrer Behandlung als Formation einer BPO darstellt:

> »In der psychoanalytischen Behandlung zeigen sie, falls und wenn ihr pathologisches Größen-Selbst systematisch erforscht und durch Interpretation aufgelöst wird, intensive Konflikte, in denen eine Verdichtung ödipaler und prä-ödipaler Probleme vorherrscht, mit einem alles beherrschenden Einfluss prä-ödipaler Quellen von Aggression, die mit ihren spezifischen Konflikten um den Neid zusammenhängt. Mit anderen Worten, sie enthüllen unter der schützenden Struktur des pathologischen Größen-Selbst die typischen Konflikte der Borderline-Persönlichkeitsorganisation. Ihr oberflächlicher relativer Mangel an Objektbeziehungen ist eine Abwehr gegen darunterliegende, intensiv pathologische internalisierte Objektbeziehungen« (Kernberg 1985, S. 281).

Die auf die Symptomatik der BPO ausgerichtete Form der therapeutischen Intervention ergibt sich, dem Modell Kernbergs zufolge, aus der Theorie von Melanie Klein. Darin beschreibt sie die Mechanismen der Spaltung sowie die ihnen zugrundeliegenden endopsychischen Triebkonflikte mit dem entwicklungspsychologischen Konzept der paranoid-schizoiden Position. Dieses von ihr ursprünglich zur Beschreibung der mentalen Entwicklung von Kleinkindern entwickelte Modell wird in der Objektbeziehungstheorie von Kernberg dazu verwendet, die strukturelle Formation der BPO zu charakterisieren und den Ausgangspunkt der therapeutischen Intervention zu definieren (vgl. Kernberg 2012, S. 48f.).

> »Kleine Kinder projizieren ihre unerträglichen Hassgefühle, die sie selbst nicht regulieren können, in ihre Mutter und erleben sie dann als gefährlich verfolgendes Wesen. Aus dieser genetischen Prädisponiertheit destruktiver Tendenzen ergab sich

die von Klein sog. paranoid-schizoide Position als ein Wesenszug des Menschlichen, die deshalb keine kindliche Entwicklungsphase darstellt, sondern ein immer wiederkehrendes Erleben in der inneren Objektbeziehungswelt bezeichnet« (Mertens 2009, S. 140).

Die in der psychoanalytischen Therapie angestrebte strukturelle Veränderung der BPO ergibt sich aus dem von Klein formulierten Modell der depressiven Position, die im Falle einer gelungenen mentalen Entwicklung auf das paranoid-schizoide Entwicklungsstadium folgt. Die in der paranoid-schizoiden Position vorherrschenden Mechanismen der Spaltung werden in erster Linie als Abwehr gegen die aus den thanatalen Triebimpulsen hervorgehenden Ängste beschrieben. Die unerträglichen aggressiv-destruktiv aufgeladenen Triebimpulse werden im Zuge von Verleugnung, phantasmatischer Projektion und projektiver Identifizierung in die Außenwelt verlagert und führen durch die infolge dessen erlebte Bedrohung von Außen zu paranoiden Ängsten. Da Frustration aggressiv-destruktive Impulse tendenziell verstärkt, ist ein Mindestmaß an guter Versorgung sowie die kindliche Wahrnehmung von Geborgenheit und die damit einhergehende Reduktion paranoider Verfolgungsängste die wichtigste Voraussetzung für die sich in der depressiven Position vollziehende Integration der gespaltenen libidinös und aggressiv-destruktiv besetzten Selbst- und Objektrepräsentanzen. Die Erfahrung schützender mütterlicher Nähe ermöglicht, gemeinsam mit der durch die kognitive Weiterentwicklung des Kindes bedingte Verbesserung der Realitätsprüfung, die Reduktion der Angst und schafft damit die Voraussetzung für die allmähliche Reduktion der Abwehr der Spaltung:

> »Die Befriedigung und die Liebe, die ihm in diesen Momenten zuteil werden, tragen dazu bei, seiner Verfolgungsangst und sogar den Verlust- und Verfolgungsgefühlen, die durch das Geburtserleben in ihm geweckt wurden, entgegenzuwirken. Die körperliche Nähe zur Mutter, die er beim Stillen findet – das heißt letztlich die Beziehung zur guten Brust –, hilft ihm immer wieder, seine Sehnsucht nach einem früheren, verlorenen Zustand zu überwinden; sie lindert die Verfolgungsangst und stärkt das Vertrauen in das gute Objekt« (Klein 1952, S. 113).

In den Momenten, in denen die Liebe zum Objekt die destruktiven Impulse überformt, wird die Spaltung als weniger tiefgreifend erlebt. Diese Erfahrung mündet in den Übergang von der Spaltung der Objektbeziehungen zu ihrer Integration. Im Oszillieren von paranoid-schizoiden und integrativen Momenten kann sich das Selbst stabilisieren und die auf die Partialobjekte gerichteten Impulse synthetisieren, ambivalente Tendenzen können dann gegenüber ein und demselben Objekt erlebt werden. In der Entwicklungsphase der depressiven Position werden Partialobjekte synthetisiert und als ganzheitliche Objekte wahrgenommen und introjiziert. Die Integration der verschiedenen Aspekte einer Person in der Repräsentanz ein und derselben Objektbeziehung mündet in die Legierung destruktiver und libidinöser Triebstrebungen. Die Integration der widerstrebenden Triebimpulse ermöglicht die Schwächung thanataler Impulse durch die Libido und führt so zur Linderung von Aggression, Hass, Neid und Verfolgungsangst, weckt jedoch gleichzeitig depressive Angst, Schuldgefühle und den Wunsch nach Wiedergutmachung. Die Angst, das gute Objekt zerstört zu haben, und die daraus resultierenden Wiedergutmachungswünsche bewirken eine zunehmende Hemmung und Sublimierung aggressiver und destruktiver Impulse. Mit zunehmenden kognitiven Fähigkeiten steigt auch die Fähigkeit, zwischen äußeren Versagungen und bedrohlichen Fantasien zu unterscheiden. Hass und Aggression können dann in engere Beziehung zu tatsächlich gegebener Frustration gebracht werden. Dies versetzt das Kind mehr und mehr in die Lage, seine destruktiven Impulse in einer ich-syntonen Weise wahrzunehmen und sie anstelle ihrer projektiven Auslagerung zu bewältigen und zu sublimieren. Infolge der Verringerung von Ambivalenz und Aggression entsteht eine größere Sicherheit in der Beziehung zum eigenen Selbst und zu den Objekten der Außenwelt:

> »Die depressive Position spielt für die frühe Entwicklung des Kindes eine entscheidende Rolle, und wenn die infantile Neurose im Alter von ungefähr fünf Jahren abklingt, haben sich Verfolgungsangst und depressive Ängste normalerweise gewandelt. Die entscheidenden Schritte im Durcharbeiten der depressiven Position aber erfolgen, wenn der Säugling das vollständige Objekt verankert – das heißt, während der zweiten Hälfte des ersten Lebensjahres, und man könnte behaupten, daß eine der Voraussetzungen für eine normale Entwicklung erfüllt ist, sobald diese Prozesse erfolgreich abgeschlossen wurden« (ebd., S. 136).

Das Ziel der therapeutischen Intervention auf dem Strukturniveau der BPO ist, dem Strukturmodell von Kernberg entsprechend, die Integration polarisierter Strukturelemente. Die von Kernberg entwickelte manualisierte Methode der übertragungsfokussierten Psychotherapie zielt daher darauf ab, diese integrative Strukturveränderung in der Psyche des Patienten zu bewirken: Die der paranoid-schizoiden Strukturformation entsprechende BPO soll durch die Integration der durch Spaltung polarisierten Objektbeziehungen in eine der depressiven Position des kleinianischen Modells entsprechende Gestalt überführt werden. Die Strategie des von Kernberg entwickelten Therapiemodells ist die konsequente Deutung der Übertragungssituation. In der Übertragung realisieren sich die teilweise unbewussten Objektbeziehungen des Patienten in der aktuellen Interaktion mit dem Therapeuten. Die in der Vergangenheit entstandenen Beziehungsmuster aktualisieren sich somit in der Gestaltung der Beziehung im gegenwärtigen Moment der Therapiesituation. Sie können vom Therapeuten unter Einbezug der Deutung der Gegenübertragung, bei der der Therapeut seine, durch das Agieren des Patienten ausgelösten Reaktionen und Emotionen zur Analyse der Übertragungsmuster des Patienten heranzieht, gedeutet und dem bewussten Erleben und der Reflexion des Patienten zugänglich gemacht werden (vgl. Kernberg 2012, S. 70–82). Die konsequente Deutung der Abwehrmechanismen der Spaltung in der Übertragungssituation führt in die Bewusstwerdung der polarisierten Gestalt der BPO. Die so erzielte Einsicht in die Auswirkung der Spaltung bewirkt, im Zuge der Durcharbeitung der mit ihnen verbundenen Ängste und Aggressionen, ein gleichzeitiges Erblicken der nur guten und nur bösen Selbst- und Objektimaginationen. Diese Einsicht mündet in eine sich in oszillierender Progression ereignende Integration der polarisierten Selbst- und Objektbeziehungsdyaden und schließlich in ihre der depressiven Position entsprechende Konsolidierung in ambivalenten Strukturen:

> »In weiter fortschreitenden Behandlungsphasen wechselt die paranoide Übertragung in depressive Übertragungsmuster: Projektive Mechanismen gehen zurück; Gefühle von Schuld und Sorge angesichts des nunmehr als aggressiv erkannten Verhaltens gegenüber dem guten Objekt lassen in der Folge Wiedergutmachungswünsche entstehen; die Fähigkeit zur Ambivalenztoleranz steigt« (Kernberg et al. 2008, S. 21).

3.5 Die neurotische Persönlichkeitsstruktur

Das Oszillieren zwischen der depressiven und der paranoid-schizoiden Position kann in der Konzeption von Kernberg sowohl als fortgeschrittene Behandlungsphase einer Borderline-Störung als auch als Charakteristikum höher strukturierter Störungsbilder auf dem neurotischen Strukturniveau bezeichnet werden:

> »Von einer dynamischen Perspektive aus betrachtet bewegt sich der Patient mit höher strukturierter Persönlichkeitspathologie jedoch zwischen der depressiven und paranoid-schizoiden Position hin und her. Dies ist auch für die Psychotherapie dieser Patienten charakteristisch. Verläuft die Behandlung erfolgreich, kommt es zu einem wiederholten und zunehmenden Durcharbeiten von Zyklen paranoider und depressiver Ängste, die allmählich in einen stabilen depressiven Funktionsmodus übergehen« (Caligor et al. 2010, S. 57).

Das neurotische Strukturniveau ist die Basis für eine Vielzahl von affektiven Störungsbildern. Unter diesem strukturellen Gesichtspunkt kann ein großer Teil der in ambulanten Psychotherapiepraxen behandelten Pathologien zusammengefasst werden. Das neurotische Strukturniveau unterscheidet sich vom normalen Strukturniveau durch die mehr oder weniger stark ausgeprägte Beeinflussung des Erlebens durch die von Freud beschriebenen Wirkmechanismen der Verdrängung, die er ausgehend von seinem Instanzenmodell als Abwehr von angstauslösenden Triebimpulsen des Es durch das Ich beschrieb:

> »Was immer das Ich in seinem Abwehrbestreben vornimmt, ob es ein Stück der wirklichen Außenwelt verleugnen oder einen Triebanspruch der Innenwelt abweisen will, niemals ist der Erfolg ein vollkommener, restloser, immer ergeben sich daraus zwei gegensätzliche Einstellungen, von denen auch die unterliegende, schwächere, zu psychischen Weiterungen führt. Es bedarf zum Schlusse nur eines Hinweises darauf, wie wenig von all diesen Vorgängen uns durch bewußte Wahrnehmung bekannt wird« (Freud 1938j, S. 135).

Die beiden von Freud konzeptualisierten gegensätzlichen Einstellungen bilden, da aufgrund der Wirkung der Verdrängungen nur eine von ihnen dem Bewusstsein zugänglich ist, einen unbewussten Konflikt. Das Vorherrschen unbewusster Konflikte unterscheidet neurotische Störungsbilder von Störungen des Borderline-Strukturniveaus. In der Abwehr der Spaltung können angstauslösende Impulse nicht dauerhaft unbewusst gehalten werden, sie treten im Zuge der polarisierenden Schwankungen der Selbst- und Objektwahrnehmung immer wieder ins Bewusstsein. Ebenso wie die neurotische Verdrängung kann die Abwehr der Spaltung als Versuch bezeichnet werden, angstauslösende Impulse aus dem Feld der bewussten Wahrnehmung fernzuhalten. Der neurotische Konflikt basiert im Gegensatz zur Abwehr der Spaltung auf einer in weiten Teilen der Struktur integrierten Ambivalenz der Objektbeziehungen, die neurotische Abwehr erstreckt sich also nur über spezifische Aspekte des Selbst- und Objektbezugs:

> »Nach psychodynamischem Verständnis sind psychische Konflikte um starke und motivational hochbesetzte Wünsche, Bedürfnisse oder Ängste – sogenannte konflikthafte Motivationen – organisiert. Sexuelles Begehren, Wut, Sadismus, Rivalität, Macht, Autonomie und Selbstrespekt, aber auch der Wunsch, geliebt, bewundert oder umsorgt zu werden zählen zu den Beweggründen innerpsychischer konflikthafter Auseinandersetzungen. Diese konflikthaften Motive werden vom Bewusstsein ferngehalten, da ihre Äußerung schmerzlich oder bedrohlich

wäre und zu unangenehmen Gefühlen der Angst, Schuld, Depression oder Scham führen würde« (Caligor et al. 2010, S. 5).

Konflikthafte Motivationen können, da sie sich als Wünsche, Bedürfnisse oder Ängste im Bezug auf ein Objekt entwickelt haben, auch als internalisierte Beziehungsmuster und damit als Objektbeziehungen beschrieben werden. Das Fernhalten konflikthafter Objektbeziehungen vom Bewusstsein entspricht damit der Ausgrenzung spezifischer Elemente der psychischen Struktur aus dem Bereich der bewussten Wahrnehmung. Die Abwehrmechanismen der neurotischen Persönlichkeitsstruktur entsprechen weitgehend dem Prinzip der Verdrängung, wobei mit der klassischen Konzeption der Verdrängung ein Vorgang bezeichnet wird, bei dem gedankliche Inhalte oder Vorstellungen unbewusst gehalten werden, bei der Affektisolierung dagegen werden spezifische Affekte vom Bewusstsein ferngehalten. Im Falle der Intellektualisierung bleibt der gedankliche Inhalt des Gegenstands der Verdrängung bewusst, der diesem zugrundeliegende Affekt wird jedoch verdrängt. Ähnliches geschieht bei der Rationalisierung, bei der die eigentliche Motivation von rational gut begründeten Verhaltensweisen unbewusst gehalten wird. Bei dem Vorgang der Reaktionsbildung werden Affekt und gedanklicher Inhalt ins Gegenteil verkehrt, bei der Verschiebung dagegen die Verbindung zwischen dem Objekt und dem mit ihm verbundenen Affekt verdrängt. Die neurotische Projektion basiert im Gegensatz dazu auf der verdrängten Verbindung zwischen dem Subjekt und den motivationalen Hintergründen seiner Verhaltensweisen. Die neurotischen Abwehrmechanismen dienen demnach stets der Vermeidung bestimmter Aspekte des Selbstempfindens im Bezug auf ein Objekt ohne dabei, wie die Mechanismen der Spaltung, die Wahrnehmung der äußeren Realität massiv zu verzerren. Die Folge der neurotischen Abwehr sind vorwiegend affektive Symptome und mildere Ausprägungen von Persönlichkeitsstörungen. Sie reichen von der vermeidenden, abhängigen, depressiven, histrionischen und zwanghaften Symptomatik über somatische Beschwerden, Stimmungsschwankungen, abnorme Aktivierung oder Hemmung, Erschöpfung, Hypochondrie, spezifischer oder generalisierter Angst bis zu milderen ich-syntonen Auffälligkeiten, die dem Betreffenden aufgrund des geringen Leidensdrucks, den sie verursachen kaum oder gar nicht bewusst werden (Caligor et al. 2010, S. 20–31). Gemeinsam ist den vielfältigen Abwehrmechanismen und Symptombildungen, die auf der Grundlage eines neurotischen Strukturniveaus basieren, dass sie zu einer durch die Starrheit und Rigidität der psychischen Struktur bedingten Beeinträchtigung der Anpassungsleistung des Betreffenden an sich verändernde Umwelten führen:

»Die in der Kindheit zu Grunde gelegten Repräsentationen von Interaktionsbeziehungen werden anhand neuer Erfahrungen fortlaufend verändert und neu interpretiert. Im Falle neurotisch starrer Repräsentationen ist jedoch die Akkomodation in bestimmten Konfliktbereichen erstaunlich gering (Wachtel 1980)« (Mertens 2005, S. 36).

Verdrängte Bewusstseinsinhalte, unverarbeitete Konflikte und Traumatisierungen können jedoch nicht ohne Energieaufwand unbewusst gehalten werden, sie drängen ins bewusste Erleben und können oftmals nur zum hohen Preis der Symptombildung abgewehrt werden. Die Symptombildung, die den Betreffenden in Lebensqualität, körperlicher Gesundheit und in vielen Fällen im Selbstwirksamkeitserleben durch heftige und unkontrollierbare Affekte (z. B. Depressionen und Ängste), imperative Zwangshandlungen und -gedanken einschränkt, ergibt sich aus der psychodynamischen Gesetzmäßigkeit, nach der verdrängte Triebimpulse aktiv bleiben und nach Abfuhr streben. Dabei zeigt sich ihre Gestalt anhand ihrer verschobenen, für den Betreffenden selbst meist nicht erkennbaren Aktivität, die sich in vielen Formen des Ausdrucks bis hin zur manifesten Symptombildung äußern kann:

»Angefangen von den einfachsten Fehlleistungen über komplexere Symptombildungen und charakterliche Eigenarten bis hin zu neurotischen Berufs- und Partnerwahlen sowie massiven selbstschädigenden Reaktionen existiert ein weites Spektrum an Verhaltensweisen, bei denen sich Menschen über die wahren Gründe täuschen und nicht erkennen können, dass Abwehrvorgänge und deren Folgen wie determinierende Ursachen hinter ihrem Rücken wirksam sind und sich oftmals erst nach mühsamer analytischer und therapeutischer Bearbeitung als Wiederkehr verdrängter Triebimpulse identifizieren lassen« (Mertens 2007, S. 120).

Aufgrund des Theorienpluralismus in der Psychoanalyse kann weder von einem einheitlichen, alle psychoanalytischen Verfahren umspannenden Therapiemodell, noch vom Bezugspunkt eines Grundmodells der Psychoanalyse im Sinne eines Referenzparadigmas zur Einstufung der aus dem von Freud formulierten Therapiekonzept abgeleiteten Verfahren ausgegangen werden (vgl. Mertens 2010, S. 11). Die Wirkungsweise psychoanalytischer Therapieverfahren kann jedoch unter dem Aspekt der strukturellen Veränderung zusammengefasst werden (vgl. Auchter/Strauss 1999, S. 131). Kernberg zufolge kann die Wirkungsweise tiefenpsychologisch-fundierter Therapieverfahren ebenso wie die Wirkung der von ihm entwickelten übertragungsfokussierten Psychotherapie und die Wirkung der klassischen Psychoanalyse auf dem neurotischen

Strukturniveau als Integration konflikthafter Aspekte des Selbsterlebens beschrieben werden, wobei er die klassische Psychoanalyse als das Verfahren bezeichnet, das die umfassendste und intensivste Modifikation der Persönlichkeitsstruktur bewirken kann:

»Unser Ansatz einer psychodynamischen Psychotherapie ist nicht im Sinne einer ›einheitlichen‹ Therapie konzipiert. Vielmehr war es unser Anliegen ein Verfahren zu entwickeln, das auf spezifische klinische Bedürfnisse einer bestimmten und klar umschriebenen Patientenpopulation zugeschnitten ist. [...] Das Konzept der ›strukturellen‹ Diagnose der Persönlichkeit, wie es von Otto Kernberg (2006b) entwickelt wurde, öffnet den Zugang zu einer psychodynamisch orientierten Diagnostik, aus der sich die weitere Therapieplanung ableitet. [...] Der Behandlungsansatz, den wir bei höher strukturierten Persönlichkeitsstörungen verfolgen, in deren Rahmen die Identitätspathologie relativ leicht ausgeprägt ist bzw. ganz fehlt, orientiert sich an der Integration konflikthafter Aspekte des Selbsterlebens in ein bereits gut entwickeltes konsolidiertes Selbstgefühl« (Caligor et al. 2010, S. 256f.).

Die sich als strukturelle Veränderung niederschlagende Integration verdrängter Aspekte des Selbsterlebens kann als die Integration spezifischer Objektbeziehungen in die bewussten Bereiche der Persönlichkeitsstruktur beschrieben werden. Die Integration der ausgegrenzten Aspekte des Selbsterlebens ins Bewusstsein löst das Streben der verdrängten Impulse nach Abfuhr sowie die sich daraus ergebende Symptomatik auf und ermöglicht eine bewusste Reflexion der unbewussten und doch oftmals handlungsleitenden Triebimpulse:

»Die psychoanalytische Perspektive studiert den Menschen zwar in seiner lebensgeschichtlichen Entwicklung, aber sie sieht ihn deswegen nicht als determiniert durch sein Schicksal an. Im Gegenteil, es ist ihm aufgegeben, sich mit solchen Handlungen auseinander zu setzen, die ihm und seinen Mitmenschen übermäßiges Leid verursachen. Denn unter dem Druck seiner neurotischen Tendenzen muss er diese immer wieder agieren, d.h. Verhaltensweisen ausführen, bei denen er sich als unfrei und getrieben erlebt. Erst das Erkennen der unbewussten Handlungsgründe und die mit vielen Gefühlen und Erschütterungen einhergehende Durcharbeitung der zugrunde liegenden Konflikte und Traumata, gibt ihm eine bewusste Verfügungsmacht über seine Handlungen zurück und verschafft ihm auch mehr Autonomie gegenüber solchen gesellschaftlichen Anforderungen, die er zwar als unsinnig erlebte, denen er sich bislang aber nicht zu entziehen können glaubte« (Mertens 2005, S. 21).

3.6 Die Hermeneutik der Psychoanalyse

In diesem Abschnitt wird die Methodik der auf die Integration von verdrängten Anteilen des Selbsterlebens abzielenden Techniken der Intervention erörtert werden. Die analytische Intervention auf dem neurotischen Strukturniveau wird dabei als eine von ihrer Hermeneutik bestimmte Vorgehensweise beschrieben. Obwohl die psychoanalytische Hermeneutik in der auf die Offenlegung neurotischer Konflikte bei höher strukturierten Patienten abzielenden klassischen Psychoanalyse den größten Stellenwert besitzt, hat sie als Methodologie der therapeutischen Erkenntnis in allen von der Psychoanalyse abgeleiteten Therapieformen einen die therapeutische Intervention charakterisierenden Stellenwert. Auf den vorangegangenen Ausführungen über strukturspezifische Wirkungen psychoanalytischer Therapieverfahren aufbauend, wird sich die Darstellung einer psychoanalytischen Hermeneutik nun vorrangig mit dem erfahrungsmäßigen, psychodynamischen Unbewussten und expliziten Behandlungsmethoden der Psychoanalyse auf dem neurotischen Strukturniveau befassen:

> »Im Unterschied zu den nichtbewusst ablaufenden Beziehungsregulierungen, die non- und paraverbal (mimisch, stimmlich, prosodisch, gestisch) stattfinden, erfordert die Ermöglichung einer simultanen Mikrowelt, auf die sich herkömmlich das psychoanalytische Interesse konzentriert hat, einige entwicklungspsychologische Voraussetzungen bzw. ichstrukturelle Kompetenzen, die keineswegs bei jedem Patienten, der heutzutage eine analytische Psychotherapie machen möchte, gegeben sind« (Mertens 2009, S. 30).

Patienten, denen es an ich-strukturellen Kompetenzen fehlt, entwickeln Störungsbilder, die im Strukturmodell von Kernberg größtenteils auf dem Niveau der Borderline-Persönlichkeits-Organisation eingeordnet werden können. Bei diesen Patientengruppen ist dem Strukturmodell nach Kernberg zufolge die Anwendung der im dritten Kapitel dieser Arbeit beschriebenen, tiefenpsychologischen Varianten psychoanalytischer Therapieverfahren angezeigt. Patienten dagegen, deren ich-strukturelle Kompetenzen im Klassifikationssystem nach Kernberg dem neurotischen Strukturniveau zugeordnet werden, können als das vorwiegende Klientel einer im klassischen Sinne psychodynamisch orientierten analytischen Psychotherapie betrachtet werden. Dies ergibt sich aus der Tatsache, dass, obwohl eine verstehende, die Hintergründe der Symptomatik ansprechende Haltung ein wichtiger Bestandteil aller in dieser Arbeit besprochener Varianten psychoanalytischer Therapieverfahren ist, die analytische Psychotherapie gegenüber der supportiveren Ausrichtung der Behandlung bei strukturellen Problematiken als das Therapieverfahren beschrieben werden kann, das stärker auf das Verstehen der der Symptomatik des Patienten zugrundeliegenden psychodynamischen Konflikte ausgerichtet ist.

Im Rückgriff auf Heidegger (1949) beschreibt Schöpf die Hermeneutik des therapeutischen Prozesses in der Psychoanalyse als die Kunstlehre des Verstehens: »Vermittels des Fremdverstehens gewinnt das Dasein ein Selbstverständnis« (2008, S. 287). Ausgehend davon definiert er die Hermeneutik der Psychoanalyse in Anlehnung an Wright (1974) als praktischen Syllogismus, der im Unterschied zum Beweis eines naturwissenschaftlich erklärenden Verfahrens auf der logisch notwendigen Verbindung von Sinn und Handlung basiert. Verstehen entsteht hier in Anlehnung an Kohärenz und wird im psychoanalytischen Prozess als intersubjektive Übereinstimmung – also als Konsens – vollzogen.

> »Der Hermeneutik liegt die Annahme zugrunde, dass sich nicht alle Wissenschaften auf ein Einheitsmodell zurückführen lassen, wie der Logische Positivismus behauptet, der von W. Hempel begründet wurde. Die spezifisch menschlichen Gegenstände seien nämlich im Unterschied zu den Gegenständen der Natur dadurch charakterisiert, dass sie sprachlicher Natur seien, also Rede oder Text. Dadurch würde sich die Relation des Wissenschaftlers zum Gegenstand grundsätzlich von der in den Naturwissenschaften unterscheiden, in denen Natur versprachlicht wird. Hier würde die Sprache selbst zur Sprache gebracht« (Schöpf 2008, S. 287).

Im Gegensatz zur naturwissenschaftlichen Herstellung von Kausalzusammenhängen weist die Hermeneutik Sinnbezüge aus und kann in dieser Vorgehensweise als zentrales Charakteristikum der psychoanalytischen Interventionsmethodik bezeichnet werden: »Die Hermeneutik bietet einen Wissenschaftsrahmen an, in dem das Selbstverständnis der Psychoanalyse angesiedelt werden kann« (ebd., S. 288). Die Übereinstimmung von Sinnbezug und Wirklichkeit wird im Laufe der Analyse gemäß der Eliminationsregel erwiesen. So sind der Fortschritt und die Besserung der Symptomatik des Patienten das Maß, an dem Wert und Gehalt der erstellten Sinnbezüge gemessen werden:

> »Die Lösung seiner Konflikte und die Überwindung seiner Widerstände glückt doch nur, wenn man ihm solche Erwartungsvorstellungen gegeben hat, die mit der Wirklichkeit in ihm übereinstimmen. Was an den Vermutungen des Arztes unzutreffend war, das fällt im Laufe der Analyse wieder heraus, muß zurückgezogen und durch Richtigeres ersetzt werden« (Freud 1916–17a, S. 470).

Die Überprüfung der Hypothesen richtet sich dabei weniger auf einen objektiv nachvollziehbaren Sachverhalt im Sinne eines aufzudeckenden Kausalzusammenhangs als auf die dem zu behandelnden Symptom zugrundeliegende subjektive Wahrheit des seelischen Konflikts (vgl. Kerz-Rühling 2008, S. 787ff.).

»In der Praxis gilt ein wesentlicher Teil der gemeinsam von Analytiker und Patient getragenen Deutungsarbeit der Aufklärung der Bedeutung scheinbar sinnloser Produktionen des Patienten, seien es Zwangsrituale, neurotische Symptome, Träume, Fehlleistungen oder andere unverständliche Verhaltensweisen oder Äußerungen [...]. Die psychoanalytische Theorie stellt den Rahmen zur Verfügung, der es vernünftig erscheinen lässt, sich mit Hilfe der psychoanalytischen Technik auf die Suche nach der verborgenen ›Bedeutung‹ zu machen; sie begründet, inwiefern die manifesten Phänomene Bedeutung haben und inwiefern das psychoanalytische Vorgehen geeignet ist, diese aufzudecken« (Stephan 2008, S. 85).

In diese Richtung argumentieren auch Kutter und Müller, denen zufolge die Aufgabe der analytischen Deutung darin liegt, sowohl zur Einsicht zu verhelfen wie auch Sinn zu stiften (vgl. 2008, S. 333). In diesem Aspekt der psychoanalytischen Hermeneutik zeigt sich eine weitreichende Parallele der Psychoanalyse zum Zen-Buddhismus: Im Deuten und Geben von Bedeutung muss stets die Subjektivität der beiden individuellen Wirklichkeiten von Patient und Analytiker und mit ihnen auch die in letzter Konsequenz gegebene Unbenennbarkeit der objektiven Wirklichkeit mitgedacht werden. Der in diesem Kapitel angestrebte Versuch einer Charakterisierung der Psychoanalyse als hermeneutische, beziehungsweise als naturwissenschaftliche, Therapiemethode kann deshalb nicht im »entweder oder«, sondern nur im »sowohl als auch« unternommen werden.

Die verstehende und interpretative Charakteristik des hermeneutischen Vorgehens im analytischen Therapieprozess zeigt sich vor allem an der Subjektivität des Hintergrunds der eigenen Erfahrung, vor dem der Analytiker jede Affektschilderung des Patienten interpretiert, denn, um die Worte seines Patienten mit Bedeutung zu versehen, kann der Analytiker nicht umhin diese auf die Leinwand seines eigenen Erlebens zu projizieren. Gleichzeitig wird die Interpretation des Gesagten immer im Kontext der Gegenübertragungsreaktion des Analytikers auf die Übertragung des Patienten erfolgen:

»Im Vergleich mit einem Saiteninstrument werden im Psychoanalytiker, bildlich gesprochen, immer nur diejenigen Saiten zum Klingen kommen, die vom Patienten ›angeschlagen‹ oder ›angezupft‹ werden. Der musikalische Vergleich gibt mir die Möglichkeit zu verdeutlichen, wie sehr es darauf ankommt, dass beim

Psychoanalytiker erstens die entsprechenden Saiten vorhanden sind und zweitens auch zum klingen kommen« (Kutter/Müller 2008, S. 336).

Im Erkenntnisprozess des Analytikers wird seine Wahrnehmung des Patienten sowie dessen Aussagen im Kontext ihrer Geschichte und die Reaktion der Gegenübertragung in einem inneren Bild integriert, welches sodann vor dem wissenschaftlichen Hintergrund der Modelle und Theorien seiner jeweiligen psychoanalytischen Schulrichtung interpretiert wird.

»Damit wären [...] die beiden getrennt verlaufenden Anteile der psychoanalytischen Methode: hermeneutisches Verstehen und logisches Erklären, in ein und demselben Prozess integriert« (ebd., S. 339).

In seiner Abhandlung über die Modalitäten des Erklärens und Verstehens im Vorgang des psychoanalytischen Erkennens beschreibt Körner (1985) die Psychoanalyse als einen Prozess, der sich sowohl in der Verschränkung von Erklären und Verstehen bewegt, wie auch im Modus des szenischen Verstehens über sie hinausgeht.

Hierbei kommt dem Erklären die Bedeutung des Schließens von Erfahrungslücken zu. Unklare Ereignisse werden durch die Entdeckung von ihnen zugrundeliegenden, deterministischen Prozessen erschlossen. Prinzipiell entsteht Erklärungsbedarf dort, wo ein Ereignis keiner bereits bekannten Regel zu folgen scheint. Sobald das zu erklärende Phänomen in seinem Auftreten jedoch einer deterministischen Ordnung von Regelsätzen zugeordnet werden kann, ist der Vorgang der Erklärung in sich abgeschlossen. Gegenüber der Einordnung in ein feststehendes Regelwerk folgt der Prozess des Verstehens dagegen einem hermeneutischen Zirkel: Objekte des Verstehens, wie Kunstwerke, Gesten oder Aussagen, werden in diesem mit Bedeutung versehen, indem zugrundeliegende Vorannahmen und die Wahrnehmung der Eigenschaften des Objekts in wechselseitiger Betrachtung aufeinander einwirken und sich somit gegenseitig verändern. Der Modus des Verstehens ist per se unabgeschlossen und wird von der Subjektivität des Verstehenden geprägt, er schließt also stets die Beziehung zwischen Verstehendem und dem Objekt des Verstehens mit ein.

»Verstehensprozesse gelten menschlichem Verhalten und seinen Ergebnissen in weitestem Sinne, auch den kulturellen Objektivationen. Dort, wo man versucht, ein Ergebnis oder einen Gegenstand zu verstehen, unterstellt man einen semantischen Gegenstandsaspekt; dieser erscheint gegenüber dem Allgemeinen, Regelrechten eher als das Besondere, Einmalige, Nicht-Identische« (Körner 1985, S. 22).

Körner differenziert hinsichtlich unterschiedlicher Modalitäten des Erklärens und beschreibt in diesem Zusammenhang das intentionale Erklären als wichtigen Modus des therapeutischen Vorgehens, wobei es sich vom kausal-deterministischen Erklären, welches auf der Zuordnung von Regelmäßigkeiten basiert, unterscheidet: Im intentionalen Erklären werden Motive und Absichten offengelegt, wodurch empirisch verifizierbare Ursachen für ein erklärtes Phänomen, das Symptom oder das symptomatische Verhalten, ausgeschlossen sind:

> »Wenn sich Therapeut und Patient über eine intentionale Erklärung des Patientenverhaltens einig sind, so nicht deshalb, weil sie sich der Macht empirischer Daten beugen, sondern deshalb, weil sie – vielleicht auf dem Wege rationalen Diskurses – zur gleichen Ansicht gelangt sind« (Körner 1985, S. 84).

Im Gegensatz zum Erklären von Kausalzusammenhängen durch empirische Beobachtung oder durch die Zuschreibung introspektiv erfasster, intentionaler Hintergründe der zu erklärenden Phänomene werden im Modus des therapeutischen Verstehens Sinnzusammenhänge zwischen der individuellen Lebensgeschichte und den die Symptomatik des Patienten bedingenden Abwehrvorgängen erkannt, die dem Patienten in dieser Gestalt bis dato nicht bewusst waren. In der darauf basierenden Offenlegung des neurotischen Konflikts zeigt sich die Verschränkung der Modalitäten des Erkennens und Verstehens, die dem psychoanalytischen Prozess zu eigen ist:

> »Im kausalen Erklären heben wir hervor, welche inneren und äußeren Ereignisse das neurotische Erleben und Verhalten verursachen können. Der neurotische Konflikt erscheint hier als (unangemessene) stereotype Reaktionsweise auf bestimmte Situationen. Im intentionalen Erklären finden wir, daß das störende Verhalten der Neurose beabsichtigt ist. Wir entdecken den rationalen Kern der Neurose [...] Im Verstehen setzt sich der Patient weder mit der Zwangsläufigkeit seines Verhaltens noch mit der Auswahl vernünftiger Mittel auseinander, sondern er untersucht die Ziele und Absichten, die er verfolgt. Dabei ändert er die Bedeutung der Objekte und Ereignisse, bearbeitet Verdichtungen und Verschiebungen und betrachtet sich und seine Geschichte in immer neuem Licht« (Körner 1985, S. 82).

Ebenso wie auf die Verschränkung der Erkenntnismodalitäten weist Körner auf ihre Begrenzungen hin. Diese stellen sich im Verlauf der psychoanalytischen Therapie in Form von Krisen dar, wobei die sich der rationalen Introspektion des intentionalen Erklärens entziehenden Elemente unbewusster Psychodynamik den Patienten beinahe unweigerlich an die Grenzen dieser Erkenntnismodalität führen:

3.6 Die Hermeneutik der Psychoanalyse

»Die Grenze des intentionalen Erklärens wird dort erreicht, wo der Patient nach der ursprünglichen Herrschaft von Wünschen, Absichten und Zielen fragt, die ihrerseits nicht das Ergebnis einer rationalen (wenn auch unbewußten) Entscheidung sind; Absichten, die selbst nicht zweckvoll zu sein scheinen, die darum auch nicht einer rationalen Argumentation zugänglich gemacht werden können« (Körner 1985, S. 121f.).

Das Anstoßen an der Grenze des Erklärens im Modus des intentionalen Zurückbesinnens führt den Patienten zur Erfahrung der Unvollständigkeit dieses, vormals in der Therapie Sicherheit gebenden, Weges der Selbsterkenntnis. Diese Erfahrung provoziert eine Krise des Erklärens, die jedoch im Verlauf der Analyse als produktives Moment begriffen, den Übergang in den Modus des interpretativen Verstehens markiert: »Die unvollständige intentionale Erklärung ist ein Endpunkt in der rückwärts verfolgenden Kette intentionaler Erklärungen und eine Übergangsstelle zur hermeneutischen Modalität« (ebd., S. 127). Jedoch auch die Hinwendung zu einer rein interpretativen hermeneutischen Erkenntnismodalität ruft aufgrund der Begrenzungen eines abstrahierenden sprachlichen Bereichs früher oder später eine Krise im Fortgang des analytischen Erkenntnisvorgangs hervor:

»Diese Krise ist im Verlauf hermeneutisch-verstehender Operationen entstanden, aber sie wird nicht innerhalb dieses Modus zu meistern sein. [...] Weil es eine Krise über den Zusammenhang von psychologischen Wünschen und biologischem Bedarf ist, und weil die Quelle dieses Bedarfs, sein biologisches Fundament, nicht in sprachlichen Ausdrücken zu beschreiben ist, reicht die hermeneutische Operation nicht weit genug« (ebd., S. 134f.).

Letztlich stößt die Erkenntnismodalität des hermeneutischen Verstehens an die Grenze der nichtsprachlichen Gestalt ihres Gegenstandbereichs: Das biologische Fundament der Psychodynamik des neurotischen Konflikts, der Trieb, geht als körperliche Entität, ebenso wie die Formen seiner Manifestation, über die Erkenntnismöglichkeiten der Sprache hinaus. Er manifestiert sich in der Lebensform und den Lebensumsränden des Patienten. Durch seine Abbildung in den Szenen der Beziehungssituation in der therapeutischen Dyade wird der Konflikt jedoch sichtbar und verstehbar: Er kann in dem in der Szene stattfindenden Konvergieren der Prozesse der Übertragung-Gegenübertragung, des Miteinandersprechens im therapeutischen Dialog und dem interaktionellen Verhalten des Patienten vom Analytiker direkt erfahren und somit im Zuge szenischen Verstehens nachvollzogen werden. Das gemeinsame Erarbeiten der Modalität des szenischen Verstehens führt dann zu einer Wiedereinführung der Sprache und mit dieser beim Patienten zu einem, nun auf der körperlichen Ebene, verankerten Verstehen der Kausalzusammenhänge der psychodynamischen Prozesse des eigenen innerpsychischen Triebgeschehens:

> »Daher muss der psychoanalytische Dialog immer ›zweibeinig‹ sein: Einerseits eine fortgesetzte Bemühung um hermeneutisches Verstehen, das angesichts eines entfremdeten Bewußtseins kausale und intentionale Erklärungen einschließen muß, andererseits eine Bemühung um eine Verständigung über körperlich begründete Bedürfnisse, über die man kausal-erklärend sprechen soll« (ebd., S. 147).

In diesem Zusammenhang verweist Raguse (1998) auf die sich aus dem körperlich begründeten Gegenstandsbereich ergebenden Unterschiede des von der psychoanalytischen Hermeneutik getragenen Vorgangs des psychoanalytischen Erkennens und der literaturwissenschaftlichen Theorie der Auslegung von ausschließlich sprachbasiertem Material. Unter Einbezug der Parallelen zwischen beiden Erkenntnismodalitäten entwirft er im Rückgriff auf die historische Entwicklung der literarischen Hermeneutik eine gegenüber der literaturwissenschaftlichen Formulierung des Begriffs eigenständige Konzeption der psychoanalytischen Hermeneutik. Ausgehend von der Frage, ob die Psychoanalyse in ihrem Wissenschaftsverständnis eher als erklärende Wissenschaft zu bezeichnen ist, oder ob sie sich aufgrund ihrer Beschäftigung mit den Gesetzmäßigkeiten der Symbolbildung in der Sprache und im Verhalten des Patienten vorwiegend als Textwissenschaft kennzeichnen ließe, weist Raguse im Rückgriff auf Warsitz (1997) darauf hin, dass bereits Freud die Psychoanalyse als »Sprachforschung« definierte, unter dem Gegenstand der psychoanalytischen Sprachforschung jedoch neben der Bedeutung von Worten auch die Bedeutung von Gebärden und anderer Modalitäten des seelischen Ausdrucksverhaltens subsumierte (vgl. Freud 1913j, S. 403).

In einer, seinen Überlegungen zu einer psychoanalytischen Hermeneutik vorangestellten, kurzen Abhandlung über die historische Entwicklung des Hermeneutikbegriffs arbeitet Raguse heraus, dass sich die Hermeneutik in ihren literarischen Ursprüngen zunächst noch ausschließlich auf die Interpretation unklarer Textstellen bezogen hatte. In der Entwicklung eines Begriffs psychoanalytischer Hermeneutik bezieht er sich dagegen auf die in posthum veröffentlichten Vorlesungen Schleiermachers (1977) entworfene Konzeption einer Hermeneutik, die sich als Konvergenz sprachlicher und psychologischer Auslegung sowohl auf schriftliche Texte, wie auch auf wörtliche Rede bezieht, wobei sich die Auslegungsarbeit seit Schleiermacher nicht mehr nur auf schwierige, unklare Textstellen beschränkt, sondern erstmals im Rückgriff auf den gesamten Text, einschließlich sogenannter klarer Stellen, geschieht:

> »Das war gegenüber der reformatorischen ›Klarheit der Schrift‹ eine Revolution, ohne die auch der psychoanalytische Deutungsprozess nicht denkbar ist, obwohl eine direkte Beeinflussung Freuds durch Schleiermacher nicht bestehen dürfte. Auch Psychoanalytiker richten ihre Aufmerksamkeit nicht auf spezielle ›Stellen‹, sondern versuchen, die ›gleichschwebende Aufmerksamkeit‹ auf das Ganze der sich mündlich entfaltenden Sprache zu richten« (Raguse 1998, S. 656).

Die Rede des Patienten vollzieht sich in der psychoanalytischen Therapie großteils im Sprachfluss der freien Assoziation, in der der Patient angehalten ist, den assoziativen Verlauf seiner Gedanken auszusprechen, ohne diesen dabei mit bewusster Lenkung oder Zensur zu kontrollieren. Dabei dient die gleichschwebende Aufmerksamkeit des Analytikers der Identifikation und im rechten Moment dem Aufzeigen von jenen Sinnzusammenhängen zwischen unbewusst mitgeteilten Inhalten in der Rede des Patienten, die Rückschlüsse auf einen ihnen zugrundeliegenden psychodynamischen Konflikt erlauben. Bezüglich des Ausweisens von Sinnzusammenhängen im Textfluss lässt sich somit eine gewisse Nähe zur literarischen Hermeneutik aufzeigen, trotzdem muss die psychoanalytische Hermeneutik, da der Gegenstand ihrer Betrachtung ein lebendiger ist, grundlegend von dieser unterschieden werden:

> »Psychoanalytische Hermeneutik ist eine Theorie des Verstehens mündlicher Rede. Und diese Rede ist nicht nur zufälligerweise mündlich wie etwa bei Dichterlesungen gegenüber dem geschriebenen Wort, sondern die Mündlichkeit gehört zu ihren konstituierenden Momenten. Und es sind zwei von außen wahrnehmbare Subjekte, die da sprechen und ihr Sprechen beeinflusst den jeweiligen Fortgang der Rede« (ebd., S. 691).

Ebenso wie Körner unterstreicht Raguse in seiner Formulierung einer psychoanalytischen Hermeneutik die Bedeutung des sich in der Modalität des szenischen Verstehens vollziehenden hermeneutischen Zirkels. Dieser wird als interaktiv-interpretatives Moment verstanden, das darauf abzielt, die in den Manifestationen des psychodynamischen Triebgeschehens begründeten Ursprünge des neurotischen Konflikts in Sprache zu transformieren. Der Prozess der Transformation eines körperlichen Unbewussten in Sprache kann dabei als Vorgang der begrifflichen Konstruktion beschrieben werden.

> »Er ist vielmehr eine Konstruktion, die Analysand und Analytiker gemeinsam vornehmen. Eine wesentliche Voraussetzung für dieses Unternehmen ist, daß sich die ›schweigenden Triebe‹ oder auch die vom Körper ausgehenden Wünsche innerhalb dieses Sinnes darstellen« (ebd., S. 700).

Hinsichtlich der Triebe hatte bereits Freud darauf verwiesen, dass diese niemals direkt, sondern stets nur in Form ihrer Repräsentanzen zu Objekten des Bewusstseins werden können (vgl. Freud 1915e, S. 275f.). Ausgehend von der Annahme, dass der neurotische Konflikt auf der Exkommunikation jener Repräsentanzen von Triebabkömmlingen – Affekten, Selbstanteilen, Objekten oder Situationen – beruht, die im Lauf der Entwicklungsgeschichte des Ichs mit dessen Ringen um Konsistenz nicht vereinbar waren, kann im Sinne der Symbolisierungstheorie von Lorenzer (1970, 1971, 1974) die Transformation von körperlich begründeten unbewusstem Konfliktmaterial in Sprache als Wiedereinführung jener Repräsentanzen in die Sprache des Patienten begriffen werden. Wie im zweiten Kapitel dieser Arbeit im Zuge der Erörterung von ontogenetischen Gesichtspunkten von Symbolisierungsdefiziten und den durch sie bedingten Störungsbildern dargestellt wurde, schreitet die frühkindliche Entwicklung der Symbolbildung von der protosymbolischen Ebene, über das expressiv-repräsentative Symbolsystem aufsteigend, zum Bereich der sprachlich-diskursiven Symbolik voran. In seinen für dieses Konzept der Symbolbildung grundlegenden Ausführungen verdeutlicht Lorenzer, bezüglich der ontogenetischen Entwicklung von neurotischen Störungsbildern, dass die infantile Entwicklungsgeschichte von Triebschicksalen und Ich-Modalitäten in Form der Herausbildung protosymbolischer Elemente zu sprachlich-diskursiven Symbolen verläuft. Auf dem Weg ihrer Symbolisierung in sprachlichen Repräsentanzen durchlaufen die Triebimpulse dabei bereits einen Prozess der gesellschaftlichen Selektion und Restriktion. Dieser Prozess der Abgrenzung und Ausgrenzung von Bedeutung bewirkt, dass letztlich aber jedes vom Bewusstsein akzeptierte Symbol von einem Hof vormals abgewiesener Bestandteile in protosymbolischer Form umgeben wird.

> »Insofern sie als Protosymbole aber immerhin schon die ersten Sprossen der Verwirklichung erklommen haben, sind sie ständig bereit, unter bestimmten Bedingungen (wie z. B. denen des Traumes und gewisser Krisensituationen) über die Schwelle des Bewußtseins zu dringen« (Lorenzer 1971, S. 40).

Die im Zuge der neurotischen Verdrängung aus dem Zirkel der Ich-Anteile entfernten Repräsentanzen werden aus der Sprache verstoßen und erfahren im Sinne Lorenzers eine Desymbolisierung. Diese bringt die Repräsentanzen jedoch nicht zum Verschwinden, sie erniedrigt vielmehr Symbole zu Klischees und bewirkt auf diese Weise ihre Verschiebung ins Unbewusste. Ihr Zurückdrängen ins Bewusstsein äußert sich in der neurotischen Symptombildung des Patienten und in den Vorgängen der Verschiebung und Verdichtung, in denen die protosymbolischen Vorläufer der vormals exkommunizierten Symbole in Erscheinung treten.

»Diese Eigenart der Wiederkehr des Verdrängten, den Zugang zum Bewußtsein über jene Formbildung nehmen zu müssen, die jede Symbolbildung zu durchlaufen hat, ist geeignet, den Unterschied zwischen den zwei Arten von Es-Inhalten, nämlich dem Noch-nicht-Zugelassenen, auf den Stand von Protosymbolen [...] auf der einen Seite und den exkommunizierten Klischees, die sehr wohl zur Höhe von Symbolen schon einmal gelangt sind, auf der anderen Seite zu verwischen. Die letzteren sind aufgrund des neurotischen Konflikts desymbolisiert worden« (ebd., S. 42).

In Lorenzers Konzeption des neurotischen Konflikts wird deutlich, aus welchem Grund die Psychoanalyse hinsichtlich des Gegenstandsbereichs ihrer Hermeneutik nicht nur über den Modus des Erklärens, sondern auch über den Modus des Verstehens hinausgeht: Ihr Gegenstandsbereich entzieht sich aufgrund der Desymbolisierung der verdrängten Bewusstseinsinhalte letztlich dem Zugriff des symbolbasierten sprachlichen Begreifens:

»Der Gegenstand der Psychoanalyse liegt (in der beschriebenen komplizierten Weise) außerhalb der Sprache, außerhalb der Reichweite von Reflexion und Kommunikation, er besteht aus desymbolisierten Interaktionsformen, er kann also nicht im Modus alltäglichen Verstehens oder auch elaborierter traditioneller Hermeneutik erfasst werden. Zugleich muss er ›verstanden‹ werden; er kann nicht erklärend ermittelt werden als ein vom Beobachter abgetrennter ›objektiver‹ Sachverhalt. Diese Aporie löst sich im praktisch-hermeneutischen Verfahren psychoanalytischer ›Tiefenhermeneutik‹ in der Rekonstruktion des lebensgeschichtlichen Sinnzusammenhangs. Das hermeneutische Verfahren ist zugleich ein praktisch änderndes: Der hermeneutisch-praktisch-ändernde Prozess holt sich seinen Gegenstand selbst ein« (Lorenzer 1974, S. 289).

Bezüglich der Unterscheidung von neurotischen Symptomen und den definitionsgemäß bei niedriger strukturierten Patientengruppen zu verortenden Symbolisierungsdefiziten, verdeutlichen die hier dargestellten Ausführungen Lorenzers über ontogenetische Gesichtspunkte der Symbolbildung, dass nichtsymbolisierte, im restriktiven Prozess der Symbolbildung ausgegrenzte Bewusstseinsinhalte in protosymbolischer Gestalt grundlegende Bestandteile der Psyche jedes Menschen sind. Hinsichtlich der im zweiten Kapitel dieser Arbeit erörterten impliziten Behandlungsmethode der Psychoanalyse kann vor dem Hintergrund der in diesem Abschnitt vorgenommenen Skizzierung einer psychoanalytischen Hermeneutik demnach ausgesagt werden, dass zwischen pathogenen Symbolisierungsdefiziten und der Symptomatik eines neurotischen Konflikts kein substanzieller Widerspruch im Sinne eines sich gegenseitigen Ausschließens beider Problematiken besteht. Die Trennlinie zwischen einer Symptomatik, die sich entweder aus dem psychodynamischen Wirken von desymbolisierten, zu Klischees erniedrigten Symbolen oder aber durch nicht reflektierbare, protosymbolische Vorläufer derselben ergibt, ist somit eher als ein behandlungstechnisch pragmatischer, jedoch in seiner Absolutheit als artifiziell zu denkender Parameter der psychoanalytischen Theoriebildung zu bezeichnen.

In diese Richtung argumentiert auch Serge Lecours in seiner Reflexion über die Wirkung stützender Behandlungstechniken auf implizite Aspekte mentaler Funktionen:

> »Exploration of new clinical horizons, such as the psychotic, psychosomatic and character disorders, has widened our understanding of mental functioning and has shown that the capacity to symbolize doesn't come as a given, even in largely neurotic patients« (2007, S. 898f.).

Unter Bezug auf klinische Fallbeispiele legt Lecours in seiner Erörterung dieser Thematik dar, dass auch bei der Behandlung von neurotisch gestörten Patienten implizite Behandlungstechniken in Form von stützenden Interventionen eine wichtige Rolle spielen. Gegenüber einer infrage zu stellenden ausschließlichen Fokussierung der analytischen Therapie bei Patienten mit neurotischer Persönlichkeitsstruktur auf explizite Interventionstechniken können implizite, stützende Elemente der Behandlung dabei ebenso wie die Formulierung konfrontativer Deutungen eine Form der Arbeit an der Übertragung darstellen und auf die Auflösung psychodynamischer Konflikte abzielen. Stützende Techniken können über einen rein supportiven Anwendungszweck hinausgehen und, unter impliziten Gesichtspunkten betrachtet, eine durchaus konfrontativ zu nennende Wirkung entfalten, sofern die durch sie vermittelte Erfahrung den impliziten Beziehungsannahmen des Patienten zuwiderläuft. Auf diese Weise in den Verlauf einer analytischen Therapie eingebrachte stützende Interventionen können daher ebenso wie konfrontative Deutungen als übertragungsfokussierte Behandlungstechniken bezeichnet werden (vgl. ebd., S. 906).

Wie dargestellt wurde, kann auch bei neurotischen Patienten, die prinzipiell über ein gutes Reflexionsvermögen verfügen, das Vorliegen partieller Schwachstellen oder Lücken der Symbolsysteme die explizite Bearbeitung des neurotischen Konflikts erschweren. Aus diesem Grund spielen in der klassischen Psychoanalyse neben der impliziten Beziehungsmodulation auch solche Interventionstechniken eine wichtige Rolle, die protosymbolische und expressiv-repräsentative Elemente der Psyche mit sprachlich-diskursiven Symbolen verbinden und auf diese Weise lokale Schwachstellen der Symbolsysteme der Patienten ausgleichen. Diese Formen der Intervention bieten die Möglichkeit, unaussprechliche implizite Aspekte des Übertragungsgeschehens in den hermeneutischen Zirkel des therapeutischen Gesprächs einzubringen:

> »In that sense, supportive interventions are not in opposition to working on symbolic contents; they participate in the necessary work of transforming nonsymbolic experiences into symbolic mental contents. Obviously, there are many ways of using supportive interventions. Some of them can have the effect of ›closing‹ exploration and elaboration. However, some participate directly in psychoanalytic work when they focus on nonsymbolic elements of transference and they contribute to its symbolization« (ebd., S. 909).

Ausgehend von der Beschreibung des Zusammenspiels von impliziten und expliziten Interventionstechniken leitet Lecours weitere Implikationen für die psychoanalytische Behandlungspraxis von neurotischen Patienten ab. Dabei legt er weitere, diese Thematik vertiefende Aspekte der konzeptionellen Formulierung analytischer Interventionsmethoden dar, wobei er im Bezugspunkt seiner Aussagen über das Behandlungsspektrum neurotischer Patienten hinausgeht und auch hinsichtlich der therapeutischen Intervention in den aus der Psychoanalyse abgeleiteten tiefenpsychologischen Therapieverfahren eine trennscharfe Differenzierung impliziter und expliziter Interventionstechniken infrage stellt. Im Gegensatz zum theoriegeleiteten Postulat einer zwischen den beiden behandlungstechnischen Parametern gegebenen absoluten Inkongruenz plädiert er für die praxisgeleitete Verortung impliziter und expliziter Interventionstechniken auf einem Kontinuum einander entgegengesetzter Pole der Behandlungsmethodik. Die methodische Zuordnung spezifischer Interventionen sollte sich somit eher aus ihrer gegebenen Nähe zu einem der beiden Pole als aus ihrer Einpassung in eine Schablone artifiziell dichotomisierter Kategorien ergeben:

> »Even if each intervention inevitably condenses multiple levels of symbolization, they tend to vary according to their level of saturation of symbolic and nonsymbolic elements. A continuum defining a range of interventions presenting blends of increasingly higher levels of symbolization can, thus, be conceived. [...] The fact that supportive interventions are a necessity when working with a patient who is more or less persistently incapable of using interpretations does not mean that they

have a negligible effect in patients presenting a more robust symbolic functioning. I think pragmatic components of the analyst's interventions have an essential impact, even with neurotic patients. All patients who are helped by an interpretation are soothed by the analyst's attitude as well as by the meaning conveyed by the symbolic intervention. Since this ›internalizing‹ process is generally silent, its importance is often not fully recognized« (ebd., S. 911f.).

In diesem Abschnitt wurden zentrale Aspekte einer psychoanalytischen Hermeneutik benannt, wobei gegenüber den literaturwissenschaftlichen Methoden zur Auslegung von Texten ein eigenständiger Begriff psychoanalytischer Hermeneutik formuliert wurde. In diesem Zusammenhang wurde dargestellt, wie der analytische Prozess in einer Bewegung zwischen Erklären und Verstehen stattfindet, wobei der die Beziehungssituation der therapeutischen Dyade einbeziehenden Form des Verstehens, dem szenischen Verstehen, ein zentraler Stellenwert zugesprochen wird. Psychoanalytische Erkenntnis wurde, da sie innerhalb eines sich im therapeutischen Dialog vollziehenden hermeneutischen Zirkels entsteht, in Abgrenzung zu einer bloßen sprachlichen Abbildung von objektiv gegebenen Tatsachen als Prozess der gemeinsamen Konstruktion von sinnhaften Zusammenhängen beschrieben.

Im hermeneutischen Zirkel werden vor dem Hintergrund der Reflexion von Übertragungs-Gegenübertragungs-Prozessen die dem neurotischen Konflikt des Patienten zugrundeliegenden Momente unbewusster Psychodynamik offengelegt. Auf diese Weise können Aspekte des Selbsterlebens, die im Lauf der Entwicklungsgeschichte aus dem Bewusstsein verdrängt wurden, wieder der bewussten Wahrnehmung zugänglich gemacht werden. Im Bezug auf diesen Vorgang wurde herausgearbeitet, dass die in dieser Arbeit beschriebene Unterscheidung zwischen impliziter und expliziter Intervention ebenso wie die den jeweiligen Interventionstechniken zugrundeliegenden Störungsbilder nicht als sich gegenseitig ausschließende dichotome Kategorien, sondern als polare Parameter auf einem behandlungstechnischen Kontinuum zu denken sind.

Bezüglich der sprachlichen Operation des hermeneutischen Zirkels wurde im Hinblick auf die biologischen Ursprünge unbewusster Psychodynamik dargelegt, dass die Psychoanalyse zwar als sprachbasiertes Verfahren zu beschreiben ist, jedoch nicht als ein vom körperlichen Gegenstandsbereich des Triebgeschehens losgelöster Vorgang abstrakter Erkenntnis bezeichnet werden kann. Die Integration der verdrängten Selbstanteile kann aufgrund der biologischen Präsenz der unbewussten Triebderivate als ein auf der körperlichen Verankerung seiner Begrifflichkeiten basierender und damit letztlich über die Modalitäten des Erklärens und Verstehens hinausgehender Prozess der dialogischen Reflexion beschrieben werden. In diesem Zusammenhang sollen abschließend die Ausführungen von Zwiebel betrachtet werden, der mit den Begriffen »Reflexion« und »Präsenz« sowohl Kriterien des Zwiespalts wie auch der Verbindung von Zen-Buddhismus und Psychoanalyse benennt, wobei er im Hinblick auf den Dialog zwischen beiden Methoden auf die Nähe zwischen dem Konzept der gleichschwebenden Aufmerksamkeit in der Psychoanalyse und dem Prinzip der unfokussierten Geisteshaltung der Achtsamkeit in der Praxis der Zen-Meditation hinweist:

> »Seinen Ausdruck findet dies in dem Verständnis und der Formulierung von der Psychoanalyse als einer ›Kultur der Reflexion‹ und dem Zen als einer ›Kultur der Präsenz‹, zwei Kulturen, die ihre eigenen, spezifischen Denkmuster und Praktiken, aber doch auch einen Bereich der Berührung und sogar Durchdringung haben, der sicherlich in Zukunft noch präziser beschrieben werden kann. In diesem Dialog [...] scheint alles davon abzuhängen, wie man Sprache verwendet: als Abbild der Wirklichkeit oder als Medium, in dem die nicht-teilbare ›lebendige Wirklichkeit‹ ihren Ausdruck findet« (2012, S. 1164f.).

Bezogen auf die gegenseitige Bedingung von Reflexion und Präsenz im analytischen Prozess kann an dieser Stelle zusammenfassend ausgesagt werden, dass die Psychoanalyse durch die Integration verdrängter Anteile des Selbsterlebens dem Patienten mithilfe der dialogischen Reflexion den Zugang zu einer neuen, um vormals unbewusste Aspekte der eigenen Existenz erweiterten Form der körperlichen Präsenz eröffnet. In diesem Prozess werden sprachliche Symbole in ihren körperlichen Ursprüngen verankert, was sowohl auf der Ebene der Sprache wie auch auf der Ebene des Empfindens zu tiefgreifenden Veränderungen in der Psyche des Patienten führt. Die Psychoanalyse nutzt in diesem Sinne die begrifflich-kategoriale Bestimmtheit des Denkens, um zu heilen, wohingegen der Zen-Buddhismus das begrifflich-kategoriale Denken an sich infrage stellt und mit der Methode des Shikantaza auf eine von diesem unabhängige Form der Wahrnehmung abzielt.

3.7 Zusammenfassung

In diesem Kapitel wurde die Wirkung psychoanalytischer Therapieverfahren im Zuge der durch sie intendierten strukturellen Veränderungen der Psyche beschrieben. Psychoanalytische Therapieverfahren wurden dabei in ihrer Wirkungsweise als dem jeweiligen Strukturniveau des Störungsbildes angepasste Methoden der Intervention dargestellt. Im Falle der Symptomatik der schizophrenen Psychose wirken sie der Symptomatik der Identitätsdiffusion durch strukturstabilisierende Maßnahmen entgegen und fördern die Konsolidierung der Grenze zwischen Selbst und Umwelt. In diesem Sinne konnte die psychoanalytische Therapie als strukturstabilisierende Intervention der strukturtranszendierenden Methode der Zen-Meditation gegenübergestellt und von dieser abgegrenzt werden.

Im Falle einer der Symptomatik des Patienten zugrundeliegenden Borderline-Persönlichkeitsstruktur wurde die Wirkung psychoanalytischer Therapieverfahren als die gespaltenen Selbst- und Objektrepräsentanzen integrierende Strukturmodifikation gekennzeichnet. Die Verbindung antagonistischer Objektbeziehungen zu ambivalenten Strukturen vollzieht sich dabei durch die Durcharbeitung von aggressiv-destruktiven Impulsen und der durch sie hervorgerufenen Ängste in der Übertragungssituation sowie durch die bewusste Reflexion der Abwehrmechanismen der Spaltung.

Im Falle der psychoanalytischen Behandlung von Symptombildern, die aus der neurotischen Persönlichkeitsstruktur hervorgehen, fokussiert sich das Ziel der psychoanalytischen Behandlung dagegen auf das Durcharbeiten neurotischer Konflikte. Ausgehend von der Verdrängungstheorie von Freud bezeichnet Kernberg das Behandlungsziel auf diesem Strukturniveau als die Integration konflikthafter Aspekte des Selbsterlebens.

Unter vorrangiger Bezugnahme auf die auf neurotische Störungsbilder gerichtete klassische Form der Psychoanalyse wurde in diesem Kapitel abschließend dargelegt, dass die Psychoanalyse und die von ihr abgeleiteten Therapieverfahren Erkenntnis in einem hermeneutischen Zirkel hervorbringen. In diesem Prozess werden sprachliche Symbole in ihren körperlichen Ursprüngen verankert, wodurch sowohl auf der Ebene der sprachlichen Reflexion wie auch im körperlichen Empfinden des Patienten eine Vertiefung und Erweiterung der Präsenz um vormals unbewusste Bereiche des Selbsterlebens stattfinden kann. Die therapeutische Intervention analytischer Therapieverfahren wurde in diesem Zusammenhang als ein Vorgehen beschrieben, das die begrifflich-kategoriale Bestimmtheit des Bewusstseins nutzt, um zu heilen, wohingegen die Methode der Zen-Meditation das begrifflich-kategoriale Denken an sich infrage stellt und auf eine von diesem unabhängige Form der Wahrnehmung abzielt.

Die Wirkung psychoanalytischer Therapieverfahren kann die Betrachtungen dieses Kapitels zusammenfassend als spezifische Veränderung der im jeweiligen Störungsbild vorliegenden Strukturformationen aufgefasst werden. Die psychoanalytische Therapie kann damit als intentionaler Ablauf strukturstabilisierender, oder spezifische Strukturelemente integrierender Veränderungen in der Psyche des Patienten bezeichnet und von der strukturtranszendierenden Wirkung der Zen-Meditation unterschieden werden.

4. Resümee

Zur Beantwortung der Forschungsfrage, ob die Methode der Zen-Meditation als ein geeigneter Ersatz für eine psychoanalytische Therapie betrachtet werden kann, wurde in dieser Arbeit eine konzeptuelle Analyse von Zen-Buddhismus und Psychoanalyse vorgelegt. Dieses Vorgehen folgte der Intention der konzeptionellen Abgrenzung von Zen und Psychoanalyse, die Weischede und Zwiebel vor dem Hintergrund ihrer langjährigen Erfahrung in der Praxis beider Methoden formulierten. Sie unterschieden Zen als »Heilsweg« von dem »Heilungsweg« der Psychoanalyse und zeigten gleichzeitig mit dieser Abgrenzung den Übergangsraum beider Methoden auf:

> »Zen setzt an dem Leiden an, das durch die Lebenstatsachen (wie Geburt, Getrenntheit, Körperlichkeit, Vergänglichkeit und Tod) alle Menschen zu bewältigen haben. Dieses Leiden kann, so hatten wir herausgearbeitet in seiner ganzen Tiefe nur angenommen und akzeptiert werden. [...] Die Psychoanalyse setzt an dem Leiden an, das durch individuelles Schicksal in Form von Mitgebrachtem, Erworbenem und Erfahrenem das Erleben und Bewältigen dieser Lebenstatsachen erschwert und behindert« (2009, S. 254f.).

Ausgehend von der Definition der Grenze von Zen und Psychoanalyse von Zwiebel und Weischede sollten die Positionen von Engler und Reddemann, die vor dem Hintergrund ihrer klinischen Erfahrung von einer alternativ zur psychoanalytischen Behandlung ausgeübten Praxis buddhistischer Meditationsverfahren abrieten, mit der Selbstbeschreibung von Zen und Psychoanalyse in Beziehung gesetzt werden. Ausgangspunkt für dieses Vorgehen war die Fragestellung, ob die Selbstbeschreibung von Zen und Psychoanalyse mit den klinisch fundierten Positionen von Zwiebel und Weischede, Engler und Reddemann konform geht, oder ob die Selbstbeschreibung beider Methoden ihrer sich aus der Praxis der klinischen Erfahrung ergebenden Abgrenzung widerspricht.

Im ersten Kapitel dieser Arbeit wurden zwei zentrale die Zen-Meditation der Soto-Schule und ihren erkenntnistheoretischen Hintergrund der buddhistischen Weltanschauung kennzeichnende Gesichtspunkte erarbeitet. Vor dem Hintergrund thematisch relevanter Momente der historischen Selbstbeschreibung der Soto-Schule wurde die Wirkung der Zen-Meditation auf die Psyche zum einen als Überschreitung der Kategorien des begrifflichen Denkens hin zu einer von sprachlichen Unterscheidungen unbeeinflussten Form der Wahrnehmung des gegenwärtigen Moments beschrieben. Zum anderen wurde aus der Selbstbeschreibung des Zen-Buddhismus herausgearbeitet, dass die Praxis der Zen-Meditation mittels der Loslösung von der Identifikation mit dem personalen Ich auf die Loslösung von dem mit der personalen Existenz verbundenen Leiden des menschlichen Daseins abzielt.

Im darauf folgenden zweiten Kapitel wurde der erste Aspekt der zen-buddhistischen Lehre der impliziten Behandlungsmethode der Psychoanalyse gegenübergestellt. Die implizite Behandlungspraxis der Psychoanalyse wurde vor dem Hintergrund der Konzeption des impliziten, nichterfahrungsmäßigen Unbewussten in der heutigen Psychoanalyse, formuliert nach einem Modell von Wolfgang Mertens, beschrieben. Bei der Erläuterung des nichterfahrungsmäßigen Unbewussten wurde unter Darstellung kognitionspsychologischer, neuronaler und entwicklungspsychologischer Hintergründe der Konzeption von Mertens gezeigt, dass Symbolisierungsdefizite und nicht-versprachlichte affektive Impulse aufgrund ihrer fehlenden sprachlichen Repräsentanzen von den betroffenen Patienten entweder unreflektiert ausagiert werden müssen oder zu psychosomatischen Symptomen und zu schwer regulierbaren Spannungszuständen führen. Anhand des Modells der Affektspiegelung und Affektmarkierung von Fonagy wurde dargestellt, dass die auf sprachlichen Repräsentanzen basierende Reflexion und Regulation von Affekten im frühkindlichen, vorsprachlichen Lernen des Differenzierens von affektiven Impulsen begründet ist. Ausgehend vom Modell der semiotischen Progression von Deserno wurde sodann gezeigt, dass die von Mertens beschriebene Verbindung unmentalisierter Affekte mit sprachlichen Repräsentanzen in der impliziten Behandlungspraxis der Psychoanalyse von der präsymbolischen Ebene ihres sensomotorischen Erlebens über die Ebene der expressiv-repräsentativen Symbolik der metaphorischen Bildsprache mit dem sprachlich-diskursiven Symbolsystem und damit mit der explizit-reflexiv fungierenden Ebene des Bewusstseins verbunden werden. Die implizite Behandlungspraxis der Psychoanalyse verbindet nicht unterschiedene Elemente des psychischen Affektgeschehens, um sie dem reflexiven Bewusstsein zugänglich zu machen, über die zweite Ebene der Abstraktion aufsteigend mit der dritten Ebene der symbolischen Abstraktion.

Der Zen-Buddhismus dagegen versucht den Strom des innerpsychischen Impulsgeschehens dem Einfluss des reflexiven Bewusstseins zu entziehen, um ihn in seiner ursprünglich gegebenen Gestalt zu erleben. Diese ereignet sich jenseits der Einflüsse des begrifflichen Denkens und außerhalb jeder Form der symbolischen Abstraktion. Zen arbeitet daher, anders als die Psychoanalyse, die protosymbolisch-sensomotorisch-interaktives Erleben über das expressiv-präsentative Symbolsystem mit dem sprachlich-diskursiven Abstraktionsniveau verbindet, nicht semiotisch progressiv, sondern strebt im Sinne der semiotischen Progression eine den Abstraktionsebenen gegenläufige Entwicklung des Bewusstseins an. Diese Entwicklung des Bewusstseins erstreckt sich über die Symbolsysteme hinweg abwärts bis zum niedrigsten Niveau der Abstraktion und dieses transzendierend bis zu einem Punkt der direkten, von jeder kategorialen Differenzierung unberührten Wahrnehmung des Hier und Jetzt.

Die Psychoanalyse wurde demnach im zweiten Kapitel dieser Arbeit als eine Methode beschrieben, die die Fähigkeit zur sprachbasierten Differenzierung innerpsychischer Vorgänge unterstützt und darauf ausgerichtet ist, diesen höheren Grad der Differenzierung dauerhaft in der psychischen Struktur zu etablieren. Die implizite Behandlungsmethode der Psychoanalyse wird diesen Ausführungen entsprechend als eine sprachbasierte, Unterscheidungen fördernde Interventionstechnik der sprachlichen Unterscheidungen transzendierenden Methode der Zen-Meditation gegenübergestellt. Ausgehend von der Tatsache, dass die erzielte Förderung sprachbasierter Differenzierungen des innerpsychischen Impulsgeschehens im gelungenen Fall der Behandlung dauerhaft in der psychischen Struktur etabliert werden kann, wurde die im Zuge der impliziten Behandlungsmethode der Psychoanalyse bewirkte Strukturveränderung als zentraler Moment der Abgrenzung von der im ersten Kapitel erörterten, strukturtranszendierenden Wirkung der Zen-Meditation definiert.

Die Abgrenzung der strukturtranszendierenden Methode der Zen-Meditation von der strukturmodifizierenden Methode der Psychoanalyse wurde im dritten Kapitel dieser Arbeit unter vorrangiger Bezugnahme auf das Strukturmodell von Kernberg weiterführend diskutiert. Dabei wurde der im ersten Kapitel erörterte erkenntnistheoretische Hintergrund der buddhistischen Weltanschauung, der im zen-buddhistischen Prinzip der Loslösung von der Identifikation mit dem personalen Selbst zum tragen kommt, zunächst erkenntnistheoretischen Grundlagen der Objektbeziehungstheorie von Kernberg gegenübergestellt. Ausgehend von der erkenntnistheoretischen Position des systemtheoretischen Konstruktivismus wurde die Grenze zwischen Selbst und Umwelt als das grundlegende Moment

4. Resümee

der psychischen Strukturbildung definiert und darauf aufbauend vor dem Hintergrund der bi-logischen Charakterisierung des Unbewussten von Matte-Blanco mit dem zen-buddhistischen Prinzip der Ich-Losigkeit in Beziehung gesetzt. Dabei wurde gezeigt, dass die Auflösung der Unterscheidung zwischen Selbst und Nicht-Selbst in die Symptomatik der schizophrenen Psychose führt. Unter der Voraussetzung des stabilen Vorhandenseins dieser Grenze kann durch ihre Überschreitung in der Zen-Meditation dagegen die fundamentalste Kategorie des unterscheidenden Denkens überwunden und die von begrifflichen Unterscheidungen unbeeinflusste unmittelbare Wahrnehmung des gegenwärtigen Moments verwirklicht werden.

Da die Auflösung oder das Einbrechen der Grenze zwischen Selbst und Umwelt in der objektbeziehungstheoretischen Konzeption von Kernberg als regressives Zurückfallen in frühkindliche Zustände des symbiotischen Verschmolzenseins mit der Umwelt gedeutet wird, wurde die These der symbiotischen Verschmelzung unter Rückgriff auf die von Bråten zusammengefassten Ergebnisse heutiger Säuglingsforschung diskutiert. Ausgehend von den Ausführungen von Bråten und einer diesbezüglichen Stellungnahme von Mertens wurde die These der frühkindlichen Symbiose zurückgewiesen und die Kernberg'sche Formulierung des psychotischen Strukturniveaus auf die Beschreibung der schizophrenen Psychose beschränkt, ohne die Beschreibung dieser Strukturformation im Sinne Kernbergs auf die ontogenetischen Anfänge der psychischen Strukturbildung auszuweiten. Ausgehend von der auf diese Weise erarbeiteten Definition des psychotischen Strukturniveaus wurde die psychoanalytische Intervention im Falle der schizophrenen Psychose als die Grenze zwischen Selbst und Umwelt stabilisierende Einflussnahme auf die Psyche des Patienten beschrieben und der diese Strukturformation transzendierenden Methode der Zen-Meditation gegenübergestellt.

In der Konzeption von Kernberg folgen auf das psychotische Strukturniveau das Borderline-Strukturniveau und das neurotische Strukturniveau, die vom normalen Strukturniveau als symptombelastete Formationen der psychischen Strukturbildung unterschieden werden können. Ausgehend von den zuvor erarbeiteten Ausführungen können diese beiden Strukturniveaus als auf einer weitgehend stabilen Grenze zwischen Selbst und Umwelt basierende Formationen der psychischen Struktur beschrieben werden, wobei diese Grenze im Falle des Vorliegens einer schweren Symptomatik der Borderline-Struktur bei jedoch gleichzeitig erhaltener Fähigkeit zur Realitätsprüfung vorübergehend brüchig werden kann. Im Falle einer der Symptomatik des Patienten zugrundeliegenden Borderline-Persönlichkeitsstruktur wurde die Wirkung psychoanalytischer Therapieverfahren als Integration der durch die Abwehr der Spaltung voneinander getrennten negativen und positiven Selbst- und Objektrepräsentanzen beschrieben. Die antagonistischen Objektbeziehungen werden im gelungenen Fall der Intervention durch die Durcharbeitung von aggressiv-destruktiven Triebimpulsen und der durch sie hervorgerufenen Ängste in der Übertragungssituation sowie durch die bewusste Reflexion der Abwehrmechanismen der Spaltung zu ambivalenten Strukturen verbunden. In diesem Sinne konnte die psychoanalytische Intervention auf diesem Strukturniveau als Ambivalenzen integrierende Strukturmodifikation gekennzeichnet werden.

Im Falle von Symptombildern, die aus der neurotischen Persönlichkeitsstruktur hervorgehen, zielt die psychoanalytische Behandlung dagegen auf das Durcharbeiten neurotischer Konflikte ab. Auf dem neurotischen Strukturniveau wurden die Objektbeziehungen als prinzipiell ambivalenztolerante Strukturen beschrieben, wobei die Symptomatik sich aus der Ausgrenzung des neurotischen Konflikts im Sinne der klassischen Verdrängungstheorie ergibt: Konflikthafte Aspekte des Selbsterlebens werden aus dem Bewusstsein verdrängt. Ihr psychodynamisches Drängen auf Abfuhr mündet in die Symptombildung, die im Zuge der Durcharbeitung des Konflikts und der Integration der verdrängten Aspekte des Selbsterlebens behandelt werden kann. Die psychoanalytische Intervention auf dem neurotischen Strukturniveau kann demnach als spezifische Aspekte des Selbsterlebens integrierende Form der Behandlung beschrieben werden.

Die Vorgehensweise der therapeutischen Intervention in der Psychoanalyse und den aus ihr abgeleiteten Therapieverfahren wurde sodann als Prozess gekennzeichnet, der sich großteils in einem hermeneutischen Zirkel ereignet, wobei die Hermeneutik der Psychoanalyse in der auf die Offenlegung neurotischer Konflikte abzielenden klassischen Form der Psychoanalyse gegenüber impliziten und stützenden Interventionen den größten Stellenwert besitzt. Der Prozess der gemeinsamen Reflexion in der therapeutischen Dyade wurde im Zuge der Formulierung eines gegenüber der Methodik der literaturwissenschaftlichen Interpretation von Texten eigenständigem Begriffs psychoanalytischer Hermeneutik als ein Prozess dargestellt, der sich zwischen den Modalitäten des Erklärens und Verstehens bewegt. Der Erkenntnismodalität des szenischen Verstehens wurde in diesem Zusammenhang ein zentraler Stellenwert zugesprochen, da die Szene in der therapeutischen Dyade mittels der sich in ihr vollziehenden Prozesse der Übertragung und Gegenübertragung den Zugang zum direkten Erleben der von der Psychodynamik des Patienten getragenen Beziehungssituationen bietet.

Die gemeinsame Reflexion über die der Symptomatik des Patienten zugrundeliegende Psychodynamik führt mit der Offenlegung des neurotischen Konflikts über die Modalitäten des Erklärens und Verstehens hinaus. Durch die Integration verdrängter Aspekte des Selbsterlebens in das Bewusstsein des Patienten werden sprachbasierte Einsichten in ihren körperlichen Ursprüngen verankert, wodurch auf den Ebenen der Reflexion und des körperlichen Empfindens eine um die vormals verdrängten Bewusstseinsinhalte erweiterte Form der Präsenz ermöglicht wird. Ausgehend von der Erörterung der gemeinsamen Reflexion im hermeneutischen Zirkel der therapeutischen Dyade konnte die Psychoanalyse als ein Verfahren gekennzeichnet werden, das die begrifflich-kategoriale Bestimmtheit des Bewusstseins nutzt, um zu heilen, wohingegen die Methode der Zen-Meditation darauf abzielt, zu einer von der Dominanz sprachlicher Kategorien unabhängigen Form der Wahrnehmung vorzudringen.

Zusammenfassend kann die Wirkung psychoanalytischer Therapieverfahren demnach als spezifische Veränderung der im jeweiligen Störungsbild vorliegenden Strukturformationen aufgefasst werden. Symbolisierungsdefizite werden in der impliziten Behandlungspraxis mit strukturbildenden Interventionen behandelt, auf dem psychotischen Strukturniveau werden dagegen strukturstabilisierende Formen der Intervention eingesetzt. Bei Patienten mit Störungsbildern, die sich aus einer Borderline-Struktur ergeben, werden antagonistische Objektbeziehungen zu ambivalenten Strukturen verbunden, wohingegen auf dem neurotischen Strukturniveau die Integration verdrängter Aspekte des Selbsterlebens durch die Durcharbeitung des neurotischen Konflikts bewirkt wird.

Die von Zwiebel und Weischede vorgenommene Abgrenzung von Zen und Psychoanalyse, die davon ausgeht, dass die Methode der Zen-Meditation auf eine Art des Leidens abzielt, die alle Menschen zu bewältigen haben, wohingegen die Psychoanalyse an individuellem Leid ansetzt, das sich aus Erfahrenem, Mitgebrachtem und Erworbenen ergibt und die Bewältigung des Lebens erschwert, konnte im Rahmen dieser Untersuchung auch aus der Selbstbeschreibung beider Methoden abgeleitet und weiterführend spezifiziert werden. Auch die aus den Positionen von Reddemann und Engler gefolgerte Begrenzung der positiven Wirkung der Zen-Meditation ohne therapeutische Begleitung kann ausgehend von den Ergebnissen dieser konzeptuellen Analyse bestätigt und aus der Perspektive der Selbstbeschreibung beider Methoden heraus begründet werden: Im Falle des Vorliegens der spezifischen Symptomatik psychischer Störungsbilder können spezifisch auf die Struktur der Psyche einwirkende psychoanalytische Therapieverfahren nicht durch die unspezifische Wirkung der Strukturtranszendenz in der Zen-Meditation ersetzt werden.

In Anlehnung an die von Zwiebel und Weischede formulierte Abgrenzung beider Verfahren zeigt sich die von ihnen formulierte Grenze von Zen und Psychoanalyse als Übergangsraum von spezifischem zu universellem Leiden des Menschen. Der Stifter der buddhistischen Weltreligion Shakyamuni hatte den von ihm gelehrten Heilsweg in seiner Auseinandersetzung mit dem Unterworfensein der menschlichen Existenz unter Krankheit, Tod und Vergänglichkeit erstmals selbst beschritten. Ebenso war Dogen, der Gründer des japanischen Soto-Zen, durch die Auseinandersetzung mit Tod und Vergänglichkeit zu seiner Entscheidung für den Lebensweg des buddhistischen Mönchtums gekommen. Die Vergänglichkeit akzeptierende und verinnerlichende Grundhaltung des von beiden Gründerpersönlichkeiten geprägten Lebensweges spiegelt sich in der Praxis der Meditation der Soto-Schule wider: Das Entstehen und Vergehen der Wahrnehmungsinhalte im Bewusstsein wird aus der aufmerksamen, nicht wertenden und akzeptierenden Grundhaltung der Achtsamkeit heraus betrachtet. Zen beginnt dort, wo die Psychoanalyse endet, bei universellen Fragen des Menschseins, die im Angesicht der eigenen Vergänglichkeit entstehen.

Literatur

Allen, J.G.; Fonagy, P. & Bateman, A.W. (2011). Mentalisieren in der psychotherapeutischen Praxis. Stuttgart: Klett-Cotta.
Allen, J.G. & Fonagy, P. (Hg.) (2009). Mentalisierungsgestüze Therapie. Stuttgart: Klett-Cotta.
Anderson, J.R. (2007). Kognitive Psychologie. 6. Auflage. Heidelberg: Springer.
Auchter, T. & Strauss, L.V. (1999). Kleines Wörterbuch der Psychoanalyse. Göttingen: Vandenhoeck & Ruprecht.
Aumann, O. (2000). Die Frage nach dem Selbst im Amida-Buddhismus bei Shinram und im Zen-Buddhismus bei Dogen. Frankfurt am Main: Verlag Peter Lang.
Austin, J.L. (1962). How to do things with words. Oxford: Clarendon Press.
Bateman, A.W. & Fonagy, P. (2008). Psychotherapie der Borderline-Persönlichkeits-Störung. Gießen: Psychosozial-Verlag.
Bechert, H. & Gombrich, R. (1984). Die Welt des Buddhismus. München: Beck.
Borbely, A. (2011). Metaphor and Metonomy as the Basis of a New Psychoanalytic Language. Psychoanal Inq 31: 159–171.
Bowker, J. (Hg.) (1999). Das Oxford-Lexikon der Weltreligionen. Lizenzausgabe für die Wissenschaftliche Buchgesellschaft Darmstadt. Düsseldorf: Patmos.
Bråten, S. (2011). Intersubjektive Partizipation: Bewegung des virtuellen Anderen bei Säuglingen und Erwachsenen. Psyche. Zeitschrift für Psychoanalyse und ihre Anwendungen 9/10: 832–861.
Bråten, S. (Hg.) (1998). Intersubjective Communication and Emotion in Early Ontogeny. Cambridge: Cambridge UP.
Bråten, S. (1993). Infant Attachment and Self Organization in Light of this Thesis: Born with the Other in the Mind. In: Gomnaes, I.L. & Osborne, E. (Hg.). Making Links, How Children Learn. Oslow: Yrkeslitteratur, S. 25–38.
Broughton, J.L. (1999). The Bodhidharma Antology. Berkeley, Los Angeles, London: University of California Press.
Brück, M.v. (2007). Einführung in den Buddhismus. Leipzig: Insel.
Brück, M.v. (2004). Zen, Geschichte und Praxis. München: Beck.
Brück, M.v. (2000). Weisheit der Leere. Wichtige Sutra-Texte des Mahayana-Buddhismus. München: Kösel.

Brück, M.v. (1998). Buddhismus: Grundlagen – Geschichte – Praxis. Gütersloh: Gütersloher Verlagshaus.
Brück, M.v. & Lai, W. (1997). Buddhismus und Christentum. München: Beck.
Brück, M.v. (1986). Einheit der Wirklichkeit. München: Kaiser.
Buchholz, M., Gödde, G. (2005). Das Unbewusste und seine Metaphern. In: Buchholz, M. & Gödde, G. (Hg.). Das Unbewusste. Band I. Macht und Dynamik des Unbewussten. Gießen: Psychosozial-Verlag, S. 671–712.
Buchholz, M. (2005a). Vom »Austausch in Worten« (Freud) zur »Interaktion der Bilder« – Kultur und Körper, Kognition und Konversation (Teil 2). In: Buchholz, M. & Gödde, G. (Hg.). Das Unbewusste. Band II. Das Unbewusste in aktuellen Diskursen. Gießen: Psychosozial-Verlag, S. 230–263.
Bucholz, M. (2005b). Vom Primat der Metapher – Kultur und Körper, Kognition und Konversation (Teil 1). In: Buchholz, M. & Gödde, G. (Hg.). Das Unbewusste. Band II. Das Unbewusste in aktuellen Diskursen. Gießen: Psychosozial-Verlag, S. 193–229.
Buchholz, M. (1993). Metaphernanalyse. Göttingen: Vandenhoeck & Ruprecht.
Caligor, E.; Kernberg, O.F. & Clarkin, J.F. (2010). Übertragungsfokussierte Psychotherapie bei neurotischer Persönlichkeitsstruktur. Stuttgart: Schattauer.
Carhart-Harris, R.L. & Friston, K.J. (2010). The Default-Mode, Ego-Functions and Free-Energy: a Neurobiological Account of Freudian Ideas. Brain 133: 1265–1283.
Chattopadhyaya, L. (1982). Self in Samkhya Philosophy. Calcutta: B.K. Guha Thakurta Byabosa-o-Banija Press.
Conze, E. (1990). Der Buddhismus, Wesen und Entwicklung. 9. Auflage. Stuttgart: Kohlhammer.
Conze, E. (1984). Eine kurze Geschichte des Buddhismus. Frankfurt am Main: Insel.
Cooper, P.C. (2010). The Zen Impulse and the Psychoanalytic Encounter. New York: Routledge.
Deri, S.K. (1984). Symbolization and Creativity. Madison: International Universities Press.
Deserno, H. (2006). Die gegenwärtige Bedeutung von Symboltheorien für die psychoanalytische Praxis und Forschung. In: Böker, H. (Hg.). Psychoanalyse und Psychiatrie. Heidelberg: Springer, S. 345–358.
Deshimaru, T. (1991). Die Lehren des Meister Dogen. München: Diederichs.
Deshpande, P.Y. & Bäumer, B. (1976). Patanjali. Die Wurzeln des Yoga. München: Otto Wilhelm Barth.
Deussen, P. (1982). Die Sutra des Vedanta. Hildesheim: Olms.
Doi, T. (Übers.) (2000). Avatamsaka-Sutra. In: Brück, M.v. (Hg.). Weisheit der Leere. München: Kösel, S. 99–195.
Dornes, M. (2006). Zwischenmenschliche Interaktion und Symbolbildung. Zeitschrift für Theorie und Praxis der Kinder- und Jugendlichen-Psychoanalyse und tiefenpsychologisch fundierten Psychotherapie 132: 519–538.
Dornes, M. (1997). Die frühe Kindheit. Frankfurt am Main: Fischer.
Dumoulin, H. (2003). Geleitwort. In: Borsig, M.v.: Lotos Sutra. Freiburg im Breisgau: Herder, S. 11–14.
Dumoulin, H. (1995). Spiritualität des Buddhismus. Mainz: Matthias-Grünewald-Verlag.
Dumoulin, H. (1990). Dogen-Zen, Kleine Schriften der Soto-Schule. Zürich, München: Theseus.
Dumoulin, H. (1986). Geschichte des Zen-Buddhismus. Band 2. Bern: Francke.
Dumoulin, H. (1985). Geschichte des Zen-Buddhismus. Band 1. Bern: Francke.
Dumoulin, H. (1982). Begegnung mit dem Buddhismus. Freiburg: Herder.
Dumoulin, H. (1976). Der Erleuchtungsweg des Zen im Buddhismus. Frankfurt am Main: Fischer.

Dumoulin, H. (Übers. u. Hg.) (1975). Mumonkan – Die Schranke ohne Tor. Mainz: Matthias-Grünewald-Verlag.
Dumoulin, H. (Hg.) (1970). Buddhismus der Gegenwart. Freiburg im Breisgau: Herder.
Dumoulin, H. (1959). Zen, Geschichte und Gestalt. Bern: Francke.
Ebbinghaus, H. (1885/1966). Über das Gedächtnis. Amsterdam: Bonset.
Edelman, G. (1989). The remembered present: A biological theory of consciousness. New York: Basic Books.
Elberfeld, R. (2006). Dogen und sein Werk. In: Ohashi, R. & Elberfeld, R. (Übers. u. Hg.). Dogen »Shobogenzo« – Ausgewählte Schriften. Stuttgart, Bad-Cannstadt: Fromann, S. 211–278.
Engler, J. (2003). Being Somebody and Being Nobody: A Reexamination of the Understanding of the Self in Psychoanalysis and Buddhism. In: Safran, J.D. (Hg.). Psychoanalysis and Buddhism: an Unfolding Dialogue. Somerville: Wisdom Publications, S. 35–100.
Enomiya-Lassalle, H.M. (1966). Zen-Buddhismus. Köln: Bachem.
Erhard, F.-K. & Fischer-Schreiber, I. (1995). Das Lexikon des Buddhismus. 3. Auflage, München: Goldmann.
Erhard, F.-K. & Fischer-Schreiber, I. (1993). Das Lexikon des Buddhismus. 2. Auflage. München: Barth.
Ermann, M. (2010). Psychoanalyse heute. Stuttgart: Kohlhammer.
Ermann, M. (2005). Explizite und implizite psychoanalytische Behandlungspraxis. Forum der Psychoanalyse 21: 3–13.
Feuerstein, G. (2002). The Yoga Tradition. Delhi: Bhavana Books & Prints.
Foerster, H.v. (1993). Wissen und Gewissen, Versuch einer Brücke. Frankfurt am Main: Suhrkamp.
Fonagy, P. & Luyten, P. (2011). Die entwicklungspsychologischen Wurzeln der Borderline-Persönlichkeitsstörung in Kindheit und Adolszenz: Ein Forschungsbericht unter dem Blickwinkel der Mentalisierungstheorie. Psyche. Zeitschrift für Psychoanalyse und ihre Anwendungen 9/10: 900–952.
Fonagy, P. (2009). Soziale Entwicklung unter dem Blickwinkel der Mentalisierung. In: Allen, J.G. & Fonagy, P. (Hg.). Mentalisierungsgestütze Therapie. Stuttgart: Klett-Cotta, S. 89–152.
Fonagy, P.; Gergely, G.; Jurist, E.L. & Target, M. (2002/2008). Affektregulierung, Mentalisierung und die Entwicklung des Selbst. 3. Auflage. Stuttgart: Klett-Cotta.
Freiberger, O. & Kleine, C. (2011). Buddhismus. Göttingen: Vandenhoeck & Ruprecht.
Freud, A. (1936/1974). Das Ich und die Abwehrmechanismen. München: Kindler.
Freud, S. (1938d). Trieblehre. GW XVII, S. 70–73.
Freud, S. (1938j). Der psychische Apparat und die Außenwelt. GW XVII, S. 125–135.
Freud, S. (1916–1917a). Vorlesungen zur Einführung in die Psychoanalyse: XXVIII: Die analytische Therapie. GW XI, S. 466–482.
Freud, S. (1915e). Das Unbewusste. GW X, S. 263–303.
Freud, S. (1914c). Zur Einführung des Narzissmus. GW X, S. 137–170.
Freud, S. (1914g). Erinnern, Wiederholen, Durcharbeiten. GW X, S. 126–134.
Freud, S. (1913j). Das Interesse an der Psychoanalyse. GW VIII, S. 389–420.
Friston K.J.; Daunizeau, J. & Kiebel, S.J. (2009). Reinforcement Learning or Active Inference? PLoS ONE 4: e6421.
Friston, K.J. (2003). Learning and Inference in the Brain. Neural Netw. 16: 1325–1352.
Fromm, E. (1960). Foreword to »Zen Buddhism and Psychoanalysis«. In: Fromm, E.; Suzuki, D.T. & De Martino, R. (Hg.) (1960/1970). Zen Buddhism and Psychoanalysis. New York: Harper & Row, vii–viii.

Fromm, E.; Suzuki, D.T. & De Martino, R. (Hg.) (1960/1970). Zen Buddhism and Psychoanalysis. New York: Harper & Row.
Fuchs, C. (1990). Yoga in Deutschland: Rezeption, Organisation, Typologie. Stuttgart: Kohlhammer.
Gast, L. (1996). Himmel und Hölle, Paradies und Schreckenskammer. Luzifer – Amor, Zeitschrift zur Geschichte der Psychoanalyse, Volume 9, Issue 17: 167–187.
Gerisch, B. (1996). Suizidalität bei Frauen. Tübingen: Edition Diskord.
Gethin, R. (1998). The Foundations of Buddhism. Oxford: Oxford University Press.
Glasersfeld, E.v. (2003). Einführung in den Konstruktivismus, Band 5. 7. Auflage. München: Oldenburg.
Glasersfeld, E.v. (1997). Radikaler Konstruktivismus, Ideen, Ergebnisse, Probleme. Frankfurt am Main: Suhrkamp.
Glasersfeld, E.v. (1987). Wissen, Sprache und Wirklichkeit. Arbeiten zum radikalen Konstruktivismus. Braunschweig: Vieweg.
Golzio, K.-H. (2003). Lankavatara-Sutra. 2. Auflage. München: Barth.
Gombrich, R. (1997). Der Theravada-Buddhismus. Stuttgart: Kohlhammer.
Grande, T. (2008). Ziele der Psychoanalyse. In: Mertens, W. & Waldvogel, B. (Hg.). Handbuch psychoanalytischer Grundbegriffe. 3. überarb. u. erw. Auflage. Stuttgart: Kohlhammer, S. 860–865.
Grimm, G. (1988). Die Lehre des Buddho. Freiburg im Breisgau: Aurum.
Gundert, W. (Übers. u. Hg.) (2005). Meister Yüan-Wu's Niederschrift von der smaragdenen Felswand. Band I–III. Wiesbaden: Marix.
Gundert, W. (Übers. u. Hg.) (1960). Meister Yüan-Wu's Niederschrift von der smaragdenen Felswand. Band I–III. München: Carl Hanser.
Haesler, L. (1994). Psychoanalyse – Therapeutische Methode und Wissenschaft vom Menschen. Stuttgart: Kohlhammer.
Hager, B. (1983). Die Entwicklung des Mahayana-Begriffes im Indo-Arischen. Freiburg im Breisgau: Wolf Mersch.
Hahn, M. & Dietz, S. (Übers. u. Hg.) (2008). Wege zur rechten Erkenntnis. Frankfurt am Main, Leipzig: Insel.
Hauer, J.W. (1958). Der Yoga, Ein indischer Weg zum Selbst. 2. umgearb. u. erw. Auflage von »Yoga als Heilweg«. Stuttgart: Kohlammer.
Hebb, D. (1949). The Organization of Behavior. New York: Wiley & Sons.
Hecker, H. (2004). Die Reden des Buddha, Itivuttakam, Sammlung der Aphorismen aus dem Palikanon. Stammbach: Beyerlein & Steinschulte.
Heidegger, M. (1949). Sein und Zeit. §§31 u. 32. Tübingen: Niemeyer.
Hinshelwood, R.D. (1993). Wörterbuch der kleinianischen Psychoanalyse. 2. Auflage. Stuttgart: Verlag Internationale Psychoanalyse.
Holmes, J. (2009). Mentalisieren in psychoanalytischer Sicht: Was ist neu? In: Allen, J.G. & Fonagy, P. (Hg.). Mentalisierungsgestütze Therapie. Stuttgart: Klett-Cotta, S. 62–88.
Horowitz, M.J. (Hg.) (1991). Person, Schemas and Maladaptive Patterns. Chicago: University of Chicago Press.
Hutter, M. (2001). Das ewige Rad – Religion und Kultur des Buddhismus. Köln: Styria.
Ikeda, D. (1986). Buddhismus – Das erste Jahrtausend. München: Nymphenburger.
Jacobson, E. (1973). Das Selbst und die Welt der Objekte. Frankfurt am Main: Suhrkamp.

Jacobson, E. (1971). Depression. New York: International University Press. (Dt. 1977: Depression: Eine vergleichend Untersuchung normaler, neurotischer und psychotisch-depressiver Zustände. Frankfurt am Main: Suhrkamp).

Jacobson, E. (1967). Psychotic Conflict and Reality. New York: International University Press. (Dt. 1972: Psychotischer Konflikt und Realität. Frankfurt am Main: Fischer).

Jacobson, E. (1964). The self and the object world. New York: International University Press.

Jacobson, E. (1954). Psychotische Identifizierungen. In: Jacobson, E. (1977). Depression. Frankfurt am Main: Suhrkamp, S. 304–329.

Janzen, B.-M. (1997). Samannaphala, Die Frucht des Entsagers. Würzburg: Echter.

Johannsen, J. (2009). Mantra und Meditation. In: Yoga-Aktuell 56: S. 22.

Kandel, E.; Schwartz, J. & Jessell, T. (2000). Principles of Neural Science. 4. Auflage. St. Louis, San Francisco: McGraw-Hill.

Karnath, H.-O. & Thier, P. (Hg.) (2006). Neuropsychologie. 2. Auflage. Heidelberg: Springer.

Kato, S. (1990). Geschichte der japanischen Literatur. Bern, München, Wien: Scherz.

Keown, D. (2003). Lexikon des Buddhismus. Düsseldorf: Patmos.

Kernberg, O. F. (2012). Hass, Wut, Gewalt und Narzissmus. In: Ermann, M. (Hg.). Lindauer Beiträge zur Psychotherapie und Psychosomatik. Stuttgart: Kohlhammer.

Kernberg, O. F. (2009). Narzissmus Aggression und Selbstzerstörung. Suttgart: Klett-Cotta.

Kernberg, O. F.; Clarkin, J. F. & Yeomans, F. E. (2008). Psychotherapie der Borderline-Persönlichkeit. 2. Auflage. Stuttgart: Schattauer.

Kernberg, O. F. & Hartmann, H.-P. (2006). Narzissmus. Stuttgart: Schattauer.

Kernberg, O. F. (2006a/2009). Psychoanalyse – Prinzipien, Anhängerschaft und persönliche Entwicklung. In: Kernberg, O. F.; Dulz, B. & Eckert, J. (Hg.). Wir: Psychotherapeuten. Nachdruck der 1. Auflage. Stuttgart: Schattauer, S. 251–268.

Kernberg, O. F. (2006b). Schwere Persönlichkeitsstörungen. Theorie, Diagnose, Behandlungsstrategien. 7. Auflage. Stuttgart: Klett-Cotta.

Kernberg, O. F. (1988). Innere Welt und äußere Realität. München, Wien: Verlag Internationale Psychoanalyse.

Kernberg, O. F. (1985/2006). Schwere Persönlichkeitsstörungen. 7. Auflage. Stuttgart: Klett-Cotta.

Kernberg, O. F. (1983). Borderline-Störungen und pathologischer Narzissmus. Frankfurt am Main: Suhrkamp.

Kernberg, O. F. (1975). Zur Behandlung narzisstischer Persönlichkeitsstörungen. Psyche. Zeitschrift für Psychoanalyse und ihr Anwendungen 29: 890–905.

Kerz-Rühling, I. (2008). Übereinstimmungsargument. In: Mertens, W. & Waldvogel, B. (Hg.). Handbuch psychoanalytischer Grundbegriffe. Stuttgart: Kohlhammer, S. 787–790.

Klein, M. (1952/2000). Theoretische Betrachtungen über das Gefühlsleben des Säuglings. In: Gesammelte Schriften Band III. Stuttgart – Bad Cannstatt: Frommann-Holzboog, S. 46–63.

Klein, M. (1946). Bemerkungen über einige schizoide Mechanismen. In: Klein, M. (1972). Das Seelenleben des Kleinkindes und andere Beiträge zur Psychoanalyse. Reinbek: Rowohlt, S. 101–125.

Klein, M. (1930/1985). Die Psychotherapie von Psychosen. In: Klein, M. Frühstadium des Ödipuskomplexes. Frühe Schriften (1928–1945). Frankfurt am Main: Fischer.

Klimkeit, H.-J. (1990). Der Buddha, Leben und Lehre. Stuttgart: Kohlhammer.

Körner, J. (1985). Vom Erklären zum Verstehen in der Psychoanalyse. Göttingen: Vandenhoeck & Ruprecht.

Koukkou, M.; Leuziger-Bohleber, M. & Mertens, W. (Hg.) (1998). Erinnerung von Wirklichkeiten. Psychoanalyse und Neurowissenschaften im Dialog. Band I und II. Stuttgart: Verlag Internationale Psychoanalyse.

Koukkou, M. & Lehmann, D. (1998a). Ein systemtheoretisch orientiertes Modell der Funktionen des menschlichen Gehirns und die Ontogenese des Verhaltens. In: Koukkou, M.; Leuziger-Bohleber, M. & Mertens, W. (Hg.). Erinnerung von Wirklichkeiten. Psychoanalyse und Neurowissenschaften im Dialog. Band 1. Stuttgart: Verlag Internationale Psychoanalyse, S. 287–415.

Koukkou, M. & Lehmann, D. (1998b). Die Pathogenese der Neurose und der Wirkungsweg psychoanalytischer Behandlung aus der Sicht des »Zustandswechsel-Modells« der Hirnfunktionen. In: Koukkou, M.; Leuziger-Bohleber, M. & Mertens, W. (Hg.). Erinnerung von Wirklichkeiten. Psychoanalyse und Neurowissenschaften im Dialog. Band 2. Stuttgart: Verlag Internationale Psychoanalyse, S. 162–195.

Krause, D. (1999). Luhmann-Lexikon. 2. Auflage. Stuttgart: Ferdinand Enke Verlag.

Kuhn, H. (Hg.) (1965). Abstraktion und Intuition als Wege zur Wahrheit in Yoga und Zen. München: Anton Pustet.

Kunjunni, R. (Hg.) (1972). Hathayogapradipika. Text, Commentary, Translation. Madras: Adyar Library and Research Centre.

Kutter, P. & Müller, T. (2008). Psychoanalyse. Eine Einführung in die Psychologie unbewusster Prozesse. Stuttgart: Klett-Cotta.

Lamotte, E. (1989). Der Mahayana-Buddhismus. In: Bechert, H. & Gombrich, R. (Hg.). Der Buddhismus. Neuauflage der Originalausgabe von 1984. München: Beck, S. 93–100.

Lamotte, E. (1984). Der Mahayana-Buddhismus. In: Bechert, H. & Gombrich, R. (Hg.). Die Welt des Buddhismus. München: Beck, S. 90–94.

Laube, J. (1998a). Der Buddha in der modernen japanischen Philosophie. In: Schmidt-Leukel, P. (Hg.). Wer ist Buddha? München: Diederichs, S. 141–159.

Laube, J. (1998b). Nichts. I. Religionswissenschaftlich. In: Lexikon für Theologie und Kirche. Band 7. 3. Auflage. Freiburg im Breisgau: Herder, S. 811f.

Laube, J. (1998c). Nirvana, Parinirvana. In: Lexikon für Theologie und Kirche. Band 7. 3. Auflage. Freiburg im Breisgau: Herder, S. 877f.

Laube, J. (1996). Japan. II. Religionsgeschichte. In: Lexikon für Theologie und Kirche. Band 5. 3. Auflage. Freiburg im Breisgau: Herder, S. 749f.

Laube, J. (1994). Japanischer Buddhismus. In: Lexikon für Theologie und Kirche. Band 2. 3. Auflage. Freiburg im Breisgau: Herder, S. 760f.

Laube, J. (1987). Zen-Meister Dogen (1200–1253) – Seine Bedeutung für das zeitgenössische und für das moderne Japan. Zeitschrift für Missionswissenschaft und Religionswissenschaft 71. Jg.: 121–136.

Lecours, S. (2007). Supportive Interventions and Nonsymbolic Mental Functioning. International Journal of Psycho-Analysis 88: 895–915.

LeDoux, J. (2000). Cognitive-Emotional Interactions: Listen to the Brain. In: Lane, R. & Nadel, L. (Hg.). Cognitive Neuroscience of Emotion. New York: Oxford University Press, S. 129–155.

Lindtner, C. (Übers. u. Hg.) (1986). Master of Wisdom – Writings of the Buddhist Master Nagarjuna. Oakland: Dharma Publishing.

Lingwood, D. (1992). Das Buddha-Wort. München: Barth.

Lorenzer, A. (1974). Die Wahrheit der psychoanalytischen Erkenntnis. Frankfurt am Main: Suhrkamp.
Lorenzer, A. (1971). Symbol, Interaktion und Praxis. In: Lorenzer, A.; Dahmer, H.; Horn, K.; Brede, K. & Schwanenberg, E. (1971). Die Psychoanalyse als Sozialwissenschaft. Frankfurt am Main: Suhrkamp, S. 9–59.
Lorenzer, A. (1970). Sprachzerstörung und Rekonstruktion. Frankfurt am Main: Suhrkamp.
Luhmann, N. (2004). Einführung in die Systemtheorie. 2. Auflage. Heidelberg: Carl Auer Systeme.
Luhmann, N. (1997). Was ist Kommunikation. In: Simon, F.B. (Hg.). Lebende Systeme. Frankfurt am Main: Suhrkamp, S. 19–31.
Luhmann, N. (1992). Die Wissenschaft der Gesellschaft. Frankfurt am Main: Suhrkamp.
Luhmann, N. (1988). Erkenntnis als Konstruktion. Bern: Benetli.
Luhmann, N. (1981). Soziologische Aufklärung. Band 3. Opladen: Westdeutscher Verlag.
Luhmann, N. (1980). Gesellschaftsstruktur und Semantik. Band 1. Frankfurt am Main: Suhrkamp.
Mahler, M.; Pine, F. & Bergman, A. (1975). The Psychological Birth of the Human Infant. New York: Basic Books. (Dt. 1978: Die psychische Geburt des Menschen. Symbiose und Individuation. Frankfurt am Main: Fischer).
Matte-Blanco, I. (2005). The Four Antinomies of the Death Instinct. International Journal of Psycho-Analysis 86: 1463–1476.
Matte-Blanco, I. (1998/2010). Thinking, Feeling and Being, Digital Reprint. New York: Routledge.
Matte-Blanco, I. (1986). Understanding Matte Blanco. International Journal of Psycho-Analysis 67: 251–254.
Matte-Blanco, I. (1975/1998). The Unconscious as Infinite Sets. Revised Edition. New York: Routledge.
Matte-Blanco, I. (1959). Expression in Symbolic Logic of the Characteristics of the System Ucs or the Logic of the System Ucs. International Journal of Psycho-Analysis 40: 1–5.
Maturana, H. (1994). Was ist Erkennen? München: Piper.
Maturana, H. & Varela, F. (1987). Der Baum der Erkenntnis. 3. Auflage. Bern: Goldmann.
Maturana, H. (1985). Erkennen: Die Organisation und Verkörperung von Wirklichkeit. 2. Auflage. Braunschweig, Wiesbaden: Vieweg.
Mayes, L.C. (1999). Clocks, Engines and Quarks – Love, Dreams and Genes: What Makes Development Happen? Psychoanal Study Child 54: 169–192.
Mertens, W. (2011). Entwicklungsorientierung in der Psychoanalyse – überflüssig oder unerlässlich? Psyche. Zeitschrift für Psychoanalyse und ihre Anwendungen 9/10: 808–831.
Mertens, W. (2010). Psychoanalytische Schulen im Gespräch. Band I. Bern: Huber.
Mertens, W. (2009). Psychoanalytische Erkenntnishaltungen und Interventionen. Stuttgart: Kohlhammer.
Mertens, W. & Waldvogel, B. (Hg.) (2008). Handbuch psychoanalytischer Grundbegriffe. 3. überarb. u. erw. Auflage. Stuttgart: Kohlhammer.
Mertens, W. (2007). Zur Konzeption des Unbewussten – Einige Überlegungen zu einer interdisziplinären Theoriebildung zum Unbewussten. In: Geus-Mertens, E. (Hg.). Eine Psychoanalyse für das 21. Jahrhundert. Stuttgart: Kohlhammer, S. 114–163.
Mertens, W. (2005). Psychoanalyse. Grundlagen, Behandlungstechnik und Anwendung. 6. überarb. Neuauflage. Stuttgart: Kohlhammer.
Mertens, W. (2004). Einführung in die psychoanalytische Therapie. Band II. 3. aktual. Auflage. Stuttgart: Kohlhammer.

Mertens, W. (2003). Traum und Traumdeutung. 3. aktual. Auflage. München: Beck.
Mertens, W. (1998). Einige Aspekte der psychoanalytischen Gedächtnistheorie. In: Koukkou, M.; Leuziger-Bohleber, M. & Mertens, W. (Hg.). Erinnerung von Wirklichkeiten. Psychoanalyse und Neurowissenschaften im Dialog. Band 1. Stuttgart: Verlag Internationale Psychoanalyse, S. 48–130.
Mertens, W. (1994). Psychoanalyse auf dem Prüfstand? Eine Erwiderung auf die Meta-Analyse von Klaus Grawe. Berlin, München: Quintessenz.
Mertens, W. (1990). Einführung in die psychoanalytische Therapie. Band I. 3. aktual. Auflage. Stuttgart: Kohlhammer.
Mietzel, G. (2007). Pädagogische Psychologie des Lernens und Lehrens. Göttingen: Hogrefe.
Modell, A. (2011). Not even Wrong. Psychoanalytic Inquiry 31: 126–133.
Mookerjee, A. & Khanna, M. (1978). Die Welt des Tantra in Bild und Deutung. O.A.: Barth.
Müller, W. & Naumann, U. (1991). Buddha. Hamburg: Rowohlt.
Müller-Pozzi, H. (2004). Psychoanalytisches Denken. 3. erw. Auflage. Bern: Huber.
Narr, W.-D. (1969). Theoriebegriffe der Systemtheorie. Band 1. Stuttgart: Kohlhammer.
Notz, K.J. (Hg.) (1998). Das Lexikon des Buddhismus. Freiburg: Herder.
Nyanatiloka, k.A. (1981). Der Weg zur Erlösung. Konstanz: Christiani.
Oeser, E. & Seitelberger, F. (1988). Gehirn, Bewusstsein und Erkenntnis. Darmstadt: Wissenschaftliche Buchgesellschaft.
Ohashi, R. & Elberfeld, R. (Übers. u. Hg.) (2006). Dogen »Shobogenzo« – Ausgewählte Schriften. Stuttgart – Bad-Cannstadt: Frommann.
Oldenberg, H. (1993). Die Reden des Buddha. Freiburg im Breisgau: Herder.
Oldenberg, H. (1983). Buddha, Sein Leben, Seine Lehre, Seine Gemeinde. Stuttgart: Magnus.
Parsons, T. (1976). Zur Theorie sozialer Systeme. Studienbücher zur Sozialwissenschaft. Band 14. Opladen: Westdeutscher Verlag.
Piaget, J. (1950/1974). La construction du réel chez l'enfant. Neuchâtel: Delacheaux et Niestlé. (Übersetzt von: Sandberger, J.-U., Thirion, C., Wunberg, H.-L. (1974). Der Aufbau der Wirklichkeit beim Kinde. Stuttgart: Klett).
Pine, R. (1987). Bodhidarmas Lehre des Zen. O.A.: Theseus.
Pinel, J. & Pauli, P. (Übers. u. Hg.) (2007). Biopsychologie. 6. Auflage. München: Pearson.
Raguse, H. (1998). Psychoanalytische Hermeneutik – Weltanschauung oder Regelcorpus? Psyche. Zeitschrift für Psychoanalyse und ihre Anwendungen 7: 648–703.
Rayner, E. (1995/2003). Unconscious Logic. An Introduction to Matte-Blanco's Bi-Logic and It's Uses. Digital Reprint. New York: Routledge.
Reddemann, L. (2011a). Kontexte von Achtsamkeit in der Psychotherapie. In: Reddemann, L. & Ermann, M. (Hg.). Lindauer Beiträge zur Psychotherapie und Psychosomatik. Stuttgart: Kohlhammer, S. 18–38.
Reddemann, L. (2011b). Achtsamkeit in der Behandlung von persönlichkeitsgestörten und traumatisierten Patienten. In: Reddemann, L. & Ermann, M. (Hg.). Lindauer Beiträge zur Psychotherapie und Psychosomatik. Stuttgart: Kohlhammer, S. 101–117.
Reich, G. (2008). Spaltung. In: Mertens, W. & Waldvogel, B. (Hg.). Handbuch psychoanalytischer Grundbegriffe. 3. überarb. u. erw. Auflage. Stuttgart: Kohlhammer, S. 701–704.
Resch, F. & Möhler, E. (2006). Entwicklungspsychologie des Narzissmus. In: Kernberg, O.F. & Hartmann, H.-P. (Hg.). Narzissmus. Stuttgart: Schattauer, S. 37–70.
Rohde-Dachser, C. (2009). Todestrieb, Gottesvorstellungen und der Wunsch nach Unsterb-

lichkeit. Eine psychoanalytische Studie. Psyche. Zeitschrift für Psychoanalyse und ihre Anwendungen 9/10: 973–999.
Roth, G. (2003). Aus der Sicht des Gehirns. Frankfurt am Main: Suhrkamp.
Roth, G. (1996). Das Gehirn und seine Wirklichkeit. 5. Auflage. Frankfurt am Main: Suhrkamp.
Rüsseler, J. (2009). Neuropsychologische Therapie. Stuttgart: Kohlhammer.
Schafe, G. E. & LeDoux, J. (2004). The Neural Basis of Fear. In: Gazzaniga, M. S. (Hg.). The Cognitive Neurosciences 3, Bradford: Massachusetts, S. 987–1003.
Schleiermacher, F. D. E. (1977). Hermeneutik und Kritik. Hg. von M. Frank. Frankfurt am Main: Suhrkamp.
Schmidt, K. (1978). Buddhas Reden. Berlin: Kristkeitz.
Schmidt, K. (1955). Buddha und seine Jünger. Konstanz: Christiani.
Schmidt, S. J. (1987). Der Diskurs des Radikalen Konstruktivismus. Frankfurt am Main: Suhrkamp.
Schmidt, W. (1967). Yoga in Deutschland. Verbreitung – Motive – Hintergründe. Stuttgart: Kreuz.
Schmidt-Leukel, P. (Hg.) (1998). Wer ist Buddha? München: Diederichs.
Schöpf, A. (2008). Hermeneutik. In: Mertens, W. & Waldvogel, B. (Hg.). Handbuch psychoanalytischer Grundbegriffe. 3. überarb. u. erw. Auflage. Stuttgart: Kohlhammer, S. 287–289.
Schumann, H. W. (2000). Handbuch Buddhismus. Die zentralen Lehren: Ursprung und Gegenwart. München: Diederichs.
Schumann, H. W. (1997). Buddhistische Bilderwelt. 3. Auflage. München: Diederichs.
Schumann, H. W. (1992). Auf den Spuren des Buddha Gotama. Olten, Freiburg im Breisgau: Walter.
Schumann, H. W. (1988). Der historische Buddha. Neuausgabe. Köln: Diederichs.
Schumann, H. W. (1982). Der historische Buddha. Köln: Diederichs.
Schumann, H. W. (1963). Buddhismus. Philosophie zur Erlösung. Bern: Francke.
Searle, J. R. (1969). Speech Acts. London: Cambridge University Press.
Segal, H. (1973/1983). Melanie Klein. Eine Einführung in ihr Werk. Frankfurt am Main: Fischer.
Simon, F. B. (2006). Einführung in Systemtheorie und Konstruktivismus. Heidelberg: Carl-Auer-Systeme.
Sjoman, N. (1996). Sritattvanidhi, The Yoga Tradition of the Mysore Palace. O. A.: South Asia Books.
Spencer-Brown, G. (1997). Laws of Form. Gesetze der Form. Lübeck: Wolf, T., Joh. Bohmeier Verlag.
Sriram, R. (Übers. u. Hg.) (2006). Patanjali. Das Yogasutra. Berlin: Theseus.
Srisa Chandra Vasu (1910). Introduction. In: Prasada, R. (1912/1982). Patanjali's Yoga Sutras. Third Edition. New Delhi: Oriental Books Reprint Corporation, S. i–xiii.
Steinke, M. & Chün, T. (1986). Einleitung. In: Dahlke, P. (Hg.): Buddha – Die Lehre des Erhabenen. 1. Auflage nach der 1920 erschienenen Originalausgabe. Augsburg: Goldmann, S. 5–30.
Stephan, A. (2008). Bedeutung. In: Mertens, W. & Waldvogel, B. (Hg.). Handbuch psychoanalytischer Grundbegriffe. 3. überarb. u. erw. Auflage. Stuttgart: Kohlhammer, S. 85–88.
Stern, D. (2011). Ausdrucksformen der Vitalität. Frankfurt am Main: Brandes & Apsel.
Stern, D. (2010). Neue Einleitung des Autors. In: Stern, D. Die Lebenserfahrung des Säuglings. 10. Auflage. Stuttgart: Klett-Cotta, S. I–XXXIX.
Stern, D. (2007a). Die Lebenserfahrung des Säuglings. 9. erw. Auflage. Stuttgart: Klett-Cotta.
Stern, D. (2007b). Der Gegenwartsmoment. 2. Auflage. Frankfurt am Main: Brandes & Apsel.
Stern, D. (1985). The Interpersonal World of the Infant. A View from Psychoanalysis and Developmental Psychology. New York: Basic Books (Dt. 1992: Die Lebenserfahrung des Säuglings).

Stiehl, U. (2004). Sanskrit-Kompendium. 3. überarb. Auflage. Heidelberg: Economica.
Suzuki, D.T. (1960/1970). Lectures on Zen Buddhism. In: Fromm, E.; Suzuki, D.T. & De Martino, R. (Hg.). Zen Buddhism and Psychoanalysis. New York: Harper & Row, S. 1–76.
Suzuki, D.T. (1953/1988). Essays in Zen-Buddhism. Band 2. Deutschsprachige Übersetzung. 1. Auflage. München: Otto Wilhelm Barth.
Suzuki, D.T. (1927). Essays in Zen-Buddhism. Band 1. In: Dumoulin, H. (1985). Geschichte des Zen-Buddhismus. Band 1. Bern: Francke., S. 95.
Symington, N. (2006). Religion: the guarantor of civilization. In: Black, D.M. (Hg.). Psychoanalysis and Religion in the 21th Century. Competitors or Collaborators? London, New York: Routledge, S. 191–201.
Tauscher, H. (1998). Die Buddha-Wirklichkeit in den späteren Formen des mahayanistischen Buddhismus. In: Schmidt-Leukel, P. (Hg.). Wer ist Buddha? München: Diederichs, S. 93–119.
Trevarthen, C. (1979). Communication and Cooperation in Early Infancy: A Description of Primary Intersubjectivity. In: Bullowa, M. (Hg.). Before Speech: The Beginning of Interpersonal Communication. Cambridge: Cambridge University Press, S. 227–270.
Wachtel, P. (1980). Transferrence, Schema and Assimilation: The Relevance of Piaget to the Psychoanalytic Theory of Transference. Annual of Psychoanalysis 8: 59–76.
Waldschmidt, E. (1991). Die Legende vom Leben des Buddha. Hamburg: Dharma Edition.
Waldschmidt, E. (1982). Die Legende vom Leben des Buddha. In: Klimkeit, H.-J. (1990). Der Buddha, Leben und Lehre. Stuttgart: Kohlhammer, S.84f.
Walter, H. (1893/1997). Hathayogapradipika. Die Leuchte des Hathayoga. 3. Nachdruck der 1. Ausgabe (München). Hildesheim: Georg Olms.
Warsitz, R.P. (1997). Die Psychoanalyse zwischen den Methodologien der Wissenschaften. Psyche. Zeitschrift für Psychoanalyse und ihre Anwendungen 51: 101–142.
Warsitz, R.P. (1990). Zwischen Verstehen und Erklären: die widerständige Erfahrung der Psychoanalyse bei Karl Jaspers, Jürgen Habermas und Jaques Lacan. Würzburg: Königshausen & Neumann.
Weber, C. (1999). Buddhistische Sutras. München: Hugendubel.
Weber-Brosamer, B. & Bach, D. (Übers. u. Hg.) (1997). Nagarjuna: Mumlamadhyamaka-Karikas. Die Philosophie der Leere. Wiesbaden: Harrasowitz.
Weischede, G. & Zwiebel, R. (2009). Neurose und Erleuchtung. Stuttgart: Klett-Cotta.
Wickelgren, W.A. (1968). Sparing of Short-Term Memory in an Amnesic Patient: Implications for Strength Theory of Memory. Neuropsychologia 6: 31–44.
Wilke, H. (1987). Systemtheorie. 2. Auflage. Stuttgart: Gustav Fischer.
Winternitz, M. (1930). Der Mahayana-Buddhismus nach Sanskrit- und Prakrittexten. In: Hutter, M. (2001). Das ewige Rad – Religion und Kultur des Buddhismus. Köln: Styria, S. 136.
Wright, G.H.v. (1974). Erklären und Verstehen. Frankfurt am Main: Athenäum.
Wukettits, F.M. (1988). Evolutionstheorien. Darmstadt: Wissenschaftliche Buchgesellschaft.
Zimmer, H. (1973). Yoga und Buddhismus. Frankfurt am Main: Insel.
Zwiebel, R. (2012). Kommentar zu Lutz Gero Lekys Arbeit. Psyche. Zeitschrift für Psychoanalyse und ihre Anwendungen 12: 1161–1165.
Zwiebel, R. (2009). Das Studium des Selbst. Psychoanalyse und Buddhismus im Dialog. Psyche. Zeitschrift für Psychoanalyse und ihre Anwendungen 9/10: 999–1028.

Theo R. Payk
Burnout
Basiswissen und Fallbeispiele

2012 · 84 Seiten · Broschur
ISBN 978-3-8379-2259-2

Die Diskussion über die neue Volkskrankheit Burnout zieht sich durch sämtliche Bevölkerungsschichten.

Sozialmedizinischen Statistiken zufolge haben psychische Störungen in Form von seelischen Erschöpfungszuständen während der letzten Jahre rapide zugenommen. Hierdurch alarmiert, werden inzwischen verschiedenste gesundheitliche Beeinträchtigungen infolge beruflicher Überbeanspruchung oder anderweitiger Überforderungen als Burnout deklariert.

Das vorliegende Buch informiert über Entstehungsbedingungen, Symptome und Begleiterscheinungen sowie therapeutische Besonderheiten dieses Phänomens. Besondere Berücksichtigung finden dabei psychosoziale und gesellschaftliche Einflüsse. Fallbeispiele aus dem psychiatrisch-psychotherapeutischen Praxisalltag runden die Lektüre ab und tragen zu einem vertieften Verständnis von Burnout-Beeinträchtigungen bei

Anne Springer, Bernhard Janta, Karsten Münch (Hg.)
Nutzt Psychoanalyse?!

2012 · 257 Seiten · Gebunden
ISBN 978-3-8379-2163-2

Eine kritische Auseinandersetzung mit einer Frage, der sich jeder Psychoanalytiker stellen muss.

Diese Frage legt zwei Erkundungsrichtungen nahe. Einerseits sieht sich die Psychoanalyse angesichts der aktuellen gesellschaftspolitischen und gesundheitspolitischen Entwicklungen verstärkt damit konfrontiert, ihren therapeutischen Nutzen wissenschaftlich zu belegen. Anderseits widmet sich die Psychoanalyse seit ihren Anfängen aus eigenem Antrieb kritisch solchen fachlichen und ethischen Fragestellungen – dieses klinische und kulturkritische Potenzial gilt es in Denken und Handeln umzusetzen.

Die Beiträge des vorliegenden Bandes, die auf der Jahrestagung der Deutschen Gesellschaft für Psychoanalyse, Psychotherapie, Psychosomatik und Tiefenpsychologie e.V. (DGPT) 2011 beruhen, nähern sich dieser Thematik aus unterschiedlichen Perspektiven.

Mit Beiträgen von Christopher Bollas, Ada Borkenhagen, Josef Brockmann, Franz Caspar, Alf Gerlach, Georg R. Gfäller, Jürgen Hardt, Wulf Hübner, Horst Kächele, Holger Kirsch, Hans-Dieter König, Giovanni Maio, Michael Pavlovi, Christine Röpke, Annette Simon, David Tuckett und Ursula Wienberg

Sudhir Kakar
Kultur und Psyche
Psychoanalyse im Dialog mit nicht-westlichen Gesellschaften

2012 · 149 Seiten · Broschur
ISBN 978-3-8379-2098-7

»**Sudhir Kakars Bücher zu lesen, bedeutet immer eine große Freude.** Seine Mischung aus Wissen, Humor und Weisheit ist so selten wie sein so wohl schriftstellerischer und zugleich psychoanalytischer Zugang zur Welt.«
die tageszeitung

Der bekannte indische Psychoanalytiker Sudhir Kakar zeigt, dass die Rolle der Kultur in der Ausbildung der Psyche ebenso grundlegend in der menschlichen Entwicklung ist wie früheste körperliche Erfahrungen oder familiäre Erlebnisse. Kakars Ansatz zeichnet sich nicht nur dadurch aus, dass er die Psychoanalyse anwendet, um nicht-westliche Kulturen besser zu verstehen; er stellt auch psychoanalytische Modelle infrage, von denen Universalität angenommen wird, die sich aber historisch und kulturell auf den modernen Westen beschränken.

Die vorliegenden Essays behandeln die Rolle der Kultur und kulturelle Unterschiede in verschiedenen Kontexten. Themen sind die Psychotherapie mit nicht-westlichen Patienten, Erfahrungen und Identität von Immigranten, die indische Identitätsbildung, Liebe in der islamischen Welt und das psychoanalytische Verständnis von Religion.

Stefano Bolognini
Die psychoanalytische Einfühlung

2., korr. Auflage 2012
216 Seiten · Broschur
ISBN 978-3-8379-2202-8

Mit dem Patienten fühlen, über den Patienten nachdenken:

Bolognini beschäftigt sich seit dreißig Jahren mit der »Einfühlung«, einem der bedeutsamsten, aber auch der am schwersten zu definierende und umstrittenste Begriff in der jüngeren Geschichte der Psychoanalyse. In diesem Buch untersucht er dessen philosophische Ursprünge und verfolgt seine Entwicklung bei Freud und den ersten Psychoanalytikern bis zu seiner Aufwertung in den fünfziger Jahren, die mit einer neuen Auffassung der Gegenübertragung einherging. Als eigenständigen Beitrag zur psychoanalytischen Theorie stellt er Überlegungen an, die zum Kern der Beziehung zwischen Therapeut und Patient führen, wobei er die fruchtbare Problematik des Einfühlungsbegriffs in ihrer Gänze im Auge behält.

»Bolognini [zeigt] nicht nur, daß er ein sehr sorgfältiger und gebildeter Forscher ist, dem es auf bemerkenswert spielerisch anmutende Weise gelungen ist, sich von den angrenzenden Disziplinen wie den ›schönen Künsten‹ sowie der Philosophie inspirieren zu lassen, sondern auch, daß Begriffe immer schon und zu allererst Werkzeuge unseres Denkens sind, mit deren Hilfe wir die Welt und somit auch die Innenwelt unserer Patienten zu dechiffrieren versuchen.

Psychoanalyse im Widerspruch, 2005

www.ingramcontent.com/pod-product-compliance
Ingram Content Group UK Ltd.
Pitfield, Milton Keynes, MK11 3LW, UK
UKHW041947230426
12048UKWH00008B/184